权威·前沿·原创

皮书系列为
"十二五""十三五"国家重点图书出版规划项目

街道蓝皮书

BLUE BOOK OF
SUB-DISTRICT OFFICE

北京街道发展报告 *No.2*
金融街篇

THE DEVELOPMENT OF BEIJING'S SUB-DISTRICT OFFICES No.2:
JINRONGJIE CHAPTER

主　　编／连玉明
执行主编／朱颖慧　邢旭东　张俊立

社会科学文献出版社
SOCIAL SCIENCES ACADEMIC PRESS (CHINA)

图书在版编目(CIP)数据

北京街道发展报告. No.2. 金融街篇／连玉明主编. -- 北京：社会科学文献出版社，2018.7
（街道蓝皮书）
ISBN 978-7-5201-2679-3

Ⅰ.①北… Ⅱ.①连… Ⅲ.①社区建设-研究报告-西城区 Ⅳ.①D669.3

中国版本图书馆CIP数据核字（2018）第092146号

街道蓝皮书
北京街道发展报告No.2　金融街篇

主　　编／连玉明
执行主编／朱颖慧　邢旭东　张俊立

出 版 人／谢寿光
项目统筹／邓泳红　郑庆寰
责任编辑／郑庆寰　李蓉蓉

出　　版／社会科学文献出版社·皮书出版分社（010）59367127
　　　　　地址：北京市北三环中路甲29号院华龙大厦　邮编：100029
　　　　　网址：www.ssap.com.cn
发　　行／市场营销中心（010）59367081　59367018
印　　装／三河市龙林印务有限公司

规　　格／开本：787mm×1092mm　1/16
　　　　　印　张：16.75　字　数：251千字
版　　次／2018年7月第1版　2018年7月第1次印刷
书　　号／ISBN 978-7-5201-2679-3
定　　价／128.00元

皮书序列号／PSN B-2016-537-1/15

本书如有印装质量问题，请与读者服务中心（010-59367028）联系

▲ 版权所有　翻印必究

北京国际城市发展研究院社会建设研究重点项目
北京市社会发展研究中心西城区街道发展研究重点项目
北京国际城市文化交流基金会智库工程出版基金资助项目

街道蓝皮书编委会

编委会主任 卢映川　王少峰

编委会副主任 王　飞　郁　治

编　　　委（按姓氏笔画排序）

马光明　王　毅　王中峰　王书广　王乐斌
王其志　尹一新　史　锋　白　杨　毕军东
刘　倩　许晓红　许德彬　孙广俊　孙晓临
苏　昊　李　婕　李　薇　李丽京　李健希
吴立军　何焕平　陈　新　陈振海　周　沫
庞成立　宫　浩　贾冬梅　高　翔　高兴春
海　峰　桑硼飞　彭秀颖　彭启宝　谢　静
魏建明

《北京街道发展报告 No.2 金融街篇》
编 写 组

总 策 划 李 薇　连玉明　朱颖慧

主　　编 连玉明

执 行 主 编 朱颖慧　邢旭东　张俊立

副 主 编 赵 昆

核心研究人员 （按姓氏笔画排序）

　　　　　　　　王　琨　王苏阳　王彬彬　邢旭东　朱永明
　　　　　　　　朱盼盼　朱颖慧　刘　征　米雅钊　李　帅
　　　　　　　　连玉明　吴　佳　张　南　张　涛　张俊立
　　　　　　　　陈　慧　陈盈瑾　陈惠阳　郎慧慧　孟芳芳
　　　　　　　　赵　昆　姜思宇　贾冬梅　高桂芳　唐　平
　　　　　　　　康晓彤　翟萌萌

主编简介

连玉明 著名城市专家,教授、工学博士,北京国际城市发展研究院院长,全国政协委员,北京市朝阳区政协副主席。兼任北京市人民政府专家咨询委员会委员,北京市社会科学界联合会副主席,北京市哲学社会科学京津冀协同发展研究基地首席专家,基于大数据的城市科学研究北京市重点实验室主任,北京市社会发展研究中心理事长,北京奥运功能区首席规划师,北京新机场临空经济区发展规划首席战略顾问。2013~2017年,在贵阳市挂职市长助理,兼任贵州大学贵阳创新驱动发展战略研究院院长、大数据战略重点实验室主任。

研究领域为城市学、决策学和社会学,近年来致力于大数据战略研究。著有《城市的觉醒》《首都战略定位》《重新认识世界城市》《块数据:大数据时代真正到来的标志》《块数据2.0:大数据时代的范式革命》《块数据3.0:秩序互联网与主权区块链》《块数据4.0:人工智能时代的激活数据学》《块数据5.0:数据社会学的理论和方法》等,主编《大数据蓝皮书:中国大数据发展报告》《社会管理蓝皮书:中国社会管理创新报告》《街道蓝皮书:北京街道发展报告》《贵阳蓝皮书:贵阳城市创新发展报告》《临空经济蓝皮书:中国临空经济发展报告》等。主持编制了北京市西城区、朝阳区、门头沟区和贵州省贵阳市"十三五"社会治理专项规划。

摘 要

构建超大城市有效治理体系是首都发展的要务。作为首都功能核心区，西城区带头以"四个意识"做好首都工作，坚持深入推进科学治理，全面提升发展品质的主线，不断加强"四个中心"功能建设，努力提高"四个服务"水平，城市治理能力和城市发展品质取得重要突破。街道作为基层治理的排头兵和主力军，发挥着不可替代的作用。西城区15个街道立足自身发展实际，统筹区域各类资源，构建区域化党建格局，加强城市精细化管理，提升公共服务水平，完善综合执法体系，精准指导社区建设，探索基层治理创新实践，积极为超大城市基层治理创新"过险滩""闯路子"，不断为基层治理增加新的内涵和提供可复制、易操作的鲜活经验，对国内大城市基层治理创新具有极强的理念提升价值和路径借鉴意义。

《北京街道发展报告 No. 2 金融街篇》立足金融街功能街区特性，以提升区域发展品质、打造和谐宜居示范街为主线，紧紧围绕疏解整治促提升、功能街区融合发展、社区分类治理和社区精准化服务等进行综合分析和研究；总结繁星戏剧村公共服务社会化供给、西斜街背街小巷整治、威斯汀酒店"党工团一体化"党建模式、社会组织参与商务楼宇管理、社会救助"精准化""社会化"等典型经验和做法。

本书认为，金融街在落实首都战略新定位，进行功能疏解和环境整治过程中，应当进一步以提升街区发展品质为根本，推动社会治理精细化，走集约、品质化发展之路。以"共生共荣"为指导思想，积极探索街道、社区、驻区单位间多元互动参与城市治理；以"共建共享"为理念，推动公共服务多元化供给；以"区域协同"为动力，强化体

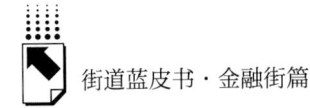

制机制建设和跨部门协同合作；以"品质立街"为发展目标，推动街区整理，进一步进行产业优化和功能布局，促进区域均衡发展，在实现和谐共生的金融街地区社会治理目标道路上不断实践与探索。

目 录

代前言　强化问题意识和目标导向推动社会治理精细化………………… 001

Ⅰ　总报告

B.1 金融街：在疏解整治中提升区域发展品质………………………… 001
　　一　组织开展"疏解整治促提升"专项行动意义……………… 002
　　二　市区街打响"疏解整治促提升"攻坚战…………………… 004
　　三　金融街街道以疏解整治提升区域发展品质………………… 007
　　四　城市治理视角下疏解整治促提升的思考与建议…………… 016

Ⅱ　数据报告

B.2 金融街街道基于常住人口的地区公共服务调查报告…………… 022
B.3 金融街街道基于工作人口的地区公共服务调查报告…………… 037

Ⅲ　理论报告

B.4 加强党员教育管理、强化社区党员意识研究
　　　——以金融街街道为例……………………………………… 057
B.5 金融街功能街区融合发展机制研究………………………………… 070

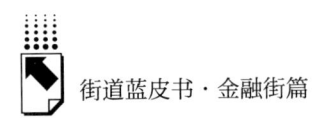

B.6 构建社区认同的实践路径研究
　　——以金融街街道为例 …………………………………… 095

Ⅳ 调研报告

B.7 社区分类治理与社区服务精准化
　　——关于金融街街道四个社区"一居一特"工作的调研与思考
　　………………………………………………………………… 108
B.8 关于金融街社区纪检组织设置改革试点工作调研情况的报告 … 128
B.9 关于背街小巷整治提升工作的调研报告
　　——以金融街街道西斜街为例 …………………………… 143
B.10 关于金融街街道加强非公企业党建的调研报告 ………… 158

Ⅴ 案例报告

B.11 公共文化服务社会化供给的繁星样本 …………………… 170
B.12 威斯汀：探路"党工团一体化"国际合作企业党建模式 …… 181
B.13 政府管理理念和服务模式的变革
　　——以金融街开展非紧急救助服务工作为例 …………… 193
B.14 社会组织参与商务楼宇服务管理的金融街探索
　　——以金融街商务楼宇协会为例 ………………………… 204
B.15 金融街推动社会救助"精准化""社会化"的实践 ……… 219

Abstract ………………………………………………………… 231
Contents ………………………………………………………… 233

代前言
强化问题意识和目标导向
推动社会治理精细化*

许晓红**

"天下大事必做于细"。精细化管理作为一种理念,源于对企业的管理,在现代经济学框架下,处于科学化管理第二层级,现代经济学认为,科学化管理有三个层级,第一层级是规范化,第三层级是个性化。现代经济学理论的科学化管理三个层级放在社会治理上也十分适用,经过多年治理实践,特别是党的十八届三中全会提出"推进国家治理体系和治理能力现代化",党的十八届四中全会提出"推进多层次多领域依法治理",我国社会治理的规范化建设得到极大的保障,并取得长足的发展。在这种情况下,党的十八届五中全会提出"加强和创新社会治理,推进社会治理精细化,构建全民共建共享的社会治理格局",可以说是水到渠成。

推动社会治理精细化的目的主要是通过科学调整机构设置、完善治理主体参与方式、优化社会治理流程等,转变过去社会治理中的"大概""可能""也许""差不多"治理思维,使精细化治理的思维和方法真正融入社会治理的各个领域和环节,让精细化在社会治理当中更好地发挥作用。实现社会治理精细化需要一个过程,对于金融街来说,需要强化问题意识和目标导向,坚持科学发展和品质提升,从街道服务对象的需求和街道服务中存在

---

* 根据金融街街道提供的有关资料整理。
** 许晓红,中共北京市西城区委金融街街道工作委员会书记(2017年5月至今)。

的问题出发，以街道服务对象最关心的问题为导向，成为北京"建设国际一流的和谐宜居之都"的先行区域。

一 强化问题意识是实现社会治理精细化的重要基础

推进社会治理精细化，在实践过程中还面临许多非常现实的问题。对于金融街街道来说，推进社会治理精细化从根本上说是做精做细基层治理，这就需要正视存在的问题。目前，推进社会治理精细化，金融街街道主要面临内外两个角度的问题，认清这些问题，并采取措施加以改善，是实现社会治理精细化的重要基础。

从内因来看，我认为推进社会治理精细化有这么几个问题需要认清。

首先，街道和社区党员干部在思想观念上还存在一些问题。过去，街道开展工作主要是依靠区委、区政府或者区直机关部门安排工作，街道层面就是上边怎么说，我就怎么干，区委、区政府或者区直机关部门让什么时间干什么工作，让什么时间完成工作，就跟着要求干，包括迎接创文、创卫检查，组织干部群众服务保障首都重大活动等，具体为什么要这样干，从源头上思考得相对较少。我觉得内因中最大的问题就是街道党员干部需要转变过去被动开展工作的思维定式，研究怎样主动参与街道的各项工作，主动投身于社会治理精细化建设中，为街道各项工作的开展出谋划策、出工出力。

其次，街道和社区党员干部工作能力跟不上时代变化需求。当今社会发展得太快了，社会形势和辖区群众的物质文化需求的不断变化给社会治理精细化带来了极大的挑战，给街道和社区的整个团队及党员干部工作能力的提升提出了极大的要求。社会治理精细化是一项复杂化、系统性的工程，需要各个方面的知识，社会和居民需求变化得这么快，靠着吃过去掌握的知识的"老本"来推动社会治理精细化根本就行不通。这就需要街道和社区的党员干部结合社会治理精细化的要求，通过加强学习不断丰富自身的知识储备，通过增强具体实践不断完善自身的经验，提高对复杂情况和新变化的应变能力。

最后，街道和社区开展工作的方式和方法也存在一些问题。过去街道和社区开展工作，觉得自己干了很多，有些也确实干得不错。有时候我就和同事们谈这些事，街道干的这些工作是不是居民群众需要的，这些工作我们觉得干得挺好、挺有成就，但居民到底有没有感受到有多大的变化，居民群众知不知道我们到底做了什么，便不得而知了。很多时候就是一项工作街道和社区做了，但不知道这些事是不是紧要的，居民群众根本不知道街道和社区到底干了什么，可能有些居民群众知道街道和社区在干什么，相关部门还能和居民群众对接。这种信息的不对称导致街道和社区与居民群众的距离十分遥远，居民群众觉得街道和社区工作与自身没什么关系，街道和社区存在的价值难以体现。从这方面来看，我认为街道和社区应直接面向居民，要改变过去埋头做事的方法，在开展相关工作的时候要向居民问计，向居民问需，得到居民群众的认同，才能提升干事的动力。

除了内因方面问题以外，推动社会治理精细化也有一些外部问题，也可以说是外部动力。我到街道工作时间不长，有时我会和同事们探讨，我们这些党员干部在街道干的都是基层工作，直接面向居民群众，即便这样我们也要通过工作体现自身的价值。我们做好工作很大的原因是希望能得到居民的认同，让居民群众说某位同志在街道或社区确实为群众做了一些实事、好事，就像现在的背街小巷就给了居民群众认识街道干部的一个机会，街道、社区党员干部任"街巷长"，在街道显著位置公示"街巷长"的照片和电话，不仅是监督街道做事的一个手段，也是街道干部深入群众、让群众认知街道工作的一个契机。

这些问题的存在，既是金融街推进社会治理精细化的短板，也是契机。认清这些问题，强化问题导向，从问题入手，一件一件地解决问题，社会治理精细化程度也就不断地步向深入。

二　强化目标导向是实现社会治理精细化的重要标准

前边说了推动社会治理精细化的问题，也是推动社会治理精细化的基础，现在讲一下社会治理精细化最终要达到什么样的程度，通俗点儿说，也就是社会治理精细化要实现什么目标，有哪些标准。可以说，实现社会治理精细化离不开对中央、北京、西城发展目标的把握。

从国家层面上讲，社会治理精细化是国家治理现代化的必然逻辑，推进社会治理精细化已经成为实现国家治理现代化的一个重要指标，精细化工作做得好不好直接关系到国家治理现代化的成败。推进社会治理精细化要时刻把握好国家治理现代化建设的目标，目标既是推进社会治理精细化的方向，也是实现社会治理现代化的标准。我认为在国家层面，社会治理精细化的标准概括讲就是"精准精密"。一是管理服务要精确，二是方法措施要精密，这也是实现国家治理现代化的重要标准。

从北京层面来说，习近平考察北京时明确了首都战略定位，坚持"四个中心"建设，即全国政治中心、文化中心、国际交往中心、科技创新中心，强化其核心功能，深入实施人文北京、科技北京、绿色北京战略，要把北京建设成为一座国际一流的和谐宜居城市。从北京建设国际一流和谐宜居之都来看社会治理精细化，我总结了四个字——"精致精心"。为什么这样说？建设国际一流和谐宜居之都首先看"国际一流"，需要立足"国际化"的定位，用国际标准和理念全方位规划和管理城市，让城市更耐看，有层次有味道，到基层的社会治理精细化就需要精致、有特色；其次，看"和谐"，需要建立"标准化"的运行体系，精心管理城市，使社会运行在良性轨道上；再次，看"宜居"，宜居有一条重要的标准就是社会安定，社会安定需要精心地治理。

从西城层面来看，按照西城深入推进科学治理、全面提升发展品质要求，对推动社会治理精细化，我还是用四个字总结，那就是"精益求精"。科学治理是为了提升品质，但手段是精细化，从科学的角度去发现问题和解决问题，在实施治理的过程中精于每一个细节，尽可能减少治理过程中的"不到位"和资源浪费，科学谋划"舍"与"得"的大文章，推动治理精细化。

金融街街道是重点打造的和谐宜居示范区重要区域，不仅要体现社会治理现代化的"精准精密",还要体现国际一流和谐宜居之都的"精致精心",以及西城"科学治理、提升品质"的"精益求精",只有把握好这三个目标,金融街推动社会治理精细化才能得到从上到下的认可,更好地落地。

三　做精做细三项工作,打造"三个金融街"

认清了问题,明确了目标,推进社会治理精细化工作就容易了,结合金融街的实际,我再谈谈为推进社会治理的精细化,街道正在进行和未来准备实施的具体举措。我认为在强化问题意识和目标导向的基础上,推动社会治理精细化要做到以下几个方面:一是基层政府在社会治理理念上要保持先进性;二是社会治理主体要多元化;三是社会治理资源要集约化;四是社会治理流程要具备精密性;五是社会治理手段要专业化;六是社会治理成本要实现精算;七是社会治理效果要有显著性。在这七个方面中,我认为有三个方面工作推动较为迫切。

第一,加快街道改革,治理流程精细化。长期以来,社会治理工作条块分割得相对比较严重,在很多情况下,社会治理的边界不清晰往往会出现一件事的多重治理或者治理的空白。需要加快推进街道改革,推进扁平化社会治理方式,在原有网格化治理的基础上,制定治理的任务清单和责任清单,明确社会治理项目的"路线图""时间表"和相关责任人,理清社会治理的定责分责和追责的边界,避免重复治理和治理空白,推动社会治理流程进一步精细化、合理化。

第二,加快技术革新,治理手段精细化。社会治理精细化涉及的方面多、内容广,繁杂烦琐,在"互联网+"和大数据快速发展的当下,要充分运用好"互联网+"和大数据技术,建立街道社会治理大数据平台。一方面需要整合繁复杂乱的社会治理基础信息,并通过平台对这些基础信息进行分门分类,总结相同问题解决的方式方法,研究个性化问题的化解路径;另一方面,通过大数据平台整合街道各个部门和社区,打破制度"樊篱",解决部门之间、条块之间存在的信息分割、相互掣肘的情况,形成社会治理的"信息化"合力，解决社会治理中"九龙治水"不经济、低效率的老问题，真正实现"让数据多跑路，让百姓少跑腿"的治理目的。

第三，完善多元参与，治理制度精细化。社会治理精细化就是要完善党委领导、政府主导、社会协同、公众参与、法治保障的社会治理体制。实现社会善治就是要提升和创新社会治理能力，政府领导和社会公众要各归其位、各担其责。治理精细化就是要实现政府治理和社会调节、居民自治协调统一与良性互动。当今社会，提高社会治理能力和精细化的标志和关键就是要积极发挥社会主体的积极性，创新多方参与模式，动员企事业单位、社会组织、基层大众共同参与到社会治理过程中，完善基层民主决策治理机制，形成政府治理和社会调节、居民自治协调统一与良性互动，努力实现社会治理精细化。

具体到事上，目前，金融街街道已经过建设阶段，硬件、基础设施各方面都比较完善，结合上边说到的问题和重点，我认为金融街需要继续以民生为导向，加大服务供给，走内涵发展道路。一是要不断整合提升辖区内的养老服务的实力，做精做细百姓生活服务圈建设，提升"一刻钟服务圈"的内容和水平，打造"民生金融街"。二是重点结合当前背街小巷整治提升工作，针对重点街巷按照"十有十无"[①]标准逐一整治突破，将背街小巷整治与推进疏解整治促提升专项行动紧密结合，探索建立胡同精细化管理的模式，补齐背街小巷民生服务和城市管理的短板，融入胡同历史风貌保护和文化脉络延续，打造"绿色金融街"。三是不断推进社区民主自治建设，完善协商平台，突出抓好"一居一特"的社区建设工作，提升管理能力，搭建社会组织协同管理、参与社区公共服务的平台，打造"和谐金融街"。

---

① "十有"：每条背街小巷有政府代表（街长、巷长），有自治共建理事会，有物业管理单位，有社区志愿服务团队，有街区治理导则和实施方案，有居民公约，有责任公示牌，有配套设施，有绿植景观，有文化内涵。"十无"：每条背街小巷无乱停车，无违章建筑（私搭乱建），无开墙打洞，无违规出租，无违规经营，无凌乱架空线，无堆物堆料，无道路破损，无乱贴乱挂，无非法小广告。

总 报 告

General Report

B.1

金融街：在疏解整治中提升区域发展品质

摘　要： 疏解整治促提升专项行动是北京市深入推进京津冀协同发展，着力疏解非首都功能，优化提升首都核心功能，加快建设国际一流和谐宜居之都的重要部署。西城区把疏解整治促提升专项行动当作关乎全局、涉及全区各个方面工作的系统工程进行落实，提出要以非首都功能疏解、城市执法综合治理为手段，综合推进人口规模调控工作，推动城市管理服务向更加突出科学治理转变，全面提升区域发展品质，以便更好地保障首都职能履行，更好地服务市民生活宜居，更好地展现城市文化风采。金融街地区作为西城区确定的打造和谐宜居示范区的重点区域，疏解整治促提升工作要求严、挑战大、任务重、标准高，金融街街道工委办事处坚持精治、共治、法治，

以疏解整治促提升作为工作总抓手，将街道各项重点工作有机结合，积极探索综合施治新路径、依法治理新方法、标本兼治新模式，于细微处见功夫、见态度、见精神，切实化解、缓解各种影响城市运行、困扰群众生活的突出问题，推动从城市管理向城市治理转变，使政府有形之手、社会无形之手、市民勤劳之手形成合力，有力推进非首都功能疏解、城市环境和秩序整治工作，促进区域治理能力和发展品质的提升。

关键词： 金融街街道　非首都功能疏解　疏解整治促提升　区域治理发展品质

组织开展"疏解整治促提升"专项行动是北京市落实首都功能定位、破解"大城市病"、推进京津冀协同发展的重要举措，对推动首都转型发展，探索超大城市治理体系，加快疏功能、转方式、治环境、补短板、惠民生、促协同，不断提升城市发展品质，建设国际一流的和谐宜居之都具有重要意义。

一　组织开展"疏解整治促提升"专项行动意义

（一）"疏解整治促提升"是疏解非首都功能、推动京津冀协同发展的必然要求

"疏解整治促提升"所指的疏解，就是疏解非首都功能，这是首都发展的前提与战略任务，是推动京津冀协同发展的"牛鼻子"和重中之重。从首都自身发展看，北京的功能和人口已经超出了现有资源的承载能力，必须通过疏解非首都功能优化首都发展布局，降低中心城区人口密度，缓解人口

资源环境的突出矛盾。与此同时，北京的功能结构、经济结构、人口结构已经不适应"四个中心"战略定位，必须通过疏解非首都功能调结构、转方式，实现腾笼换鸟、资源优化配置。从京津冀范围看，《京津冀协同发展规划纲要》把一般性产业特别是高消耗产业，区域性物流基地、区域性专业市场等部分第三产业，部分教育、医疗、培训机构等社会公共服务功能，部分行政性、事业性服务机构和企业总部等四类作为北京重点疏解的非首都功能。最新版《北京城市总体规划》进一步明确了疏解腾退区域性商品交易市场、疏解大型医疗机构、调整优化传统商业区、推动传统平房区保护更新的疏解任务。而北京城市副中心和雄安新区的建设，将分别承接北京市行政功能和中央单位一些功能的疏解转移。特别是十九大报告指出，要"以疏解北京非首都功能为'牛鼻子'推动京津冀协同发展，高起点规划、高标准建设雄安新区"，将疏解工作的出发点放在京津冀，落脚点指向了雄安新区。可见，疏解工作在京津冀区域战略全局中的重要性和必要性。

（二）"疏解整治促提升"是整治环境和秩序、创造良好人居环境的迫切需求

"疏解整治促提升"所指的整治，主要指城市环境和秩序的综合整治。旨在将城市综合治理与疏解非首都功能、人口规模控制相结合，通过遏制新增违法建设和拆除违法建筑、加大力度治理大气污染、实施缓堵计划，着力改善生态环境质量，加强城市精细化管理，加快破解北京"大城市病"，不断提高城市治理能力和水平。与此同时，整治工作坚持以服务人民群众为出发点，坚持公开透明操作、依法有序推进，通过拆除违法建设、"开墙打洞"整治、地下空间和群租房整治、老旧小区综合整治、重点区域整治、棚户区改造等，消除安全隐患，增加公共空间和便民服务，改善人居环境，提升生活服务业品质，打造一批精品街巷、精品院落等和谐宜居示范区，增强人民群众获得感。

(三)"疏解整治促提升"是提升首都核心功能、全面提升发展品质的重大举措

"疏解整治促提升"所指的促提升,就是把疏解整治和优化提升相结合,通过疏解整治,调整和优化经济结构,使产业发展与首都功能及相关产业相衔接,促进产业和业态提升;通过疏解整治,调整和优化空间结构,使腾退空间利用与强化首都核心功能、服务市民生活宜居相协调,提升"四个中心"功能,提升百姓生活品质;通过疏解整治,调整和优化人口结构,使人口规模与资源环境承载能力相适应,提升资源环境对社会、经济活动的支持能力,提升区域可持续发展能力;通过疏解整治,改善和优化治理结构,使城市环境和秩序与大国首都及其治理体系相统一,提升城市治理能力,提升城市管理品质。

二 市区街打响"疏解整治促提升"攻坚战

(一)北京发出"疏解整治促提升"专项行动动员令

为深入推进京津冀协同发展,着力疏解非首都功能,优化提升首都核心功能,加快建设国际一流的和谐宜居之都,北京市政府决定,2017~2020年在全市范围组织开展"疏解整治促提升"专项行动,并出台了实施意见和2017年工作计划,确定了拆除违法建设,占道经营、无证无照经营和"开墙打洞"整治,城乡接合部整治改造,中心城区老旧小区综合整治,中心城区重点区域整治提升,疏解一般制造业和"散乱污"企业治理,疏解区域性专业市场,疏解部分公共服务功能,地下空间和群租房整治,棚户区改造、直管公房及"商改住"清理整治等十大专项行动,细化了2017年重点任务及分工(见表1),并设立100亿元市级"疏解整治促提升引导资金",拨付各区资金平台与区级配比资金集中使用,并积极吸引社会资金参与。其中城六区是重点,核心区是重中之重。2017年4月,北京市针对首都核心区出台背街小巷环境整治提升三年(2017~2019年)行动方案,将整治提升工作从院落、区域聚焦到背街小巷上。

表1 "疏解整治促提升"专项行动任务分工

序号	名称		牵头单位
1	拆除违法建设		市规划国土委
2	占道经营、无证无照经营和"开墙打洞"整治	占道经营整治	市城管执法局
		无证无照经营整治	市工商局
		"开墙打洞"整治	
3	城乡接合部整治改造	城乡接合部整治	首都综治办
		城乡接合部改造	市城乡办
4	中心城区老旧小区综合整治		市住房城乡建设委 市重大项目办
5	中心城区重点区域整治提升		城六区政府
6	疏解一般制造业和"散乱污"企业治理	一般制造业	市经济信息化委
		"散乱污"企业	
7	疏解区域性专业市场		市商务委
8	疏解部分公共服务功能	教育资源、培训机构	市教委
		医疗卫生资源	市卫生计生委
9	地下空间和群租房整治	地下空间清理整治	市民防局
		群租房治理	首都综治办
10	棚户区改造、直管公房及"商改住"清理整治	棚户区改造	市重大项目办 市住房城乡建设委
		直管公房清理整治	市住房城乡建设委
		"商改住"清理整治	市住房城乡建设委 市规划国土委

资料来源:《北京市人民政府关于组织开展"疏解整治促提升"专项行动(2017~2020年)的实施意见》(京政发〔2017〕8号)。

(二)西城区全面部署"疏解整治促提升"

西城区以疏解非首都功能为导向,以城市环境和秩序整治为工作重点,把疏解整治与人口规模控制目标挂钩,与背街小巷整治任务结合,与优化提升并举，按照市里要求并结合区域特点制定了实施总方案，确定了违法建设拆除和"开墙打洞"整治，占道经营、无证无照和"七小门店"① 整治，老旧小区综合整治，重点区域整治提升，疏解区域性市场，疏解部分公共服务功能，地下空间和群租房整治，棚户区改造、文物腾退整治，直管公房及区属行政机关、企事业单位出租房清理整治，区域结合地区综合整治十大专项行动，核定各专项工作任务，并将责任落实到各有关部门和街道办事处，将任务细化到项目、具体到区域。区环境办、城管执法局等19个相关职能单位和15个街道也分别制定了分方案，明确了任务目标，签订了责任书。与此同时，西城区制定了背街小巷环境整治提升三年行动计划，对辖区1331条背街小巷的环境整治工作和目标做出了部署。

（三）金融街街道统筹推动"疏解整治促提升"与背街小巷环境整治工作

金融街地区地理位置重要，位于西城重点打造的西长安街沿线"三里河—金融街—中南海"和谐宜居示范区的核心区域，紧邻中关村产业园西城园和西单商业街，是首都金融管理中心区和重要功能区，是北京市资金、技术、知识密集度最高的地区之一，是服务经济、总部经济的重要承载区。辖区总部楼宇密集，工作人口超过20万人。由于历史原因，金融街地区发展不平衡，还有许多平房院落和老旧小区，3.78平方公里的辖区内，有街巷胡同96条，户籍人口接近8.6万人，而常住人口只有3.6万人。在街巷环境中，存在乱停车、私搭乱建、"开墙打洞"、凌乱架空线、堆物堆料、乱贴乱挂等常见问题。针对这一现状，金融街街道更加突出整治提升工作，提出了"开墙打洞"整治、拆除违法建设、打造精品街巷、"七小"业态治

---

① "七小门店"，简称"七小"，是指无证无照、设施简陋、易发生消防和食品安全等隐患的小商户。代表类型有小餐饮、小食杂、小旅店、小歌厅、小发廊、小洗浴、小建材等七类。由于这些场所通常存在经营面积小、设施简陋、环境卫生差、安全隐患大等诸多问题，不仅影响街道环境美观，更直接危害辖区居民的身体健康。

理、直管公房清理、地下空间整治、群租房治理、户口清理、核心区品质提升、重点工程建设十大专项行动，明确了目标任务、组织领导、工作措施。其中，户口清理专项行动最具特色，重点是对辖区应消未消户籍、废弃地址、集体户挂靠、人户分离情况进行全面整治，做好人口管控工作。与此同时，将打造精品街巷专项行动上升到背街小巷整治的高度，成立街道疏解整治促提升专项行动总指挥部，下设背街小巷整治提升分指挥部，将疏解整治促提升暨背街小巷整治专项行动做好、做实、做出成效。

三 金融街街道以疏解整治提升区域发展品质

（一）"四个结合"引领疏解整治工作

1. 把疏解整治与控制人口规模相结合

按照西城区疏解整治促提升专项行动工作要求，区域性市场、职业教育功能是疏解工作的重点，由于金融街地区不存在此类非首都功能，因此，其疏解整治任务侧重于人口的疏解和专项整治。在十大专项行动中有八项属于此类工作，包括"开墙打洞"整治、拆除违法建设、"七小"业态治理、直管公房清理、地下空间整治、群租房治理、户口清理、重点工程建设等，这八项工作均与控制人口规模相挂钩。提出2017年底实现"开墙打洞"封堵、违法建设拆除和"七小"违法经营行为、直管公房违规转租转借、普通地下室散租住人、群租房屋等"清零"目标，并明确了疏解人口的具体任务。

2. 把疏解整治与做好群众工作相结合

疏解整治工作实际上是做好群众工作。金融街街道坚持以人民为中心的思想，确定了以人为本、服务群众的工作原则，立足服务保障民生、维护社会稳定、消除安全隐患、打击违法经营行为、改善居民生活环境，发挥基层党组织组织群众、宣传群众、凝聚群众、服务群众的职责，发挥广大党员的先锋模范作用，让党员干部进社区、进街巷，把专项行动

变成做群众工作、走群众路线的过程，努力把最广大人民的利益实现好、维护好、发展好。

3. 把疏解整治与扶贫帮困工作相结合

疏解整治工作根本上是要保障和改善民生。在拆违、"开墙打洞"等整治工作中，会遇到无劳动能力、无生活处理能力、无住房等特困家庭，对符合帮困条件的家庭和个人，要用好用足帮扶救助政策。针对拆违后居民无处可住的情况，帮助其申请住房保障；对于涉及拆违的出狱待业人员或残疾人员，还要为其介绍符合自身条件的工作岗位；对涉及拆违且贫困、无政策保障的家庭，要主动帮助申请低收入保障。通过落实帮困政策，努力解决家庭实际问题，缓解居民生活困难，扩大疏解整治工作的实际效果。

4. 把疏解整治与提升区域品质相结合

疏解整治的目的在于促提升。在街道推行的十大行动中，从表面上看，打造精品街巷行动和核心区品质提升行动是从促提升的角度提出的，但实质上，打造精品街巷行动强调的是对背街小巷的综合整治和品质提升，核心区品质提升行动强调的是对金融街核心区1.18平方公里的综合整治和品质提升。这十大行动都着眼于区域发展和管理转型的要求，通过解决各种制约城市发展和管理水平的短板问题，提升环境品质、管理品质、生活品质、服务品质、建设品质，进而从根本上提升"四个中心"的首都功能，提升人居环境，提升发展品质，提升群众获得感。

（二）"六项举措"推进精细化治理

1. 加强领导，全面动员

一是建立"1+5"组织机构。街道成立了"疏解整治促提升"专项行动总指挥部并设办公室，全权负责实施推进、统筹协调与宣传报道；下设背街小巷整治提升分指挥部、环境整治分指挥部、综合治理分指挥部、核心区品质提升分指挥部和重点工程建设分指挥部五个分指挥部。明确了分工，强化了责任，主动作为，真抓实干，扎实推进各项工作。二是全面动员上下一盘棋。2017年2月13日，街道及时召开了由街道全体机关干部、各社区居委会全体社工、各科站队所全体人员，以及部分人大代表、政协委员、驻区单位代表和居民代表共720余人参加的"疏解整治促提升"专项行动誓师大会，并从机关干部、科站队所中抽调了想干事、能干事且责任感强、经验丰富、工作作风过硬的人员，组建成一支由20余个科站队所、19个社区共700余人参与的精英队伍，形成了上下凝聚一心，齐心协力打好专项行动这场仗的良好氛围。特别是针对极容易反弹的地桩地锁、不规范经营废品回收点等多种不规范现象，科站队所密切配合，对其采取联合整治。

2. 谋深抓细，直面问题

一是细化分工，强化责任。将整治提升的任务具体到每一户，责任细化到每个人，分工明确到每一组，并根据实际情况制定周进度计划和完成时间，明确整治标准及注意事项，杜绝了工作中相互推诿、落实不到位的问题。二是深入群众，情法并重。针对工作中遇到的困难和钉子户，街道及时安排专业人员从法律法规等角度与相关住户进行沟通讲解。坚持每日入户，晓之以理，动之以情地与之交谈，以取得支持和理解；对有实际困难难以配合的，从保障民生的角度出发尽量帮助其解决困难。

3. 创新思路，务求实效

街道结合辖区内区域特征，因地制宜，综合治理，在实践中蹚出符合实情的新路子。一是打造交通微循环。针对日益凸显的行车难、停车难矛盾，积极探索治理交通缓堵的新举措。金融街辖区二龙路因临近协和医院、实验中学，每日交通压力巨大。为此，金融街街道进行多次实地调研，联合交通部门将与二龙路交会的皮库胡同从双向行车改为单向行车，通过在路口增设交通标志和设施，打造了"皮库胡同—华远北街—中京畿道"的交通单行微循环，收到了良好的缓堵效果。二是探索证照处理新模式。针对商户封堵后再经营现象，街道会同工商所依据"开墙打洞"住宅内经营主体后续处理意见，始终遵循"一封堵、二停业、三注销"的"三步走"处理流程，逐渐形成"两个归集、一个统一"的长效处理机制，即归集执法部门现场检查记录、归集执法部门处罚记录，由工商所统一收集材料，实现案件事实调查、证据互联互认的执法衔接。三是院内与临街拆违双管齐下。对丰盛胡同14号院内的31处违建进行拆除，涉及面积780平方米，这是拆违工作的一次新突破。

4. 关注民生，重在品质

一是基本满足居民需求。打造一刻钟便民圈，街道积极引进企业，在辖区内打造了国安社区、国安生活超市、闹市口中街百姓生活服务中心，以及多个社区便民点；建设文体活动站，街道将宏英园13号楼的地下二层群租房腾退空间打造成文体活动站，多方位满足了居民日常生活需求和精神需求。二是及时增添绿植花草。结合疏解腾退空间，街道提出并实施"出门见绿、垂直挂绿、点缀添绿、见缝插绿、拆违增绿"的符合辖区实情的五绿工程，对街巷已有花箱、花池进行统一规划、更新、补植。目前已在丰盛、西斜街、佟麟阁路、东铁匠等胡同增添500余个花箱、11300余株花卉苗木，增加绿化面积1400余平方米，下阶段会继续根据街区街巷实际情况增添绿地绿植。三是全面提升胡同文化。街道致力于街巷文化内涵的打造与提升，更好地展现城市文化风采。如云梯胡同以中国古诗词画、仁义礼智信等传统文化精髓为内容，民族宫夹道及中京畿道从服饰、图腾、乐器等方面展现我国56个民族文化的博大精深，东智义胡同的卖芝麻秸图、温家街的梅兰竹菊、小院胡同的立体花卉和"仙境图"等浮雕文化墙给人带来视觉美感，彰显文化街道品质。四是实施启动准物业化管理。金融街房管所、金融街物业管理公司分别负责长安街南北部分社区的准物业化管理，配备了200余名经过专业培训的准物业化管理人员，分设两岗，各尽其责，辐射10余个社区、60余条街巷，24小时全天候、无遗留巡查确保发现问题及时上报解决，力求做到物业服务"精细、精准、精确"。五是大力提升核心区品质。开启非机动车停放项目，施划23000余平方米的非机动车停放区域，可容纳8万多辆非机动车停放，并委派秩序员，对不规范停车现象做到及时纠正；约谈摩拜、ofo负责人，要求企业加强单车管理，落实社会责任；积极开展楼宇大厦"门前三包"，营造整洁优美的街区环境；启动核心区巡更系统，设置88个巡更点，委派巡导员采取交叉不间断巡视，实现街区巡查"科学、优化、高效、可控"的长效管理模式。

5. 建立机制，注重长效

一是建立会议会商机制。为促进各专项行动的稳步推进，街道两次召开工委扩大会进行专题研究，并坚持每周召开一次专题调度会，采取讨论会、座谈会等形式深入整治现场解决问题。此机制的确立便于及时听取专项行动总体情况，做到有事勤沟通、遇事勤商量，解决疑难杂症，强化监督，形成合力，有效督促与推进整治工作的开展。二是建立日常巡查机制。"群租房"和私装地桩地锁现象是顽症且极易反弹，为防止反弹，避免新增，街道建立"12345"的日常巡查机制，即发挥街巷长、社工、志愿者、楼门院长、信息员五支力量，采取"一巡、二报、三处置、四反馈"的监管形势，对辖区进行全天候、无遗留的全面巡控，并及时将发现的问题上报街道。发动群众积极为整治工作的开展广言献策，并主动参与到整治后的日常巡查队伍中，不分昼夜，深入巡查，强力协助街道处理新生的不规范行为及有效防止反弹现象。三是建立责任倒查机制。街道理顺工作程序，遵循"一事一报、立字为据"的工作原则，建立了以"需求表+任务派发单+回复单"为形式的"社区—总指挥部—社区"这种责任清晰、程序规范、行动高效的闭环工作机制。对"开墙打洞"、违法建设、群租房、"七小"治理等新生或反弹现象做到及时发现，及时上报，及时反馈，最终确保辖区内无同类现象发生。

6. 强化宣传，引导舆情

街道着重把握舆论导向，不仅做好对金融街辖区群众的宣传工作，同时向社会充分展示金融街街道的工作进展与精神风貌，使群众切身感受专项行动带来的便利及开展的必要性。一是在北京电视台、人民网、《北京日报》、《北京晨报》、《北京晚报》等多家媒体上对专项行动的重要节点和工作亮点进行大规模的新闻报道。二是通过制作发放《致居民的一封信》，张贴"工商小知识"、治理沿街占道违法建设的公告及"疏解整治促提升"宣传海报，印发资料汇编册等多种形式，形成宣传材料3000余份，让商户了解相关常识，潜移默化地让每一位居民理解、支持并参与到专项行动中。三是利用街道自办媒体对专项行动进行持续报道，

宣传政策、彰显决心、凝聚共识、报道典型，营造全街道疏解整治促提升工作的良好氛围。

（三）"三大成效"开创疏解整治良好局面

1. 提前超额完成既定任务

落实市区"疏解整治促提升"专项行动的部署和《金融街街道"疏解整治促提升"专项行动实施方案》的计划和目标，2017年，金融街街道的疏解整治促提升工作形成了组织得力、干部拼力、群众给力、提升有力的良好局面，最终提前超额完成了既定目标。如"开墙打洞"整治：计划总任务量380处，实际整治完成438处，其中22处有规划，超额完成全年台账任务，涉及面积4140平方米，涉及人口1200余人。拆除违法建设：计划总任务量9500平方米，实际整治完成325处，涉及总面积14352.98平方米，疏解人口850人。"七小"业态治理：计划总任务量136处，现已全部完成治理任务，其中注销172户、吊销88户，涉及总面积5160平方米，疏解人口860人。群租房治理：计划总任务量11处，实际整治完成41处，涉及总面积3237平方米，疏解人口400余人。直管公房治理：计划总任务量433户，现已全部完成整治任务，涉及总面积7225.06平方米，疏解人口1000余人。地下空间整治：始终保持动态清零，发现一处，坚决查处一处，其中，整治宏汇园小区17号人防工程住人问题，涉及面积500平方米，疏解人口24人，清理地下小旅店3处，共69间，涉及总面积1700平方米，疏解人口近190人。共计疏解人口4570人。

2. 建立了疏解整治工作制度

一是构建了"一主二辅"制度体系。一主，即街巷长主体责任制。实行党政"一把手"负总责，担任辖区总街巷长；处级干部包社区，担任副总街巷长；科级干部包街巷，负责1~2条街巷的具体整治，社区全面协助，做好宣传动员、巡查摸底等工作。二辅，就是建立监督考核制、服务保障制两项辅助制度。监督考核制，即全面完成街巷长"名字上墙、照片上墙、电话上墙、职责上墙"，接受社会监督，同时制定街巷长考评细则；服务保障制，即做好街巷长专题培训和街巷整治专项经费保障。二是形成了街巷整治管理工作闭环，完善从规划设计、整治提升到后续管理的全链条工作体系。首先是规划引领，明确功能分区，编制街区治理提升设计导则；其次是整治提升，捋清整治流程，采取宣传造势、巡查摸底、共商对策、分类整治、优化提升、防止反弹"六个步骤"，压实街巷长责任，确保整治效果；最后是加强管理，发挥平房物业管理单位、网格员、街巷理事会、志愿者等各方作用，固化成果。三是总结了一套行之有效的对策方法。包括集体会商法、持续攻心法、联合作战法、创新治理法、帮困结合法、共建共治法等"六大方法"。针对街巷普遍性难题，由总街巷长牵头集体会商解决；针对居民观望迟疑，由各方力量持续入户做工作；针对"钉子户"，由各科站队所联合整治；针对胡同停车难题，推行停车自治创新；针对困难居民，整治中通过救助、帮扶、济困赢得居民配合；针对后续管理，广泛发动居民共治共建。

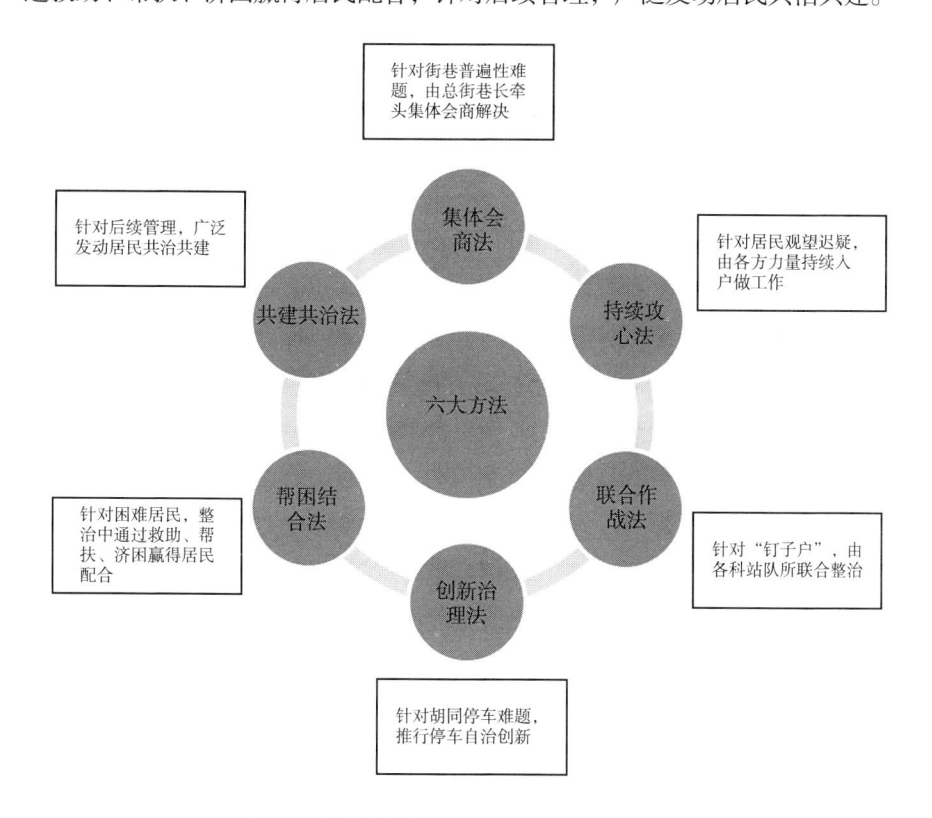

图1 金融街街道疏解整治促提升工作方法

3. 探索形成了一批典型经验

一是"支部建在街巷上"。2017年3月以来，金融街街道以"背街小巷"整治为契机，启动"支部建在街巷上"党建试点工作，逐步探索实现由"社区支部管社区"向"街巷支部管街巷"的精细化社区治理工作模式转变，变党员"社区治理的被动参与"为"背街小巷的主动治理"，发挥党员细胞在社区治理中的先锋模范作用。首先是调整社区党支部，以"街巷"为单位及"党员人数"分布组建党支部，基本实行一个支部管辖2~3个街巷，街巷支部管街巷，负责所在街巷的"背街小巷"整治工作。街道以宏汇园社区和温家街社区两个社区为先行试点：建立自治共建理事会，街巷支部书记任理事长，设置5名理事会成员，包括一个驻区单位代表，以及楼门院长、老同志代表和志愿者，协助配合街巷长开展治理工作。党组成员参与自治共建理事会，积极发挥党的核心领导作用和"背街小巷"整治过程中的战斗堡垒作用。调动志愿者的积极性，开展多种公益行动，如"守护家园行动——社区清洁日"，由街巷长带队，每周五打扫胡同环境卫生，带动形成社会参与社区共建的良好机制与渠道。在社区宣传栏粘贴街巷长和相关负责人的基本信息与联系方式，公开明确街巷长和自治共建理事会的职责，开放整治工作意见和监督，打通了整治工作和居民的沟通渠道，增强了街巷居民的参与热情和整治信心。街巷党员以身作则，带头拆除自家的违建建筑，带动了街巷居民参与整治的能动性，街巷居民众志成城，团结一心，投身于街巷治理工作，推动治理进程。

表2 街巷治理相关责任主体的工作职责

街巷长职责	负责背街小巷整治工作的决策部署，代表街道办事处主导本街巷胡同整治工作，协调解决整治提升中的各项问题；积极组织街巷人员开展"文明街（巷）""五好家庭"等精神文明争创和志愿服务活动，协助社区、街巷自治共建理事会加强居民自治管理；负责街巷定期巡查，督促落实"门前三包"责任制，发挥监督作用，做好整治成果动态监管；负责街巷居民"五防"宣传，维护街巷公共设施，积极协调处置应急事件；主动公示街（巷）长责任信息，接受社会监督

续表

理事会职责	负责制定理事会工作规章,建立议事制度,明确完善工作机制;负责参与研究谋划街巷胡同治理计划方案,为街道办事处、社区居委会开展治理工作建言献策;负责协助社区开展对街巷胡同的巡查,收集、整理、汇总、上报巡查中发现的问题;负责协助完成沟通协调工作,配合街巷胡同的治理行动;负责监督居民参与街巷胡同自治共建,督促落实居民公约,维护和巩固治理成效,协助推进街巷环境整治和提升
社区居委会职责	社区书记、主任作为背街小巷整治第一责任人,负责整治工作的监督落实、统筹协调;负责监督理事会定期召开工作会,督促问题解决;负责督导街长、理事长落实责任,发现不作为现象及时向街道反映情况;负责调动群众力量参与整治工作;负责监督居民维护整治成果
街道科室职责	负责专项行动的协调联络,积极配合街巷长、理事会解决实际问题;加强业务指导,根据实际情况提出可操作性意见;负责督促责任主体解决问题,做好各项保障工作

资料来源:根据《金融街街道背街小巷整治提升实施方案》整理。

二是探索治理交通拥堵问题。充分发挥居民议事厅的作用,落实民生工程民意立项机制,调动街巷共建理事会和社区志愿者服务团队的积极性。有效整合各方资源,强化全民参与意识,充分发挥社会主义民主集中制的优势,通过开展"社区居民议事会",通过"干什么由大家定""怎么干由大家议""效果怎么样由大家评"的方式,让居民在参与"疏解整治促提升"工作中和服务创新中获得成就感和幸福感,真正做到让居民当家做主,倾听群众呼声,回应群众期待,确保各项工作都聚焦工作目标,引导群众积极参与治理,带动形成政府主导下社区自治的良好局面。在治理交通拥堵问题上,街道开拓创新、多管齐下,采取四步工作法,即"一商、二清、三疏、四管",成功打造出佟麟阁路交通治理范本,极大地缓解了佟麟阁路的交通问题。

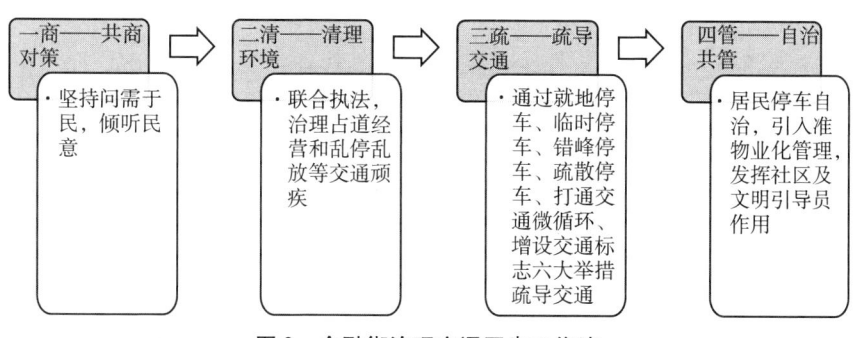

一商——共商对策	二清——清理环境	三疏——疏导交通	四管——自治共管
·坚持问需于民,倾听民意	·联合执法,治理占道经营和乱停乱放等交通顽疾	·通过就地停车、临时停车、错峰停车、疏散停车、打通交通微循环、增设交通标志六大举措疏导交通	·居民停车自治,引入准物业化管理,发挥社区及文明引导员作用

图2 金融街治理交通四步工作法

四 城市治理视角下疏解整治促提升的思考与建议

（一）进一步以问题为导向，推进城市的精细化管理

北京此次疏解整治促提升，是在落实首都新定位、建设国际一流和谐宜居之都目标的道路上，针对"大城市病"开出的一剂药方，从实际执行效果看，是治理"城市病"的重要途径。因此，在疏解整治促提升的过程中必须以"大城市病"等突出问题为导向，细化城市管理的标准、内容、流程等，推进城市管理精细化。

1. 转变以往粗放的管理理念和模式

"城市管理应该像绣花一样精细"。北京城市管理事关首都长远发展，北京要改变以往粗放式、应景式、运动式的管理模式，走出一条符合超大城市特点和规律的城市精细化管理的长效机制，尤其要注意讲细节、讲问题、讲品质。进一步深化街道管理体制改革，推进智慧城市建设，探索大数据和智能化在城市建设管理与服务方面的应用，不断推进城市管理智慧化、规范化、标准化水平。

2. 持续深化提升城市精细化管理的体制机制

城市管理的机构及其职能体制、领导体制、市区街道的层级管理体制等，其核心是各机构间的职、权、责的配置问题。探索建立主体清晰、权责明确、上下联动、协调有力、执法到位、运转高效的城市综合管理格局，采用法律、经济、行政、技术等手段推进城市管理创新，实现城市管理精细化、长效化、科学化。

3. 不断完善城市精细化管理内容

要从管"街面"向管"街里"衍生，对违法建设、"开墙打洞"、环境污染等城市乱象，必须坚持依法治理，不能纵容姑息，要注重运用法规、制度、标准管理城市，城市管理要向街巷胡同延伸，在精细处见功夫。与此同时，要更加精准地对接基层所盼，不惧困难，不以事小而不为。首先，围绕解决民生问题，在疏解的同时要注重完善各级各类的生活服务设施，为居民提供便民利民服务。对社会广泛关注、影响市容的城市管理顽疾，如乱停乱放、垃圾倾倒、违法经营、占道经营等进行重点整治。其次，适应城市社会发展趋势，进一步细化城市精细化管理内容，将电缆入地、路网改造、立体停车、错时停车、共享车位、电动车充电设施等纳入城市精细化管理内容，让人民群众切实体会到、享受到城市建设的成果。

（二）进一步以民生为导向，提升社会治理能力建设

要全面贯彻依法治国方针，推进城市依法规划建设，努力实现城市治理体系和能力现代化建设。要积极推进社会治理主体多元化，治理手段科学化、智能化，治理标准规范化、法制化等。要进一步完善城市重大决策公众参与机制，进一步规范专家论证、风险评估等作为城市重大决策的法定程序。强化信息技术在社会治理中的应用，进一步提升管理标准，使城市治理变"被动"为"主动"，变"总结"为"预判"，变"应对"为"引导"。

1. 注重提升人民群众的获得感

城市是人的城市，让人民群众在城市生活得更方便、更舒心、更美好，是城市一切工作的价值指向。北京要建设国际一流的和谐宜居之都，城市发展质量、人居环境质量、人民生活品质和城市竞争力都要进一步提高。城市建设好不好，最终要用人民群众满意度来衡量。如何提高人民群众的满意度，就要以北京市民最关心的问题为导向，要坚持"人民城市为人民""人民城市人民建"，应该从群众中来再到群众中去，既要加强管理，又要体现服务，绝不能干部想怎么干就怎么干。注重城市建设中人民诉求的表达，要下大力气根治"城市病"，增强民众获得感，以解决人口过多、交通拥堵、大气污染等人民群众重点反映的问题为突破口，提出解决问题的综合方略，要健全制度、完善政策，不断提高民生保障和公共服务供给水平，增强人民群众获得感。

2. 完善"街巷长制"工作模式

以街巷为单元，与网格相衔接，构建党建引领、社区统筹、理事会议

事、联合执法支撑、物业服务和志愿服务互为补充的工作格局。充分发挥基层党组织战斗堡垒作用和党员干部先锋模范作用,把联合支部建在街巷上,书记由街巷长担任,副书记由社区、理事会、联合执法、物业公司和志愿服务团队各责任部门负责人担任,联络员由一名社区党委委员担任。"街巷长制"办公室设在社区党组织,办公室主任由社区党委书记担任,负责组织实施"街巷长制",主要职责为组织协调、调度督导、检查考核。理事会由街巷人大代表或政协委员(1人)、单位代表(1~2人)、居民代表(不少于3人)、媒体代表(1人)组成,理事长由街巷长会议选举产生,秘书长由理事长委任。联合执法由街道综治办牵头,城管、公安、交通、食药、房管、工商、消防、安监、特勤等成员组成,负责违法建设、违规经营、"开墙打洞"、乱停车、堆物堆料及各种安全问题的查处。物业服务指通过政府购买服务由物业公司向平房区和老旧小区提供的物业化管理,包括绿化、保洁、保安和"保姆式"服务。志愿服务指由社区志愿服务团队提供的公益服务项目。

3. 适当引入市场机制

要实现科学、民主、高效的城市管理,就要充分发挥市场的作用,通过引入市场机制和拓宽参与渠道,推动企业、社会组织乃至公众积极参与到公共管理领域当中来,形成管理互动,并兼具多方利益,进一步整合资金、整合资源、整合管理、整合人才,有利于提高公共管理效率。政府应做到计划与市场结合,在共同参与的基础上加强宏观调控和监督,摆正位置,有进有退。

4. 加强社会风险评估

疏解整治工作是一项与人民群众利益密切相关的重大决策和重大措施,尤其是在拆违的过程中,如果处理不得当,极易引发社会矛盾和抵触心理,将影响到社会公共秩序。因此,对涉及群众切身利益的重大决策,要认真进行社会稳定风险评估。政策的制定者要作为重大风险评估的责任主体来实施风险评估并对实施出现的问题负责,要严格依据法律法规和政策,制定全面、科学、规范的评估标准,与此同时,要科学民主决策,广泛而充分地听取群众意见，完善专家咨询论证制度、听证制度等，要坚持把群众利益摆在首位，既要维护群众的合法权益，又不能突破法律法规和政策规定，实现法律效果和社会效果相统一。科学预测相关利益群体的容忍度和社会负面影响，制定相应的风险防范和矛盾化解的措施，有效规避、预防、控制重大事项实施过程中可能产生的社会稳定风险，主动协调解决实施中产生的各类矛盾纠纷，更好地确保疏解整治工作的顺利实施。

（三）进一步以目标为导向，完善政府治理手段

北京需要构建超大城市治理体系，就要根据特大城市治理体系和治理能力现代化要求，运用"依法治理、系统治理、源头治理、长效治理"的城市治理理念，进一步把握城市治理规律、城市治理的具体维度、城市治理的关键环节和抓手，不断提升城市治理能力。

1. 加强城市综合治理

改变"头痛医头、脚痛医脚"的传统方式，加强源头治理、系统治理，采取综合施政、标本兼治，有效杜绝问题反弹。从疏解首都非核心功能入手，以政策作为引导，从源头上清理长期难以根除顽疾，彻底实现根治；聚焦常态长效发展，加快完善城市综合管理标准体系，推进城市管理领域综合执法，大力推广联勤联动执法机制，加强城市管理工作系统设计，不断拓展丰富网格化管理内涵，着力提升城区管理科学化、精细化水平。

2. 积极探索街区整理

按照分区设计、一街一策的原则，完善具有金融街地域特色的街巷治理的宏观设计导则和具体实施计划。对于北京这座特大型城市而言，高密度、紧凑型可能是城市化发展模式的一个必要选项。与此同时，要运用"海绵城市"建设理念，实现"自然积存、自然渗透、自然净化"的城市发展方式，系统性解决北京城市发展中的水问题。城市形象产品和城市形象要具有首都特色，符合首都定位。要落实世界眼光、国际标准、中国特色、高点定位的要求，要加强主要功能区块、主要景观、主要建筑物的设计，体现城市精神，展现城市特色，提升城市魅力，提升北京作为首都的国际影响力。

3. 建立和完善横纵联动的工作机制

疏解整治中遇到的很多问题大多有深层复杂的原因，既包括因城市开发和建设而遗留的拆迁不彻底、利益难协调、居住条件差、违法建设多等历史性问题，也包括因建筑物年代长久、文物保护不利而造成的基础设施落后、公共服务不配套等先天性问题，还包括因物业管理、公共服务缺位和配套设施不足而形成的人口流动大、环境脏乱差及私占公共空间、违法违规经营、乱贴小广告现象等制度性问题，各种问题的混合再加上政府管理部门职能分散、产权关系复杂等问题的交织，导致治理难度大、成本高，点多面广，牵一发而动全身。因此，疏解整治工作切忌用简单的治标思维和线性思维去解决所有问题，要分类施策，加强跨部门、跨区域、跨层级的协调与配合。强化源头治理，切实落实行业监管、日常管理和属地管理责任。进一步完善金融街街道"全响应"平台建设，加强各行业、各领域精细化管理和行政执法工作，切实做到问题第一时间发现、第一时间解决、第一时间报告，确保整治后的效果长期保持。

4. 建立"建管养"一体化长效机制

按照"以建促管、建管结合"的理念推进城市治理工作，进一步探索完善整治建设完成后的后续管理养护问题。进一步发挥政府主导作用的同时，继续试点，探索社区自治、准物业管理、市场化管理等行政管理、自治管理、专业管理相结合模式；充分发挥街巷长、社区民警、治保主任、流管员、志愿者的作用，开展日常巡查，积极发现违法现象并及时整改，逐步建立"建管养"一体化长效机制，加强疏堵结合工作。

参考文献

北京市政府：《北京市人民政府关于组织开展"疏解整治促提升"专项行动（2017~2020年）的实施意见》，2017。

北京市西城区政府：《西城区"疏解整治促提升"专项行动实施方案》，2017。

北京市西城区政府：《西城区孙硕区长在"疏解整治促提升"专项行动誓师大会上

的讲话》，2017。

金融街街道办事处：《金融街街道宫浩主任在"疏解整治促提升"专项行动誓师大会上的讲话》，2017。

金融街街道办事处：《金融街街道"疏解整治促提升"专项行动实施方案》，2017。

金融街街道办事处：《金融街街道2017年"疏解整治促提升"专项行动年度总结》，2017。

吴学安：《告别"大城市病"呼唤重塑城市功能》，《城市开发》2016年第4期。

张玉荣：《根治"城市病"，解决老百姓看得见的"痛"》，《小康》2016年第2期。

杨宏山：《改进首都城市治理亟待创新机制》，《城市管理与科技》2016年第4期。

杨松：《正确认识和把握首都城市发展的特点和规律》，《城市管理与科技》2016年第2期。

数据报告

Data Reports

B.2
金融街街道基于常住人口的地区公共服务调查报告

摘　要： 享有公共服务是公民生存发展的需要，也是生活品质的基础保障，从居民对地区公共服务的获得感和满意度来评价生活质量状况具有重要意义。本文通过问卷调查的方法，对西城区金融街街道19个社区的常住人口开展社区公共服务与居民生活质量问卷调查，从中了解街道组织开展公共服务的情况和居民满意度评价，得出总体结论并针对存在的问题提出具体建议。

关键词： 金融街街道　社区居民　公共服务　生活质量

为了能够了解目前金融街街道居民对地区公共服务的获得感和满意度状况，我们在2015年1月针对街道开展的基本公共服务需求的问卷调查基础上，结合居民的满意度调查，进行了此次问卷调查。本报告所涉及的调查对象是金融街街道19个社区的常住人口，调查时间为2017年5月，共有380人参与此次调查，其中有效问卷224份，有效问卷回收率为58.9%。

一 调查样本情况

（一）调查样本基本情况

调查对象中，男女比例约为0.6∶1。年龄在35岁以下的54人，36~55岁的91人，55岁以上的79人，其中65岁以上老年人为54人。从婚姻状况看，以已婚为主，占85.7%。从政治面貌看，党员、群众分别为79人和134人，群众占59.8%。常住人口中，有84.8%的人是西城区户籍，非京籍人口占1.8%。在本市自有住房者有175人，占78.1%。从受教育程度看，本科或大专的人群占比最高，为67.4%。在家庭组成结构方面，46.9%的家庭是三口之家，所占比例最高（见表1）。

表1 调查样本基本情况统计

单位：人

性别	男		80		女		144	
婚姻状况	已婚		192		未婚		32	
年龄	25岁以下	26~35岁	36~45岁		46~55岁		56~65岁	65岁以上
	7	47	58		33		25	54
政治面貌	党员	民主党派			团员		群众	
	79	0			11		134	
户籍	本区户籍	本市其他区户籍					非本市户籍	
	190	30					4	
住所	本区自有住房	本市其他区自有住房		本区非自有住房			本市其他区非自有住房	
	136	39		35			14	
学历	博士研究生	硕士研究生		本科或大专			高中或中专以下	
	1	6		151			66	
家庭人数	四口以上	四口		三口		二口	一口	
	61	29		105		25	4	

（二）样本家庭收入情况

从家庭收入情况看，调查显示，受调查人员的人均月收入在1890～3400元的被调查居民数量最多，占总样本的比例为41.5%，其次是人均月收入在3400～8700元的居民，占比为37.5%，人均月收入水平超过15000元的有9人（见表2）。我们取人均月收入的区间平均值，可以得出金融街街道居民年均收入的估算值。如果比照西城区15个街道的平均值64855.2元的标准，可以发现，金融街街道的平均值为66072.1元，处于较高水平。参与调查人员中，人均月收入低于3400元的人群值得关注，占总数的46.0%。在这103人中，人均月收入在最低工资标准线1890元以下的有10人，其中符合低保家庭收入标准（家庭人均月收入低于800元）的仍有2人。

表2　金融街街道样本收入情况估算

人均月收入(元)	800	800～1890	1890～3400	3400～8700	8700～15000	15000以上
居民年均收入(元)	9600	16140	31740	72600	142200	180000
人数(人)	2	8	93	84	28	9

注：居民年均收入由人均月收入的区间平均值乘以12个月估算得出。其中"15000元以上"的区间平均值按照15000元计算。

二　公共服务供给及居民满意度状况

（一）公共教育资源评价：超七成受访者认为幼儿园便利度低

关于金融街街道教育资源配置方面，调查显示，有50.9%的受访者认为教育资源配置"总体均衡"，认为"局部均衡"的受访者占32.1%，还有4.9%的受访者表示"基本失衡"，表示"说不清楚"的受访者占12.1%（见图1）。由此可见，被访者总体对金融街地区的教育资源状况反映较好。

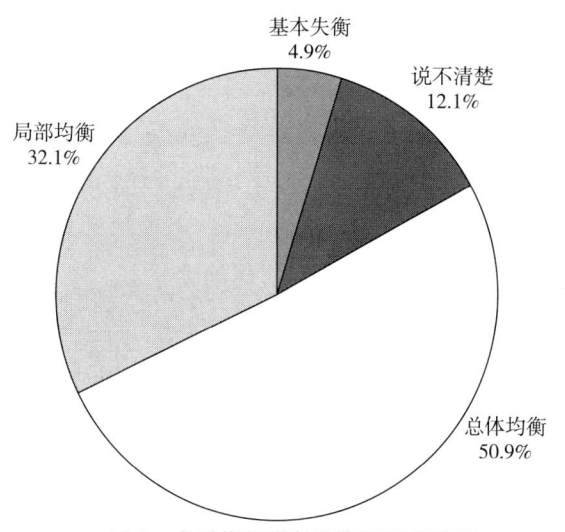

图 1 金融街街道教育资源配置情况

此次问卷特别就学前教育资源进行调查,在问及"您的孩子及周边的孩子上幼儿园方便不方便"这个问题时,有27.7%的受访者的回答是肯定的,但有9.4%的受访者表示"很难",表示"不方便"的受访者占24.1%,认为"不是很方便"的受访者占38.8%(见图2)。由此可见,超过70.0%的受访者对辖区幼儿园的布局和供给表示不满意。可见,学前教育问题不容忽视。

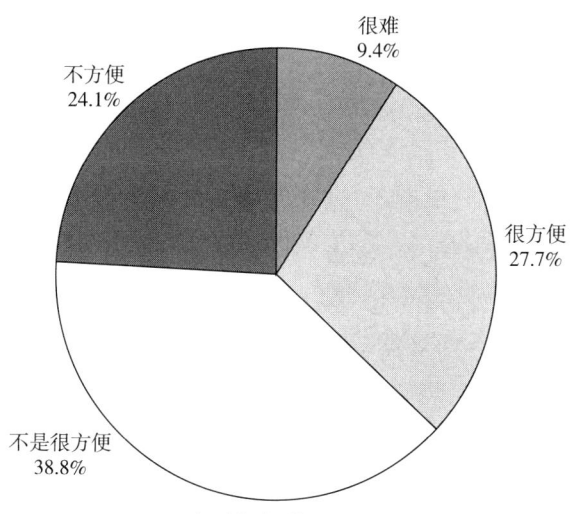

图 2 金融街街道幼儿园便利度

025

（二）公共文化服务评价：对公共文化设施和场馆的服务满意度为58.0%

调查问卷以"您知道您家附近的图书馆、文化馆、博物馆、美术馆等公共文化服务设施分布情况吗"这一问题来了解被访者对街区公共文化资源的知晓度。结果显示，36.2%的受访者表示"了解"，7.6%的受访者表示"不了解"，约五成的受访者表示部分了解。在对这些文化设施提供服务的满意度调查中，表示"满意"和"很满意"的受访者占58.0%，表示服务"一般"的人占38.4%，还有3.5%的人表示"不满意"和"很不满意"（见图3）。

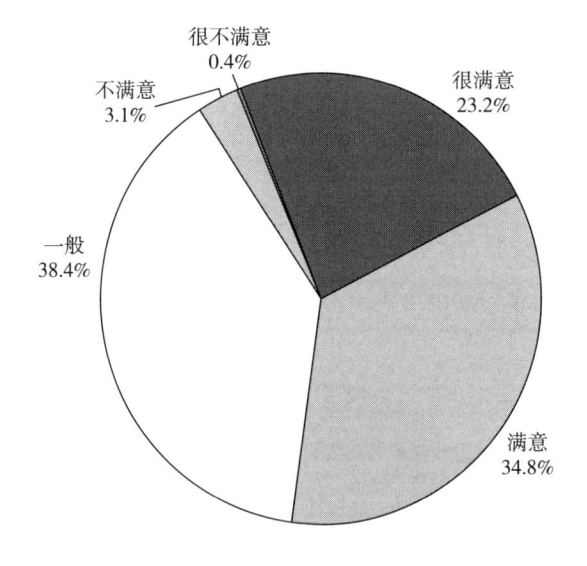

图3 金融街街道公共文化服务情况满意度

具体从服务项目参与度看，调查显示，参与"免费的电影放映"的受访者人数占69.6%，所占比例最高；参与"书画展览、摄影展等"和"戏剧、音乐会等文艺演出"的人比例相当，分别为64.3%和62.9%。另外，7.1%的受访者表示"以上都没去过或参与过"（见图4）。

金融街街道基于常住人口的地区公共服务调查报告

```
免费的电影放映                               69.6
书画展览、摄影展等                           64.3
戏剧、音乐会等文艺演出                       62.9
文体娱乐活动,
如跳广场舞、打太极拳等                      51.8
以上都没去过或参与过     7.1
                    0    20    40    60    80(%)
```

图4　金融街街道公共文化活动参与度

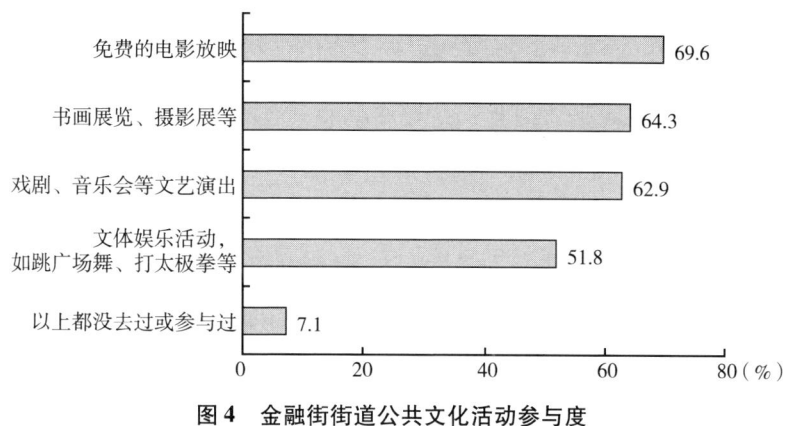

（三）社区服务评价：83.0%的居民对"社区群众文化服务"的满意度最高

在社区文化教育体育服务方面，受访者对"社区群众文化服务"的满意度最高，达到83.0%。此外，对"社区科普服务""社区群众性体育组织建设服务"满意度相对较高，但只有54.0%和30.8%。在最不满意的服务项目中，对"社区早教服务"不满意的受访者占36.0%，对"社区居民体质测试服务"不满意的受访者占26.1%，还有22.1%的受访者对"社区体育设施建设服务"不满意（见图5）。

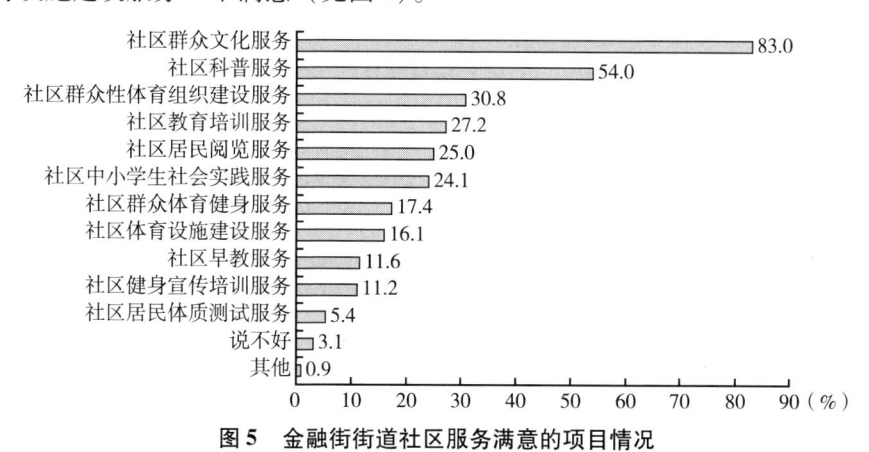

```
社区群众文化服务                                        83.0
社区科普服务                       54.0
社区群众性体育组织建设服务    30.8
社区教育培训服务             27.2
社区居民阅览服务             25.0
社区中小学生社会实践服务     24.1
社区群众体育健身服务        17.4
社区体育设施建设服务        16.1
社区早教服务              11.6
社区健身宣传培训服务       11.2
社区居民体质测试服务      5.4
说不好                 3.1
其他                  0.9
            0  10 20 30 40 50 60 70 80 90(%)
```

图5　金融街街道社区服务满意的项目情况

027

（四）就业（创业）服务评价：平均参与度在45.0%左右

调查显示，在就业（创业）指导和就业（创业）服务方面，居民参与度最高的是"社区职业介绍和岗位推荐服务"，所占比例为67.0%，参与"社区就业困难人员再就业服务"和"社区劳动就业政策咨询服务"的受访者也超过半数，所占比例分别是58.5%和55.8%。此外，分别有44.2%、41.5%的受访者选择了"'零就业家庭'就业帮扶服务"和"就业信息发布"选项。其他三项就业指导和服务项目的参与度均在30.0%左右。另外，有14.3%的受访者表示"不清楚"（见图6），说明没有这方面的需求。由此可见，关于就业（创业）服务，街道社区工作做得较为扎实，有41.5%的受访者表示接受过"社区推荐"。

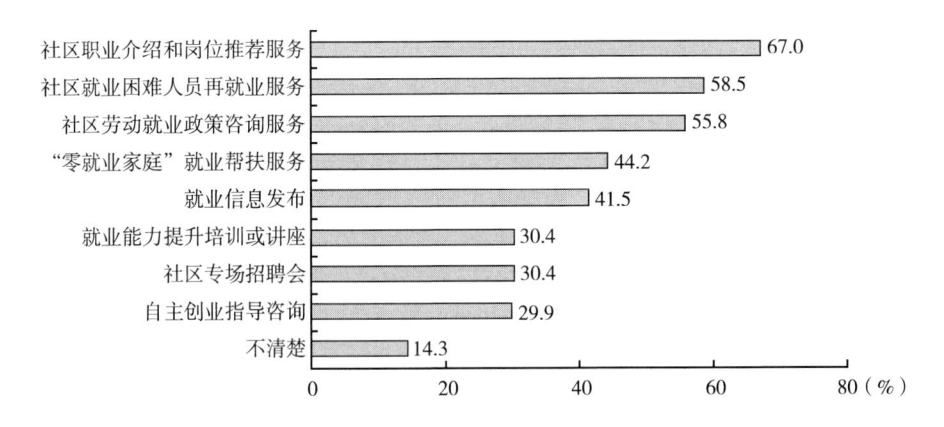

项目	比例(%)
社区职业介绍和岗位推荐服务	67.0
社区就业困难人员再就业服务	58.5
社区劳动就业政策咨询服务	55.8
"零就业家庭"就业帮扶服务	44.2
就业信息发布	41.5
就业能力提升培训或讲座	30.4
社区专场招聘会	30.4
自主创业指导咨询	29.9
不清楚	14.3

图6　金融街街道就业（创业）指导和就业（创业）服务项目情况

（五）为老服务评价：超六成受访者表示"满意"

对于社区提供何种为老服务项目，问卷中所涉及的十大类服务均不同程度地受到欢迎，其中"生活照料""医疗保健""休闲娱乐活动"需求排在前三位，所占比例分别为72.6%、67.7%和52.9%。"身体锻炼"选项占比最低，为37.2%（见图7）。

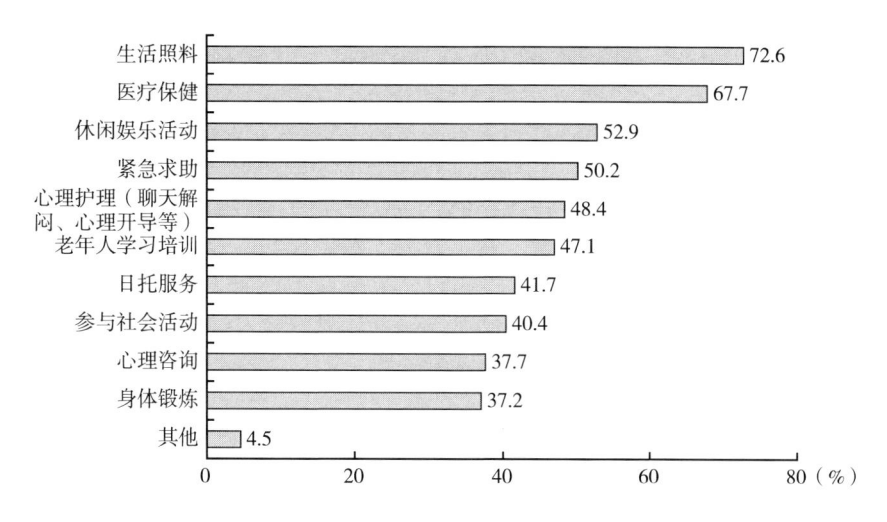

图7 金融街街道社区为老服务项目需求情况

生活照料 72.6
医疗保健 67.7
休闲娱乐活动 52.9
紧急求助 50.2
心理护理（聊天解闷、心理开导等） 48.4
老年人学习培训 47.1
日托服务 41.7
参与社会活动 40.4
心理咨询 37.7
身体锻炼 37.2
其他 4.5

金融街街道高度重视为老服务工作，以社区为单位针对老龄人口开展了多项服务，在对现有为老服务项目的满意度方面，有65.6%受访者表示满意，有31.7%的人表示"一般"，但仍有2.6%的人表示不满意（见图8）。

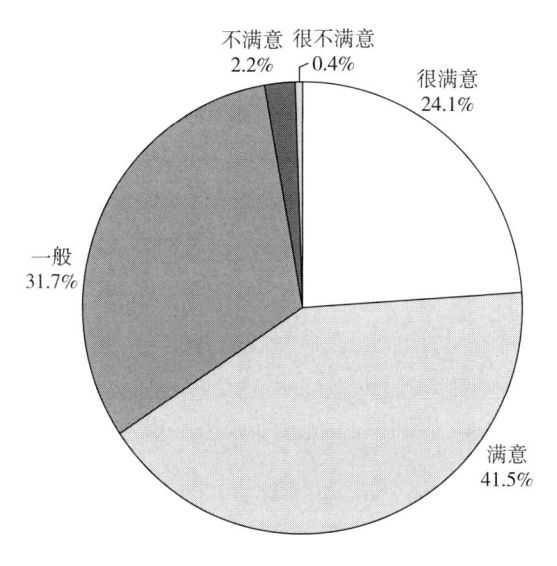

图8 金融街街道社区为老服务项目满意度

很满意 24.1%
满意 41.5%
一般 31.7%
不满意 2.2%
很不满意 0.4%

（六）残疾人专项服务评价：过半数受访者认为专用设施不够完善

问卷调查结果显示，有44.2%的受访者表示所在社区的残疾人专项服务设施完善，而认为"有部分专用设施"的受访者比例也达到42.4%。同时，还有13.4%的受访者表示"基本没有"（见图9）。

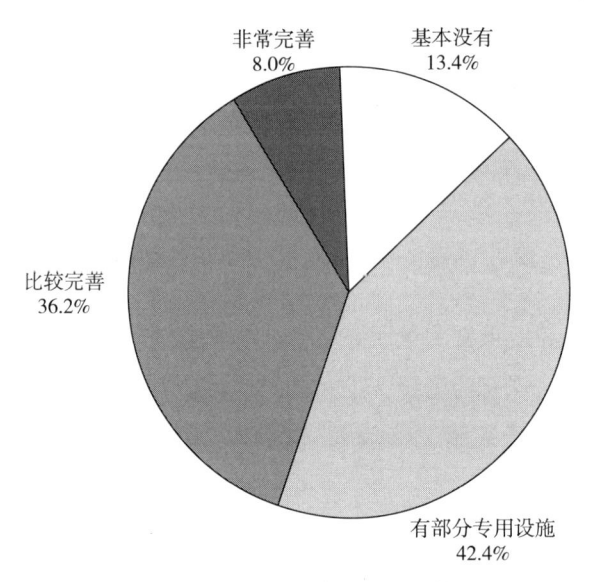

图9　社区残疾人专用设施完善度

从社区残疾人服务项目供给情况来看，"康复照料""法律援助""就业指导"等方面的服务供给排在前三位。67.4%的受访者选择了包括知识讲座、康复咨询、免费健康体检、建立电子健康档案等在内的"康复照料"服务，61.6%的受访者选择了"法律援助"服务，另有54.5%的受访者选择了"就业指导"服务（见图10）。该统计数据反映了受访者对"文教服务""慈善捐赠""心理抚慰"方面的服务供给评价偏低。

（七）便民服务评价：公园或公共绿地最为稀缺

对"最后一公里"社区便民服务的便利度情况调查显示，在18个选项中，83.0%的受访者认为"超市便利店"最为便利，认为"早餐""商场购

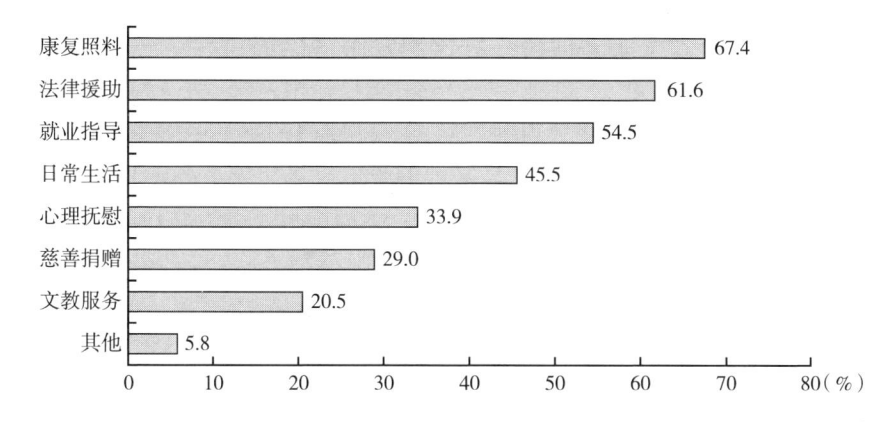

类别	百分比
康复照料	67.4
法律援助	61.6
就业指导	54.5
日常生活	45.5
心理抚慰	33.9
慈善捐赠	29.0
文教服务	20.5
其他	5.8

图10 金融街街道社区残疾人服务项目供给情况

物""美容美发"便利的受访者分别占59.6%、46.6%和46.2%。而在最不便利评价中，排在前四位的是"体育运动场所"（27.3%）、"维修服务"（26.8%）、"公园或公共绿地"（25.9%）和"公共停车场站"（25.0%）（见图11）。

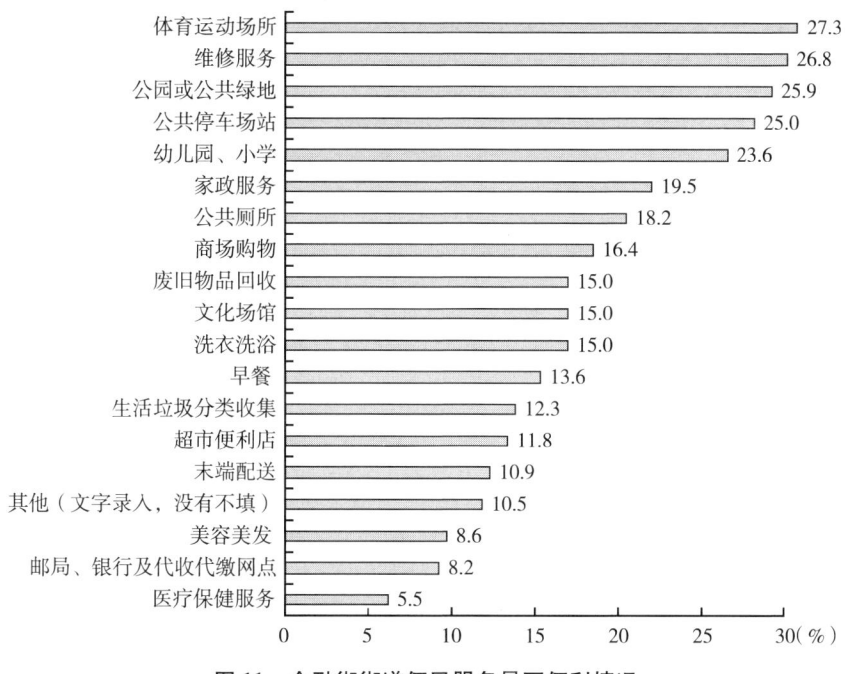

类别	百分比
体育运动场所	27.3
维修服务	26.8
公园或公共绿地	25.9
公共停车场站	25.0
幼儿园、小学	23.6
家政服务	19.5
公共厕所	18.2
商场购物	16.4
废旧物品回收	15.0
文化场馆	15.0
洗衣洗浴	15.0
早餐	13.6
生活垃圾分类收集	12.3
超市便利店	11.8
末端配送	10.9
其他（文字录入，没有不填）	10.5
美容美发	8.6
邮局、银行及代收代缴网点	8.2
医疗保健服务	5.5

图11 金融街街道便民服务最不便利情况

（八）社区安全服务评价：社区治安服务供给最好

在公共安全服务项目供给情况调查中，社区治安服务的供给情况最好。调查显示，在12个选项中，排序最靠前的是"社区治安服务"供给，占比81.7%。此后占比超过六成的选项依次是"社区法律服务""社区禁毒宣传服务""社区消防安全服务""社区矫正服务"，分别为73.7%、65.6%、63.4%和60.7%（见图12）。总的来看，对于社区安全问题，金融街街道十分重视，服务领域较宽，供给相对均衡。

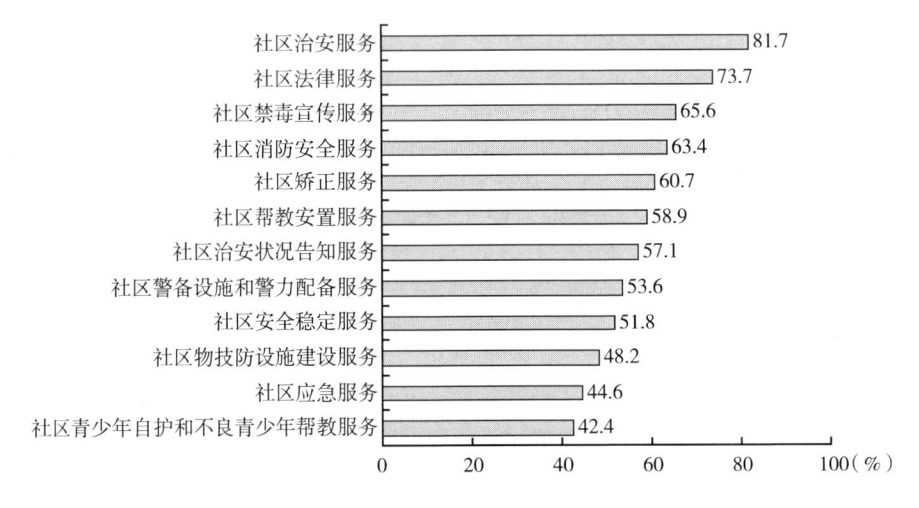

项目	比例(%)
社区治安服务	81.7
社区法律服务	73.7
社区禁毒宣传服务	65.6
社区消防安全服务	63.4
社区矫正服务	60.7
社区帮教安置服务	58.9
社区治安状况告知服务	57.1
社区警备设施和警力配备服务	53.6
社区安全稳定服务	51.8
社区物技防设施建设服务	48.2
社区应急服务	44.6
社区青少年自护和不良青少年帮教服务	42.4

图12　金融街街道社区安全服务项目供给状况

（九）地区信息基础设施评价：受访者普遍对推进智慧化、便利化基础设施投入表示支持

随着信息技术的迅猛发展和快速应用，人们对智慧化、便利化的信息基础设施的需求日益上升。在问卷调查中，按照需求程度，居民的选项由高到低分别为"社区停车缴费智能化"、"社区便民服务在线办理"、"社区生活服务信息查看"、"加强智慧社区信息基础服务设施建设"和"社区政务信息查看"（见图13）。

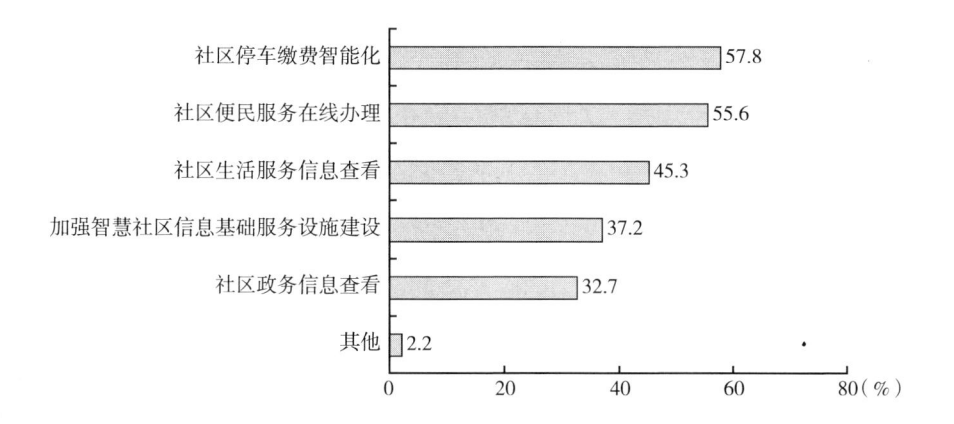

图 13　金融街街道社区信息基础设施服务需求情况

三　基本数据结论

金融街街道受调查居民的收入水平高于全区平均水平，家庭支出结构中基本生活类消费居主导地位，文化体育类消费次之。此次调查，围绕公共教育资源、公共文化服务、社区服务、就业（创业）服务、为老服务、残疾人专项服务、便民服务、公共安全服务和地区基础设施服务等九个方面进行评价，得出以下数据结论。

第一，在公共教育资源评价方面，被调查者对金融街地区的教育资源状况总体较为满意，但超过70.0%的受访者对辖区幼儿园的布局和供给表示不满意，学前教育问题不容忽视。

第二，在公共文化服务评价方面，被调查者对街区公共文化资源分布的知晓度超过八成，对其提供的服务满意度仅为58.0%。在具体项目中，居民对"免费的电影放映"项目的参与度最高，占69.6%。

第三，在社区服务评价方面，受访者对"社区群众文化服务"的满意度较高，达到83.0%，分别有36.0%、26.1%和22.1%的受访者对"社区早教服务"、"社区居民体质测试服务"和"社区体育设施建设服务"不满

意。此外，受访者对社区体育服务的整体满意度普遍不高。

第四，在就业（创业）服务评价方面，街道较为重视，居民参与度最高的是"社区职业介绍和岗位推荐服务"，所占比例为67.0%，参与"社区就业困难人员再就业服务"和"社区劳动就业政策咨询服务"的受访者也超过半数，所占比例分别是58.5%和55.8%。另外，有41.5%的受访者表示在就业服务中接受过"社区推荐"。

第五，在为老服务评价方面，"生活照料""医疗保健""休闲娱乐活动"等服务项目最受欢迎。对现有的为老服务项目，超过六成的受访者表示满意。

第六，在残疾人专项服务评价方面，分别有44.2%和42.4%的受访者认为社区残疾人设施完善和不够完善。从社区残疾人服务项目供给情况来看，"康复照料""法律援助""就业指导"最受欢迎，"康复照料"占比达到67.4%。

第七，在便民服务评价方面，超过八成的受访者认可"超市便利店"的分布情况，受访者认为"体育运动场所"（27.3%）、"维修服务"（26.8%）、"公园或公共绿地"（25.9%）和"公共停车场站"（25.0%）最不便利。

第八，在社区安全服务评价方面，社区服务项目供给较为丰富。在12个选项中，对社区治安服务的需求最高，占比81.7%。另外，"社区法律服务"、"社区禁毒宣传服务"、"社区消防安全服务"和"社区矫正服务"的需求均超过六成，分别为73.7%、65.6%、63.4%和60.7%。

第九，在地区信息基础设施评价方面，人们对智慧化、便利化的信息基础设施的需求普遍较高，对"社区停车缴费智能化"和"社区便民服务在线办理"服务的需求分别为57.8%和55.6%。

综上所述，我们进一步梳理出公共服务调查中的13个重点选项，需要街道予以关注（见表3）。

表3 金融街街道公共服务重点选项调查数据

单位：%

序号	需重点关注的调查选项	调研占比
1	便利度最低的公共教育服务选项"幼儿园"	72.3
2	参与度最高的公共文化选项"免费的电影放映"	69.6
3	满意最高的社区服务选项"社区群众文化服务"	83.0
4	满意最低的社区服务选项"社区早教服务"	36.0
5	参与度最高的就业（创业）选项"社区职业介绍和岗位推荐服务"	67.0
6	满意度最高的为老服务选项"生活照料"	72.6
7	满意度最低的为老服务选项"身体锻炼"	37.2
8	满意度最高的残疾人服务选项"康复照料"	67.4
9	满意度最低的残疾人服务选项"文教服务"	20.5
10	便利度最高的便民服务选项"超市便利店"	83.0
11	便利度最低的便民服务选项"体育运动场所"	27.3
12	供给最好的公共安全服务选项"社区治安服务"	81.7
13	需求度最高的信息基础设施选项"社区停车缴费智能化"	57.8

四 对策建议

（一）改善公共服务供给机制

改善公共服务供给机制就是要建立一种更加公平、有效、高质的公共服务供给模式。一是要根据不同公共服务项目的性质和特点，采取不同的供给模式，对于公共性程度高，不宜由市场或营利性组织供给、市场或非营利性组织无能力供给，非竞争性高的服务，必须由政府生产和提供，如普遍反映的公园或公共绿地等。二是要增强重点领域公共服务的供给能力。侧重增加解决群众反映的需求重点和不足，如调查反映出的绿地不足、残疾人设施不完善等问题，采取差异化的公共服务供给战略，以满足不断增长的社会公共需求。三是要推进公共服务的技术创新，综合运用多种手段提供公共服务。积极充分发挥大数据的优势，推进智慧城市、智慧社区建设，完善"社区

停车缴费智能化""社区便民服务在线办理"等，改善公共服务的供给方式和提供手段，不断提高公共服务的质量和水平。

（二）公共服务提供过程中引入市场化机制

在提供公共服务的过程中，街道应当将竞争机制引入公共服务领域，并且建立市场准入机制，为社区投资打造优质的政策环境，使社区公共服务供给进一步市场化。另外，还要明确公共服务市场化的范围和标准。一是街道必须对市场化的对象进行深入分析，明确公共服务的性质，明白在公共服务的哪些领域进行市场化是最为合适的，明确市场化的步骤，并分步骤实现公共服务的市场化。在具体的实际操作过程中，街道可以按照社区公共服务的对象、服务提供的产品、服务的运行机制等因素，将社区公共服务分类，主要划分为有偿服务、低偿服务和无偿服务三种。有偿服务主要面向的是全体社会成员，比如家政、健身等，这些服务可以通过市场机制来提供，不仅能够丰富社区居民的生活，而且能缓解街道提供公共服务方面的不足。对于低偿服务，街道则可以采取贴息或一次性补助等办法给予扶持。二是完善公共服务市场监督机制。公共服务市场化后，还要不断加强对其服务质量的控制和监管。一方面，强化政府监管责任，建立对劣质高价服务的终止机制；另一方面，建立公众对公共服务供给行为的监督机制，加强对公共服务质量的评估。

（三）鼓励、支持和引导社会力量参与街道公共服务

要以社会需求为导向，运用好社会建设专项资金、政府向社会组织购买服务等政策杠杆，鼓励和支持辖区单位向社会开放共享资源，鼓励各种民间组织参与兴办公益事业和社会服务，鼓励发展社区社会组织在社区内开展志愿者服务、公益服务和从事文化体育活动，鼓励社区居民和驻社区企业单位开展社会捐赠、互帮互助、对社区困难群体实行辅助性生活救助等，从而调动各种社会力量参与和改善公共服务的积极性，推动公共服务供给主体的多元化和供给方式的多样化，进而建立以政府为主导、各种社会主体共同参与的公共服务供给格局。

B.3
金融街街道基于工作人口的地区公共服务调查报告

摘　要： 工作人口是区域发展的重要参与者和推动者，为其提供便利、持续、优质的公共服务，对优化地区发展环境和服务水平，提高街道服务区域发展的能力具有重要意义。为此，课题组在2015年1月对辖区工作人口首次进行公共服务调查之后，于2017年5月再次就企业工作人口对金融街地区的公共服务供给、参与和获得情况进行问卷调查。本次报告通过对服务机构认知度、社区服务参与度、地区生活便利度、社区基本公共服务满意度、社区公共服务需求度五个方面进行分析，在对调查情况进行纵向比较的基础上，得出总体结论并针对存在的问题提出具体建议。

关键词： 金融街街道　公共服务　工作人口

金融街街道是首都金融主中心区，兼具服务企业发展、做好工作人员公共服务保障水平的任务重大。本报告所涉及的调查对象是在金融街街道辖区内纳税情况较好的一些企业的工作人员，包括中高层管理人员和普通员工，调查进行时间为2017年5月。此次调查共发放问卷300份，其中有效问卷244份，有效问卷回收率为81.3%。

一 调查样本情况

在调查对象中，中高层管理人员和普通员工的比例约为1∶1，男女比例为0.67∶1，在本单位工作三年以上的占比为67.2%，本科或大专学历占绝大部分，为70.9%，硕博高端人才占18.0%。年龄分布在26~45岁的工作人口比例达到76.2%，是企业劳动力的中坚力量。从户籍分布来看，本市户籍人口达到了84.4%，其中本区户籍人口占比52.5%，本市其他区户籍人口占32.0%。从居住地情况来看，拥有自有住房的工作人员约占八成。从家庭构成来看，三口之家居多，占58.2%。从员工收入来看，在121名普通员工中，家庭人均月收入在5000元以下的占比56.2%，超过10000元的占比18.2%，但仍有2人表示家庭人均月收入低于北京市最低工资标准（1890元）。在123名中高层管理人员中，月收入在5000元以下的占比30.1%，月收入在5000~9999元的占20.3%，超过20000元的占22.0%（见表1）。

表1 调查样本基本情况统计

单位：人

性别	男		98		女		146
年龄	25岁以下	26~35岁	36~45岁	46~55岁	56~65岁	65岁以上	
	9	94	92	36	11	2	
户籍	本区户籍		本市其他区户籍		非本市户籍		
	128		78		38		
居住情况	本区,自有住房	101	本市其他区,自有住房	85			
	本区,非自有住房	31	本市其他区,非自有住房	27			
工作年限	三年以上		一年到三年		一年以下		
	164		63		17		
学历	博士研究生		硕士研究生		本科或大专		高中或中专以下
	7		37		173		27
家庭构成	四口以上		四口		三口		二口	一口
	24		38		142		28	12
收入情况	普通员工家庭人均月收入						
	1890元以下	1890~3399元	3400~4999元	5000~9999元	10000~19999元	20000元以上	
	2	28	38	31	18	4	
	中高层管理人员月收入						
	5000元以下	5000~9999元	10000~19999元	20000~29999元	30000~49999元	50000元以上	
	37	25	34	9	15	3	

二 社区服务机构认知度

（一）街道办事处服务事项：近九成的受访者有一定的认知度

关于街道办事处对企业服务事项的认知程度，43.0%的受访者表示"知道"，43.0%的人表示"知道一些"，而表示"不知道"的人仅有13.9%（见图1）。由此可见，企业对金融街街道的服务企业事项认知较高。这与金融街街道地处首都金融主中心区及其对企业的服务意识较强是分不开的。

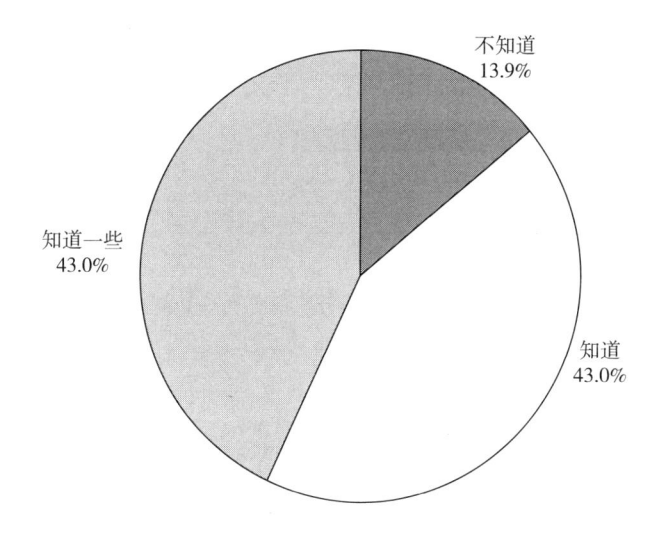

图1 金融街街道服务企业事项认知度

（二）社区居委会：企业对社区的认知度大幅提高

调查显示，关于社区居委会的办公地点、服务项目、领导姓名和相关活动，2017年仅有2.9%的受访者表示对以上情况都不知道。而接近半数的受访者做了肯定回答，说明人们对社区居委会的了解比较多，认知度较高。其中82.8%的受访者"知道办公地点",54.1%的受访者"了解服务项目",49.2%的受访者表示"参加过活动",47.1%的受访者表示"知道领导姓名"(见图2)。而上次(指2015年1月的首次调查,下同)的这四个调查数据分别为33.6%、16.1%、9.0%和6.2%,相比均有了大幅度提高,其中对服务项目的了解程度提高了38个百分点,社区活动参加度提高了40.2个百分点。这表明,社区服务企业的力度在加大,双方互动的频度也在加强。

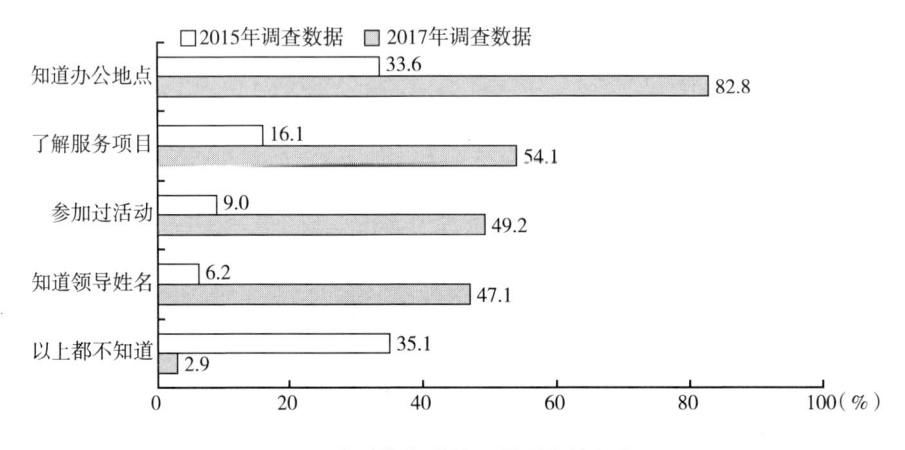

项目	2015年调查数据	2017年调查数据
知道办公地点	33.6	82.8
了解服务项目	16.1	54.1
参加过活动	9.0	49.2
知道领导姓名	6.2	47.1
以上都不知道	35.1	2.9

图2 金融街街道社区居委会认知度

三 社区服务参与度

(一)社区服务项目:受访者参与度整体提升

此次问卷再次重申了上次的问题,从10个方面进行了调查(见图3),结果显示,企业工作人员参与社区服务项目的频率整体上升。社区服务项目"都未参与"的人数从上次的2.5%上升为19.4%,除了"心理咨询"一项外,其余项目均有不同程度的提高。从具体服务项目看,参与或享受过法律服务的受访人数依然排在首位,占比也从上次的11.7%上升到50.4%;排在其后的三个项目依次是"图书阅览"（29.3%）、"家政服务"（24.0%）和"幼儿教育"（23.6%）。在本次调查中，"婚姻介绍"的参与度由3.6%上升到现在的9.0%。这充分说明，街道为驻区企业工作人员提供服务的效果有了较大幅度的提高。不过，仍有近20%的人未参与到社区服务中，表明服务供给仍有一定的提升空间。

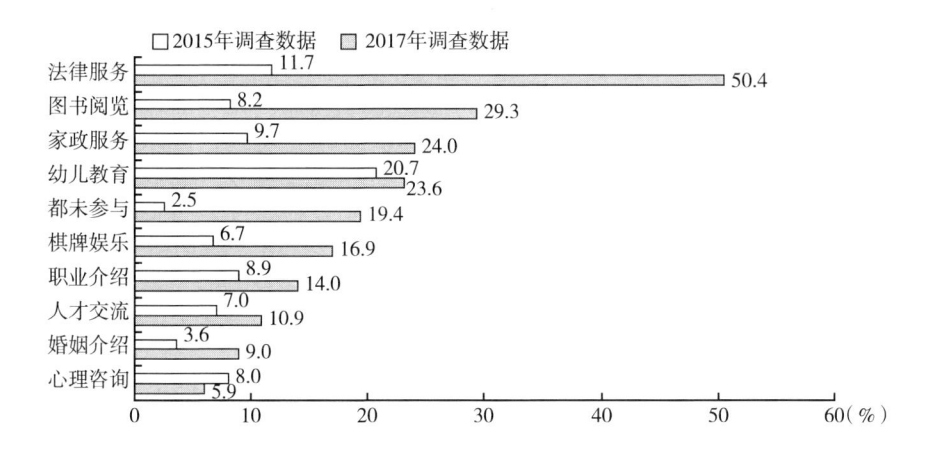

图3 金融街街道社区服务项目参与度

项目	2015年调查数据	2017年调查数据
法律服务	11.7	50.4
图书阅览	8.2	29.3
家政服务	9.7	24.0
幼儿教育	20.7	23.6
都未参与	2.5	19.4
棋牌娱乐	6.7	16.9
职业介绍	8.9	14.0
人才交流	7.0	10.9
婚姻介绍	3.6	9.0
心理咨询	8.0	5.9

（二）社区文化活动：参与者超过八成

对街道组织的文化活动参与度的调查显示，25.8%的受访者表示"经常参加"，表示"偶尔参加"的受访者占54.5%，表示"从未参加过"的受访者占19.7%（见图4）。调查数据充分说明，金融街街道的文化活动参与度较高，活动开展的影响面也在提高。当然也需要注意"从未参与过"任何活动人群的需求，要丰富活动内容，扩大宣传渠道。

（三）社区公益事业：全部受访者愿意参加公益活动

此次问卷再次调查了企业工作人员对街道或社区组织的公益活动的参与

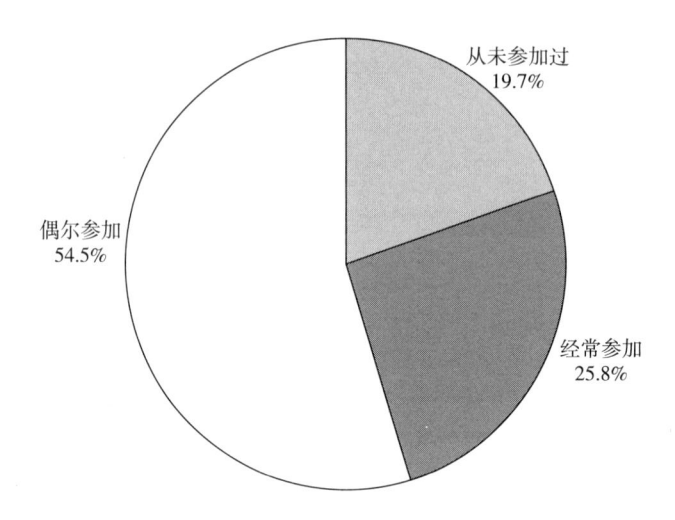

图4 金融街街道文化活动参与度

意愿。结果显示，在"公益培训"、"文艺演出"、"助老助残"、"治安"和"绿化"五个选项中，受访者都有不同选择，相应比例分别由上次的40.2%、29.4%、30.3%、23.2%、35.4%变为49.6%、27.5%、36.7%、44.6%、36.7%（见图5）。这说明驻区企业工作人员对公益活动的参与意愿很高，街道社区应多策划组织相关公益活动，以便于人们参与到公益行动中来。

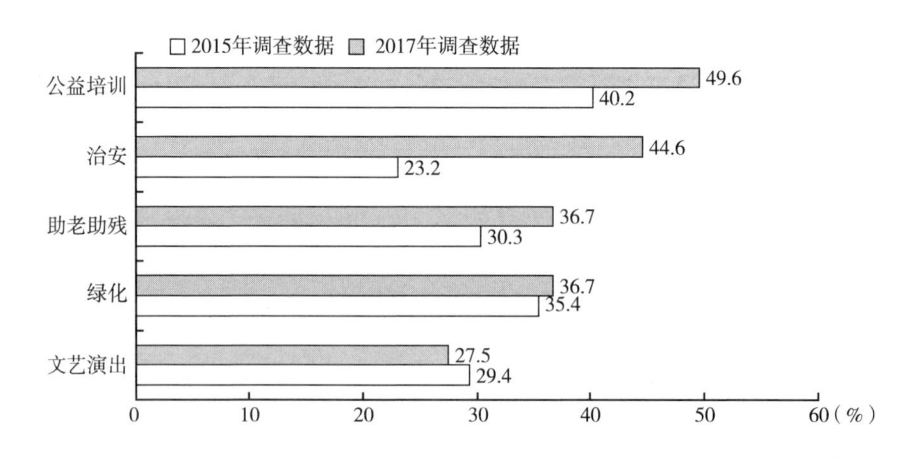

图5 金融街街道社区公益事业参与意愿

四 地区生活便利度

(一) 停车资源情况: 停车难问题变得越发突出

对停车资源情况的调查显示, 2017年, 80.8%的受访者认为单位周边停车条件不好, 其中23.0%的受访者认为已经严重影响工作, 这一数据较上次调查的21.7%提高了1.3个百分点, 认为停车条件"很好"的占比由上次的29.8%下降至19.2%(见图6)。这组数据表明, 金融街地区的停车难问题严重, 且变得更为突出。面对驻区企业的切身诉求, 想方设法解决好停车难问题, 已十分迫切。

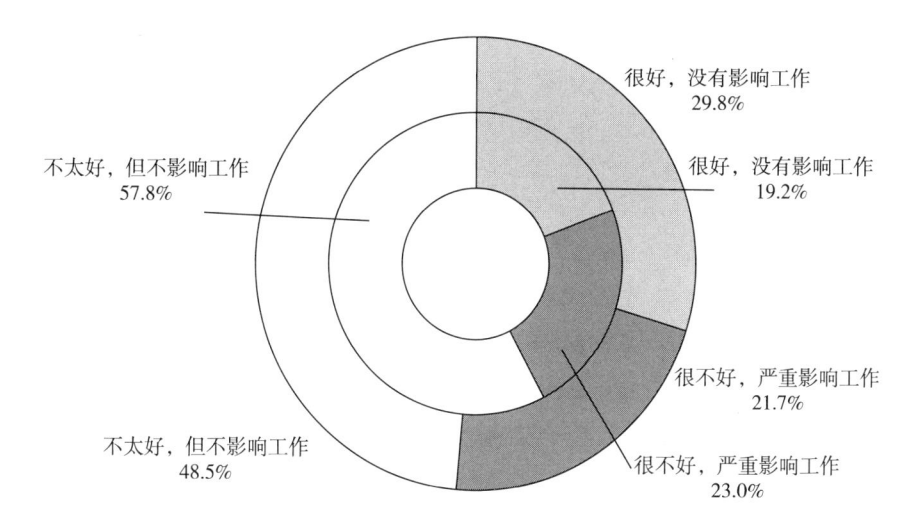

图6 金融街街道停车条件便利度

注:外圈为2015年调查数据,内圈为2017年调查数据。

(二) 交通便利度: 51.2%的受访者表示"最后一公里"步行时间超过10分钟

西城区位于首都核心区, 地铁、公交等交通系统便利完善, 在绿色出行理念的倡导下, 公共交通成为区内企业通勤的首要选择。通过对人们下公交车或地铁后"最后一公里"步行时间的调查，2017年，有51.2%的企业工作人员表示下车后需步行10分钟以上，其中步行10~15分钟的占比33.6%，步行15分钟以上的占比17.6%，而上次调研时这两个数据分别为26.5%和19.6%（见图7）。由此可见，公共交通出行方面没有太大改观。从这个角度看，共享单车应是最好的补充。

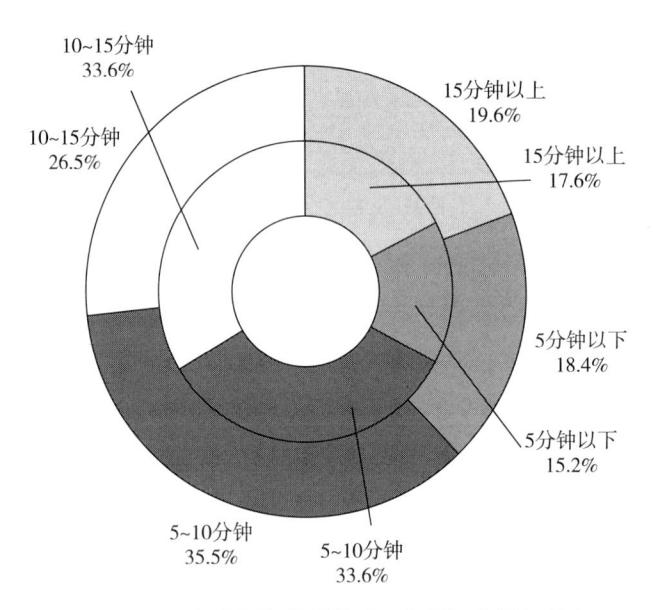

图7 金融街街道"最后一公里"交通便利度

注：外圈为2015年调查数据，内圈为2017年调查数据。

（三）早餐便利度：早餐供应点便利度降低

本次早餐便利度调查同样涉及四个方面，调查结果显示，2017年，92.7%的人表示不能方便地在周边找到早餐供应点，表示"基本没有"、"很不方便"和"稍有不便"的占比分别为14.8%、10.7%和67.2%，上次这三个方面的数据分别是23.7%、10.3%和36.6%（见图8）。由此可见，金融街地区的早餐供应情况总体仍有不足，且有加重趋势。在疏解整治促提升和背街小巷环境治理的形势下，在早餐店变少的同时，如何确保辖区企业工作人员的基本生活不受影响应引起高度重视。

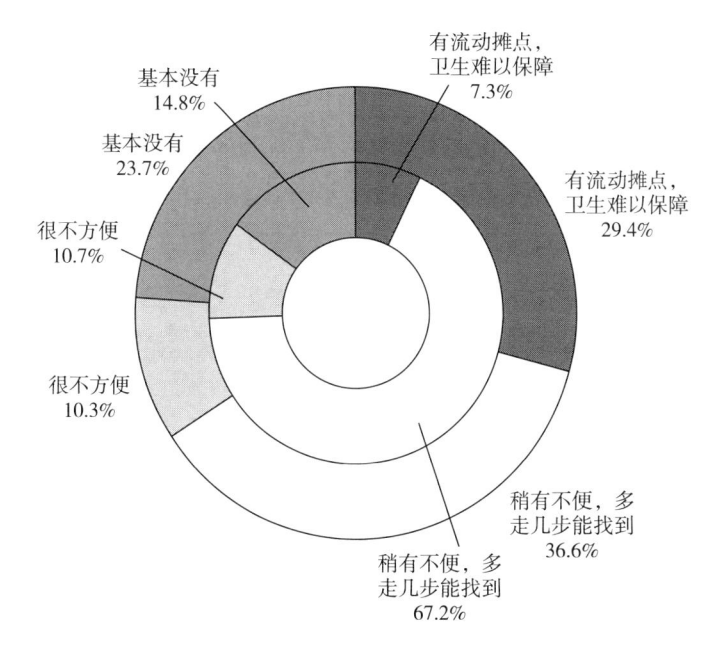

金融街街道基于工作人口的地区公共服务调查报告

图 8　金融街街道早餐供应便利度

注：外圈为2015年调查数据，内圈为2017年调查数据。

五　社区基本公共服务满意度

（一）社会保障服务：社会保障水平满意度均有上升

社会保障服务具有保基本、促稳定的作用。金融街街道社会保障服务调查结果显示，"医疗保险"、"养老服务"和"住房保障"满意度名列前三位，"医疗保险"服务满意度最高，为47.7%。从整体来看，各选项的满意度评价均不超过半数（见图9）；但与上次调查相比，满意度均有不同程度的上升，"养老服务"、"住房保障"、"社会救助"、"医疗保险"、"就业服务"、"低保"和"社会福利"分别增长了24.5个百分点、20.2个百分点、11.7个百分点、10.4个百分点、6.2个百分点、2.8个百分点和0.8个百分点。其中，改善最快的是养老服

务和住房保障，低保和社会福利保障进展较慢。此外，"都不满意"的人数由18.5%下降为5.9%。

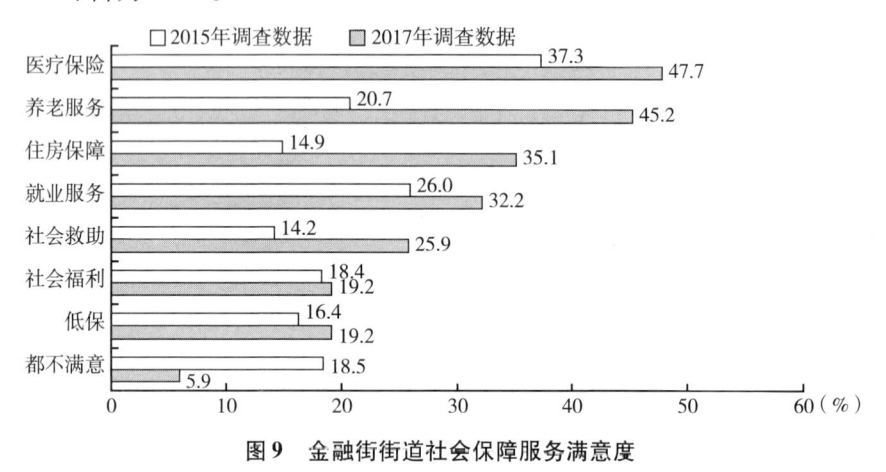

图9 金融街街道社会保障服务满意度

（二）医疗卫生服务：满意度平均上升17个百分点

调查结果显示，人们对金融街地区医疗卫生服务满意度有所上升。"就医方便"、"价格合理"和"设施先进"三组数据较上次调查结果分别上升了17.0个百分点、20.0个百分点和15.1个百分点，达到61.0%、46.5%和29.5%，平均增幅达到17.3个百分点；表示"都不满意"的也由18.2%下降为6.2%（见图10）。但从总体来看，金融街街道的医疗卫生服务仍有一定的提升空间。

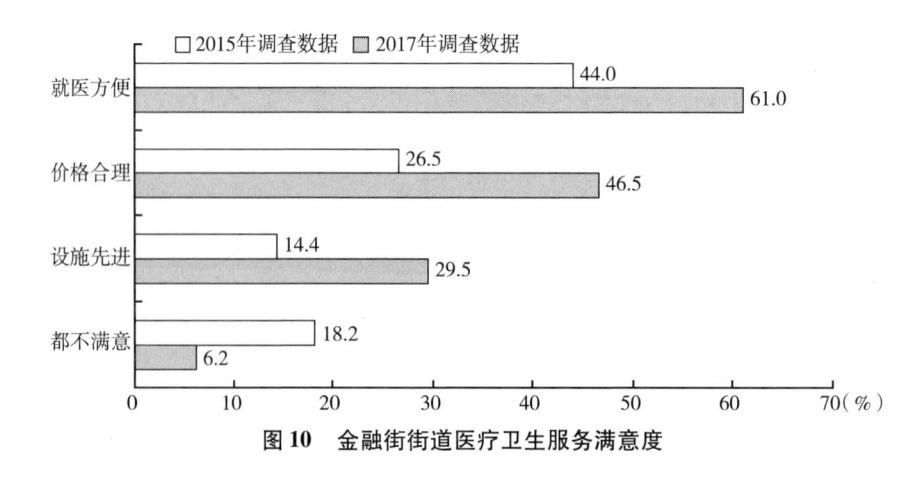

图10 金融街街道医疗卫生服务满意度

（三）公共安全：满意度整体提高

在公共安全满意度的调查中，82.7%的受访者表示对"社会治安"满意，49.4%的受访者对"流动人口管理"表示满意，38.7%的受访者对"突发事件处理"表示满意（见图11）；这三组数据较上次调查分别上升了15.7个百分点、20.9个百分点和7.5个百分点；对这三个方面"都不满意"的由10.2%下降为6.2%。由此可见，金融街地区的公共安全状况整体提升，但进一步改善的空间较大。

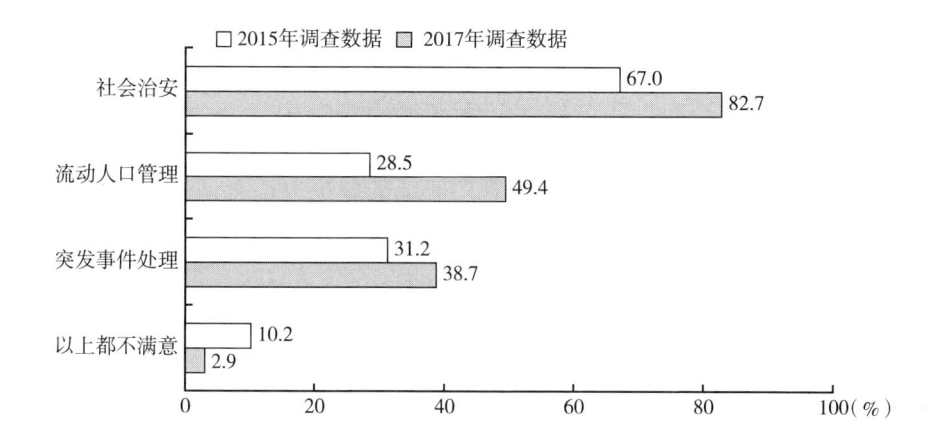

图11　金融街街道公共安全满意度

（四）市容环境：五个选项的满意度平均不足四成

从调查结果来看，金融街街道在市容环境提升和保持方面整体"不及格"。在满意选项中，59.0%的受访者选择了"生活垃圾投放清运"，选择"低矮面源污染"、"扬尘污染治理"、"厨余垃圾分类收集与利用"和"雾霾应急举措"的分别占44.7%、34.4%、34.0%和27.0%（见图12）。另外，有4.9%的受访者选择"以上都不满意"。

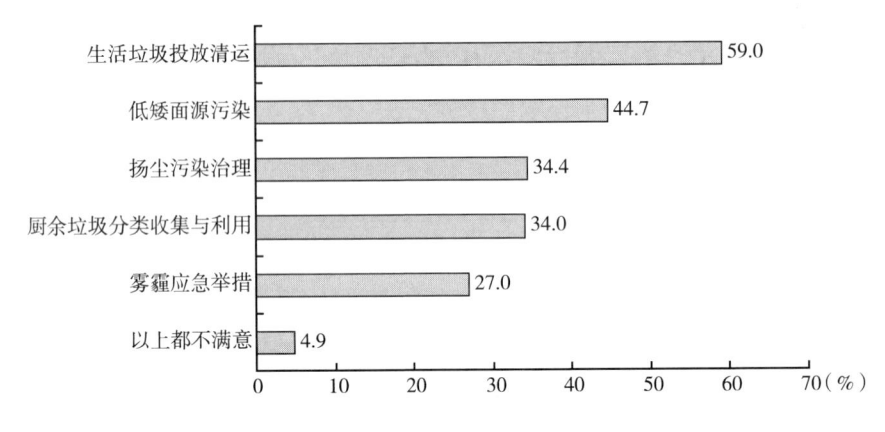

类别	百分比
生活垃圾投放清运	59.0
低矮面源污染	44.7
扬尘污染治理	34.4
厨余垃圾分类收集与利用	34.0
雾霾应急举措	27.0
以上都不满意	4.9

图12　金融街街道市容环境满意度

（五）城市管理：违章停车问题变得更为突出

从此次调查的情况看，在城市管理问题的解决方面可谓任重道远。有71.6%的受访者认为"违章停车"问题最为突出，其次是"绿化不够"和"私搭乱建"问题（见图13）。与上次调查相比，"违章停车"、"私搭乱建"和"绿化不够"呈上升趋势，分别增长了25.3个百分点、20.8个百分点和9.7个百分点。门前"三包"执行不力的问题没有明显变化。游商占道经营、背街小巷卫生保洁不彻底和公共场所乞讨卖艺情况有较大的改观，分别由11.4%、28.1%和16.7%下降为4.7%、19.5%和5.1%，公共场所乞讨卖艺的现象改善最大。由此进一步证明，疏解整治促提升和背街小巷治理行动在某些方面取得了一定的成效，但在违章停车处理、绿化等方面还存在不小的问题，需要统筹谋划，全面推进。

（六）公用事业服务：总体满意度呈上升趋势

据调查显示，金融街地区工作人员对辖区市政公用事业的满意度总体呈上升趋势，对各项服务表示"都不满意"的比例从5.6%降为0（见图14）。从满意度排序看，从高到低依次为供电（59.7%）、供水（53.1%）、市政市容（49.8%）、供气（40.7%）、通信（39.9%）、信息化水平

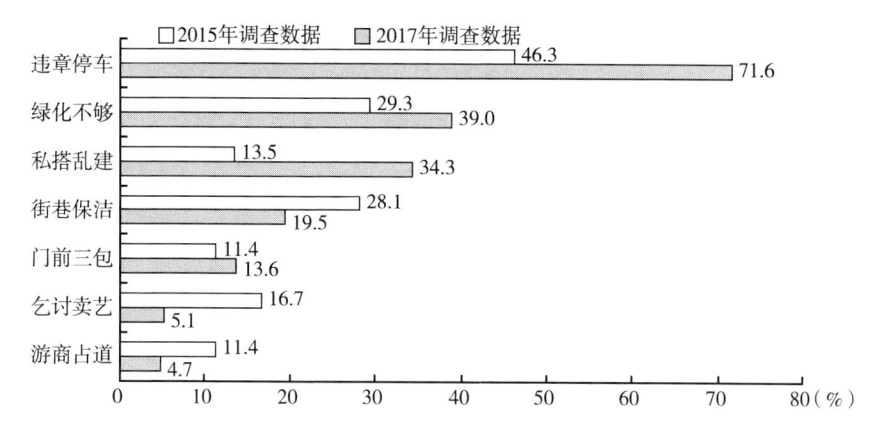

图13 金融街街道城市管理问题情况

（27.6%）、邮政（26.7%）和城市规划布局（21.8%），其中对供水、供气的满意度均大幅上升，满意度最低的是城市规划布局。

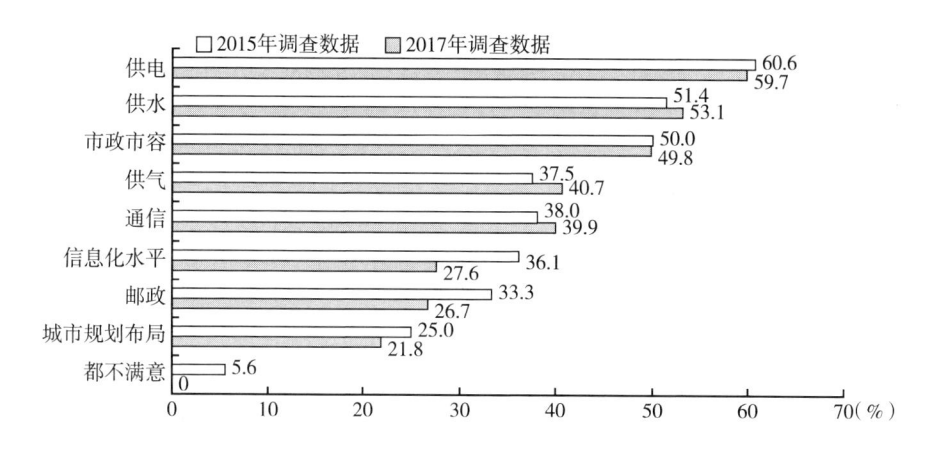

图14 金融街街道市政公用事业服务满意度

（七）消防安全：防火设施和安全状况有所改善

此次调查显示，58.6%的受访者表示"防火设施很好，会安全逃生"，38.9%的人表示"防火设施一般，火势不太大的情况下可以逃生"。另外，23.0%的人表示"防火设施不好，逃生机会不多"（见图15）。

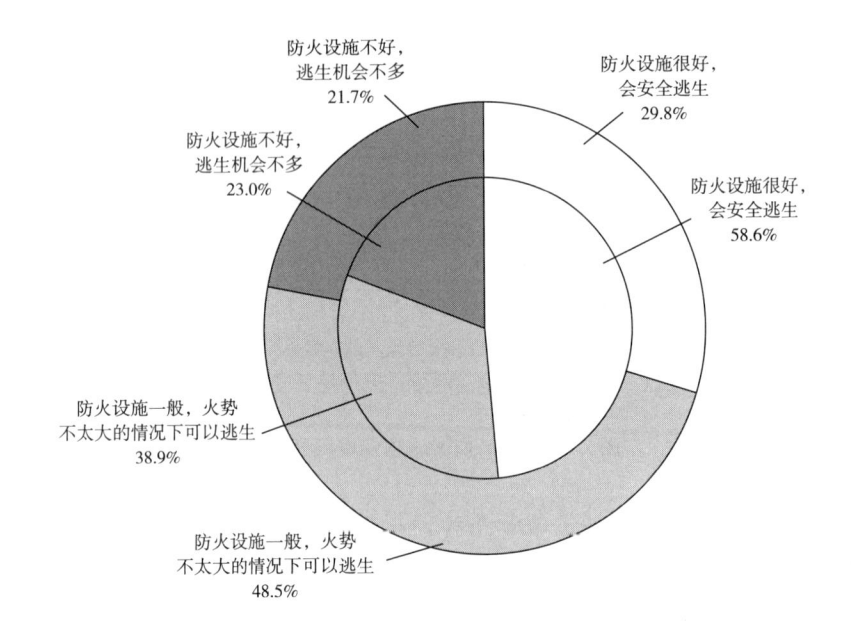

图 15　金融街街道消防设施和安全满意度

注：外圈为 2015 年调查数据，内圈为 2017 年调查数据。

六　社区公共服务需求度

（一）硬件设施需求：对体育健身点的需求最为迫切

公共服务设施是丰富社区文化必不可少的硬件设施。对金融街地区社区最缺乏的公共服务设施的调查显示，体育健身点、图书室和文化活动室最为短缺，此次调查分别有 61.4%、31.8% 和 30.0% 的受访者表示不能满足需求（见图 16）。此外，人们对公共广告栏的需求度也由 13.2% 上升到 18.5%；而对文化活动室、图书室、宣传栏、卫生所的需求度均有所下降。

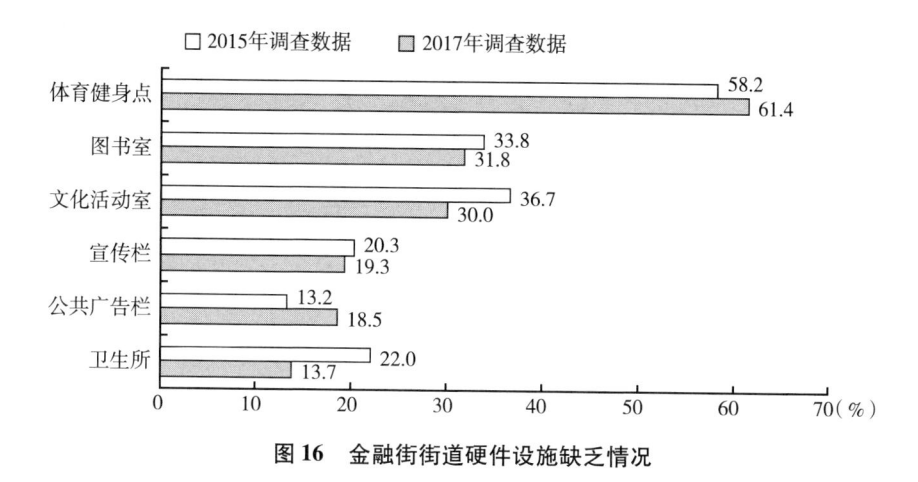

图 16　金融街街道硬件设施缺乏情况

（二）服务项目需求：便民利民服务、文化娱乐、老年服务位列前三

调查显示，企业工作人员对金融街街道的便民利民服务（36.3%）需求度最高，对文化娱乐（35.8%）、老年服务（35.8%）和医疗保健（35.4%）的需求度紧随其后。与上次调查相比，老年服务、便民利民服务、法律援助和青少年课外服务的需求度分别增长了9.9个百分点、5.9个百分点、5.4个百分点和4.8个百分点，医疗保健、公益培训、劳动就业、残疾人服务的需求度出现不同程度的下降。由此可见，金融街街道要增加对青少年、老年人及在便民利民和法律援助方面的服务供给。

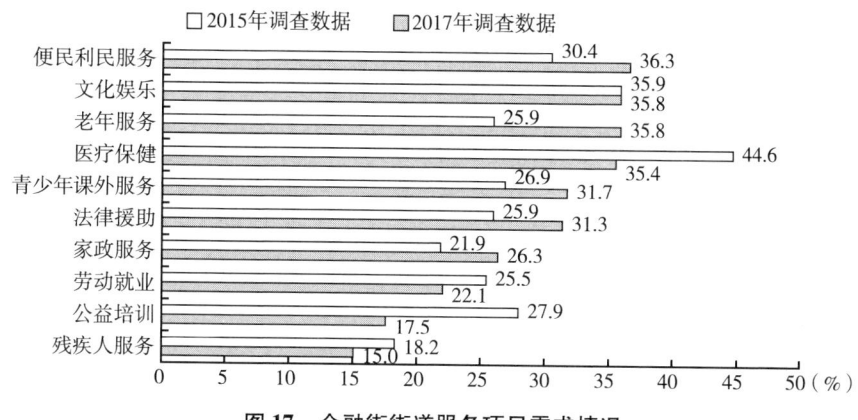

图 17　金融街街道服务项目需求情况

051

七　基本数据结论

基于对金融街街道驻区单位工作人员的调查，并与上次调查进行比较后，我们从社区服务机构认知度、社区服务参与度、地区生活便利度、基本公共服务满意度和公共服务需求度等五个方面进行归纳，得出如下结论。

第一，在社区服务机构认知度方面，86.0%的受访者表示对街道办事处企业服务事项或多或少知道些，97.1%的受访者对居委会或多或少了解些，对社区服务机构认知度整体上升。

第二，在社区服务参与度方面，社区服务项目参与度整体上升，80.6%的受访者参与过社区服务项目，其中参与法律服务的受访人数最多，占比为50.4%；参与过社区文化活动的受访者由不足七成上升至超过八成，达到80.3%；全部受访者表示愿意参加公益活动，其中约半数人员愿意参加公益培训活动。

第三，在地区生活便利度方面，停车难问题变得越发突出。其中23.0%的受访者表示停车条件很不好，严重影响工作；51.2%的受访者表示"最后一公里"步行时间超过10分钟，共享单车应是最好的补充；有92.7%的受访者表示不能够方便地在周边找到早餐供应点，早餐便利度问题继续扩大。

第四，在社区基本公共服务满意度方面，在社会保障服务项目中，受访者对医疗保险服务满意度最高，达到47.7%，而对低保和社会福利的满意度最低，上升幅度最小；在医疗卫生服务中，满意度平均上升17个百分点，有61.0%的受访者表示就医方便；公共安全情况整体呈上升趋势，82.7%的受访者对社会治安表示满意；市容环境五个选项的满意度平均不足四成，对生活垃圾投放清运工作评价较高，对低矮面源污染、扬尘污染治理、厨余垃圾分类收集与利用和雾霾应急举措的满意度均不足五成；在城市管理中，"违章停车""绿化不够"等问题较为突出，"街巷保洁""乞讨卖艺""游商占道"现象大有改善；对公用事业服务的满意度整体呈上升趋势，其中对供水、供气的满意度均大幅上升，满意度最低的是城市规划布局，仅有21.8%的满意度；从消防安全看，防火设施和安全状况总体有所改善，58.6%的受访者选择了"防火设施很好，会安全逃生"。

第五，在社区公共服务需求度方面，在硬件设施需求中，受访者对体育健身点的需求最为迫切，上升到61.4%。此外，对图书室和文化活动室的需求度为31.8%和30.0%，对文化活动室、图书室、宣传栏、卫生所的需求度均有所下降。在服务项目需求中，企业工作人员对金融街街道的便民利民服务需求度最高，对文化娱乐、老年服务和医疗保健的需求度紧随其后；对老年服务、便民利民服务、法律援助和青少年课外服务的需求度分别增长了9.9个百分点、5.9个百分点、5.4个百分点和4.8个百分点，对医疗保健、公益培训、劳动就业、残疾人服务需求度出现不同程度的下降。

通过对上述结果进行梳理可以看出，虽然存在部分项目服务改善缓慢，但整体来看，金融街地区的公共服务水平有所上升。从具体选项的数据变化看，金融街地区的公共服务亮点较为明显，难点也反映突出，有13个选项值得重点关注（见表2）。

表2 金融街街道公共服务重点选项调查数据比较

单位：%

序号	需重点关注的调查选项	2015年1月调查数据	2017年5月调查数据	数据变化情况
1	最积极参与选项"法律服务"	11.7	50.4	上升38.7个百分点
2	最愿意参与选项"公益培训"	40.2	49.6	上升9.4个百分点
3	满意度最高的社会保障选项"医疗保险"	37.3	47.7	上升10.4个百分点
4	满意度最高的公共安全选项"社会治安"	67.0	82.7	上升15.7个百分点
5	便利度最低的选项"停车条件不好"	70.2	80.8	上升10.6个百分点
6	便利度较低的选项"吃早餐不方便"	70.6	92.7	上升22.1个百分点
7	满意度最低城市管理选项"违章停车"	46.3	71.6	上升25.3个百分点
8	满意度较低城市管理选项"绿化不够"	29.3	39.0	上升9.7个百分点
9	满意度最高城市管理选项"乞讨卖艺"	16.7	5.1	下降11.6个百分点

续表

序号	需重点关注的调查选项	2015年1月调查数据	2017年5月调查数据	数据变化情况
10	需求度最大公共服务设施选项"体育健身点"	58.2	61.4	上升3.2个百分点
11	需求度较大公共服务设施选项"图书室"	33.8	31.8	下降2.0个百分点
12	需求度最大公共服务项目选项"便民利民服务"	30.4	36.3	上升5.9个百分点
13	需求度较大公共服务项目选项"文化娱乐服务"	35.9	35.8	下降0.1个百分点

八 对策建议

当前，西城区各街道正在积极落实市委市政府疏解非首都功能整治城市环境的相关部署，大力推进疏解整治促提升和背街小巷环境整治专项行动。为此，金融街街道以疏解非首都功能，提升生活性服务业品质，加强城市环境整治，推进和谐宜居示范区为目标，全面开展了专项整治行动。据了解，截至2017年9月，包括"开墙打洞"整治、拆除违法建设、"七小"业态治理、群租房治理、直管公房清理等在内的各专项行动均已完成，街区环境、街巷面貌得到了很大改善；但体育健身点、文化活动室等缺口并没有补齐，停车难、违章停车、绿化不够、早餐供应不足等问题反而加剧。鉴于此，提出以下建议。

（一）进一步强化政府公共服务的公民导向机制

增强政府的公共服务能力，政府就必须清楚地了解企业、公民和社会的真正需求，政府需要提供什么样的服务，如何有效地提供这种服务，并进而对这种需求做出有效回应。进一步强化政府公共服务的公民导向机制，首先，要不断促进公共服务观念的转变。作为服务的提供者和需求回应者，政府要搞清楚自身的角色和对应的职责，并坚持以人为本的指导思想。其次，要不断鼓励和支持公众参与政府决策。政府所要提供何种公共服务，如何有效提供公共服务，应该了解公众的基本需求，听取公众的相关意见，将公众的意愿作为提供公共服务的价值取向，并建立了解民意、实现公众参与的渠道、规则和程序，确保在政府服务过程中各方面、各环节均有规范化的公民参与途径。再次，要建立不同利益主体的利益表达机制，要时刻关注各类群体的相关利益和现实需求，切实弥补公共服务区域缺失的相关问题。最后，要坚持"政府公共服务成效如何社会说了算"，要重视公众评价对政府服务考核的作用，加大公众评价对政府服务考核的影响比重。

（二）进一步优化城市空间布局

根据调查，仅有21.8%的受访者对城市规划布局满意，在硬件设施方面，对体育健身点的需求最为迫切，便民利民商业网点需求度高。由此可以看出，金融街地区城市功能布局还有待进一步优化，硬件设施不足是受访者反映的主要问题之一。金融街街道空间资源有限，需要统筹好腾退空间的利用。首先，优化空间的利用，将体育设施与城市开放空间建设相统一，利用长期闲置区域、腾退空间化零为整，统筹绿地、城市小品和公共服务设施于一体，综合打造城市开放空间，使其与城市整体空间格局融为一体。其次，针对不同区域市民生活习惯，因地制宜布置生活性服务业。当前，在金融街商务楼宇集中区，工作人员普遍反映缺少便民利民商业网点，应积极使用疏解腾退空间用于补充便民商业等公共服务设施。在制定疏解腾退空间管理和使用实施方案时，还应根据便民利民商业设施的配置标准，引进符合规范化、连锁化、便利化、品牌化、特色化发展要求的生活性服务业企业，补齐便民商业设施。在社区支持规范化便民商业设施建设和发展，优先安排能够满足辖区居民基本生活便利性需求的便民商业设施，比如新增、规范、提升蔬菜零售、早餐供应、社区超市（含便利店）、末端配送、美容美发、洗染、家政等便民利民的服务。最后，对功能疏解腾退的空间进行合理布局，增设停车场站，完善驻区单位资源共享机制，鼓励社会单位既有停车资源的开放共享、有效利用。

（三）进一步提高城市治理水平

城市治理依旧是政府治理工作的一项难题，市容环境五个选项的满意度平均不足四成，对生活垃圾投放清运工作评价较高，对低矮面源污染、扬尘污染治理、厨余垃圾分类收集与利用和雾霾应急举措的满意度不足五成；在城市管理中，"违章停车""绿化不够"等问题较为突出。在北京打造国际一流和谐宜居之都、西城区率先打造和谐宜居示范区的背景下，人们对生活环境和品质日趋关注，对城市治理水平提出了更高的要求。一是要进一步做实街道，推动城市管理重心下移，力量下沉，进一步发挥街道、社区在社会治理中的基础性作用，围绕提升街道社区服务群众和街区治理能力的目标，强化街道统筹协调、监督评价职能，突出街道职责，完善治理体系。二是建立完善街巷长代表政府深入街巷开展工作的一系列工作机制，建立街巷难点问题上报通道和专题会议制度，明确街道各部门、各执法机构支持帮助街巷长开展工作的机制，充分发挥街巷长联系居民群众、培养社区骨干力量、发现街巷问题、协调资源解决等方面的作用，让街巷长真正成为街巷治理中的问题分析者、资源对接者、难点问题的推动解决者。结合背街小巷整治提升，着力构建精细化环境管理网格。三是运用先进的新技术手段，推进街道信息化建设、大数据建设，进一步完善"全响应"模式，推动城市服务治理方式加快转型，按照以群众为中心，以解决问题为目标的原则，明确各部门、各街道的履职要求，明确和完善各主体与上下游单位的衔接机制，形成"部门围着街道转、街道围着社区转、社区围着居民需求转"的工作格局，从而进一步加强市政设施运行治理、交通治理、环境治理、应急治理，推进城市治理目标、方法、模式现代化。坚持建管同步，完善路内停车泊位管理，提升停车信息化水平，加强违法行为治理。四是建立政府公共服务绩效评价机制。要根据街道的服务特点，设立适合街道的指标体系和测量方法，建立多重的公共服务绩效评价机制，积极鼓励和引导企业、社会组织及公众的参与，实行评价主体多元化。借助政府的外部力量和压力，推动政府服务更加注重绩效。

理论报告
Theory Reports

B.4
加强党员教育管理、强化社区党员意识研究

——以金融街街道为例

摘　要： 社区党组织在城市基层党建中发挥着引领作用，是宣传党的主张、贯彻党的决定、领导社区治理、团结动员群众、推动改革发展的战斗堡垒。随着社区党建工作创新活力的加快推进，社区当中涌进了大量青年力量和部分退休、下岗失业人员，社区党员队伍日益壮大。教育管理好这部分党员，不断强化党员意识，有效发挥党员先锋模范作用成为一个重要议题。本文在阐明强化党员意识的重要作用的基础上，以金融街街道为例，结合调查结果对社区党员意识存在的问题和探索"五大路径"的实践进行了分析，为加强党员队伍建设，提升党员服务能力提供了借鉴。

关键词： 金融街街道　社区党建　党员教育管理　党员意识

十九大报告明确要求，"党支部要担负好直接教育党员、管理党员、监督党员和组织群众、宣传群众、凝聚群众、服务群众的职责，引导广大党员发挥先锋模范作用"。党员教育管理开展得如何，党员服务群众的能力如何，党员的先锋模范作用发挥得如何，党员意识起着决定性作用。随着改革的不断深化和城市基层党建工作的不断推进，大量退休人员、下岗失业人员、毕业学生、流动人员及在职人员进入社区，使社区党员队伍日益壮大。与此同时，社区党组织在宣传党的主张、贯彻党的决定、领导社区治理、团结动员群众、推动改革发展方面的战斗堡垒作用日益重要。组织好、发挥好这些党员在参与社区治理、带头服务群众中的作用显得尤为必要，社区党员教育管理工作日重一日，强化党员意识的任务日益迫切。解决好这一问题，是基层党建工作者肩负的重要使命，也是新时期城市基层党建工作必须探索完成的重要任务。这一背景和条件下，以金融街街道为例，开展加强党员教育管理、强化社区党员意识的研究，具有重要的理论意义和实践作用。

一　对党员意识的认识

（一）党员意识的概念

党员意识，指的是党员对作为党组织一员的自觉体认，在工作和生活中主动践行党员权利和义务，按照党员标准严格要求自己的言行，在党的建设和社会活动中充分发挥先锋模范作用。其实质是党员的行为规范在思想观念上的具体反映，是党员政治觉悟和党性锤炼的集中体现。它既是一种思想觉悟，更是实践行动，是党性的集中反映和党员先进性的具体体现。对社区党员来说，党员意识主要表现在积极拥护党的路线、方针、政策在基层的落实和推行，自觉维护党的决策和主张，在推进社区各项事业和建设中体现出思想上和行动上的自觉性、主动性和先进性，在群众中展现带头人和党员的价值本色。

（二）党员意识的内涵

党员意识的内涵随着时代发展不断丰富和深化。在庆祝中国共产党成立95周年大会上，习近平总书记强调，全党同志要增强政治意识、大局意识、核心意识、看齐意识，切实做到对党忠诚、为党分忧、为党担责、为党尽责。因此，坚持"四个意识"是党员意识最根本的遵循。从总体看，离不开以下几个方面：一是身份角色意识，是党员对自我身份的认同感和对党组织的归属感；二是服务群众意识，是党员对自身权利义务的责任感和对实现党的宗旨、纲领、奋斗目标的使命感；三是组织纪律意识，是党员对党性锻炼的基本准绳和对自我要求的行为标准。

（三）强化党员意识的思路

党的十八大报告提出"创新基层党建工作，夯实党执政的组织基础"，对新形势下加强党的基层党组织建设做出了全面部署。党的群众路线教育实践活动、"三严三实"专题教育、"两学一做"学习教育使全体党员受到了重要的思想教育和精神洗礼，特别是习近平总书记提出了"始终坚持和加强党的全面领导"和"坚持党要管党、全面从严治党"的要求，指出了"思想建设是党的基础性建设"，"着力解决一些基层党组织弱化、虚化、边缘化问题"，这为进一步加强党员教育管理理清了思路，为有效提升党员意识指明了方向。

二　强化党员意识的意义

（一）强化党员意识是管理党员、教育党员的基本要求

党员意识作为每个党员最基本的政治意识，直接关系到党组织的凝聚力

和战斗力，关系到党员队伍建设和党的事业成败。从社会意识的角度来看，党员意识隶属于群体意识的范畴，是群体意识中的重要组成部分。党员意识的有无和强弱，直接关系到党员能否发挥先锋模范作用，关系到党的基层组织的凝聚力和战斗力，以及党的先进性和执政力。社区党组织作为党的基层组织和战斗堡垒，负有贯彻落实党的基本方针路线，管理党员、教育党员和监督党员的职责，提高每个党员领导干部的党员意识是管理、教育党员的基本任务。社区党员是从思想上、政治上团结和凝聚广大社区群众的关键，其一言一行直接代表着党，影响着群众，关系着群众对党的看法，必须充分认识强化党员意识的重大作用和意义。

（二）强化党员意识是落实党员责任、履行党员义务的必然要求

党员的权利和义务作为一种政治规范和法律约束，是党章赋予每个党员的有效权利和应尽责任。强化党员意识是提升党员能力、落实党员责任、履行党员义务的必然要求。在社区工作中，基层党员担负着组织群众、宣传群众、凝聚群众、服务群众的责任和义务，要把党的路线方针政策和决策部署贯彻到社区治理实践中，落实在动员群众、造福群众以及帮助群众解决最关心、最直接、最现实的问题上来。要不断强化党员意识，时刻保持党员的政治性、模范性、服务性，提升党员素质，实现价值追求。

（三）强化党员意识是加强党员队伍建设、建设服务型党组织的现实要求

社区党组织作为党建工作的最基层组织，党员队伍建设的如何、服务能力如何、先进性作用能否有效发挥，将直接影响党在基层的凝聚力。党组织的凝聚力和战斗力是通过每一个党员的先锋模范作用体现出来的。基层服务型党组织建设与党员干部的素质能力、党员队伍整体服务水平是紧密相连、密不可分的。教育引领社区党员不断提高自身能力素质，充分发挥先进性作用，使其成为社区建设的一支中坚力量，日益成为当前各级党组织所关注的

一个重要课题。社区党员只有不断强化党员意识,才能切实推动党组织建设,不断巩固党执政的社会基础。

(四)强化党员意识是改进民生服务工作、加强党的政治优势的必然选择

建设社会主义和谐社会,始终以坚持党的宗旨为准则,按照时代的要求,不断深化对党的宗旨的认识。新形势下,"关注民生,改善民生"的实行给各级党员干部提出了更高的要求,加快党的作风建设,提高党员自身的思想道德修养,密切联系群众,是党最大的政治优势。不断强化服务群众意识,也是党员意识的题中之意。社区党员处在群众工作的一线,只有不断强化党员意识、增强群众观念,全身心投入民生服务工作中去,才能进一步密切党群关系,增强群众对党的向心力和凝聚力,夯实党的群众基础。

三 金融街社区党员意识存在的问题及原因分析

(一) 社区党员的意识现状

为进一步了解掌握社区党员思想状况和党员意识情况,金融街街道于2015年对辖区19个社区(包括居民群众和少部分党员)开展了问卷调查。据统计结果(见图1)分析,关于党员权利义务知晓、党章知晓普遍较好,关于民主评议党员效果有一定改进空间,关于党员参加教育培训次数差异较大,超过半数的人不能正确认识"共产党员不得信仰宗教"的规定,仅有四成的人认为社区党员意识很强。由此可见,社区大多数党员对党员身份基本上有比较正确的自我认同和价值定位,但思想认识差异较大,在党员意识和发挥作用方面存在一些问题和不足。

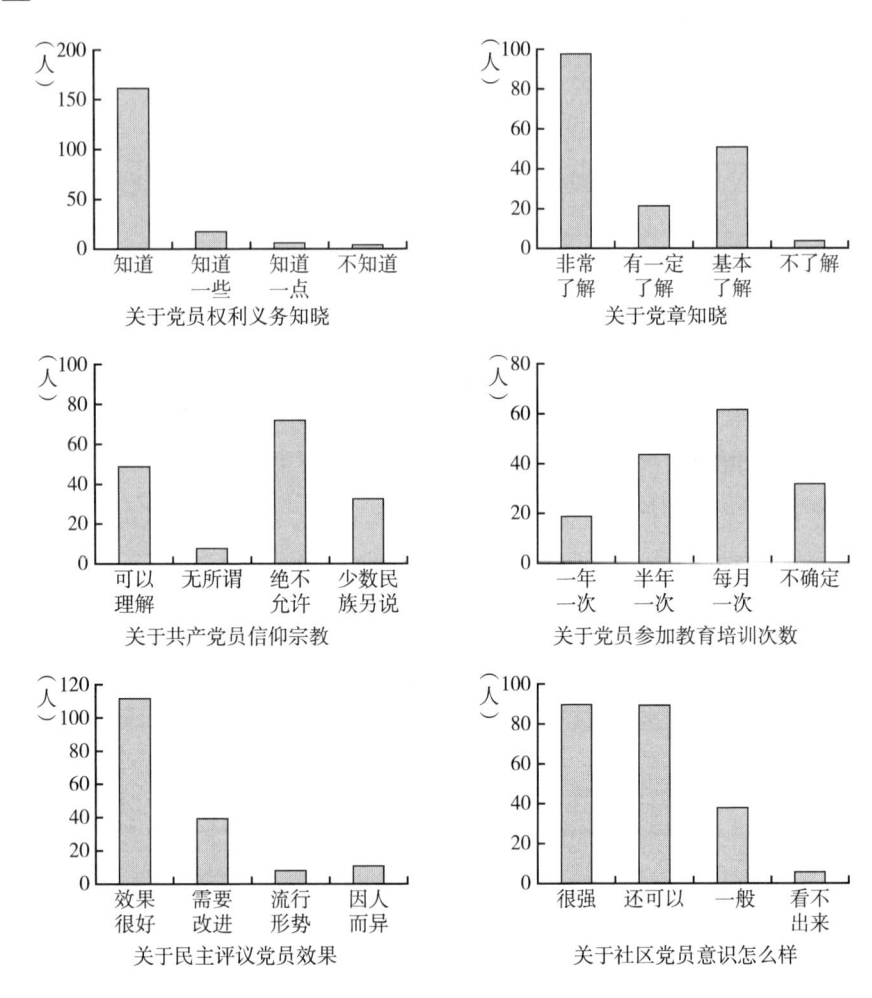

图1　2015年金融街道社区党员意识情况

（二）社区党员意识存在的主要问题

一是身份角色意识有所弱化。个别党员思想上不求进步，抱残守缺，故步自封，甚至对党的时事新政不闻不问。一些党员自我要求不高，标准降低，缺乏发挥作用的积极性和主动性，在承担工作任务时，挑肥拣瘦，畏难情绪严重，甚至把党员身份当作包袱和压力，不愿主动亮身份、挑担子。这些党员的角色认知严重失衡，缺乏对党员这一独特社会身份和社会角色的自觉反映。二是服务群众意识有所淡化。全心全意为人民服务是党的根本宗旨。在社区直接面对群众、与群众打交道，党员意识强不强直接反映在服务群众上。随着社会利益多元化，面对各种诱惑，个别党员只想个人利益，不顾群众权益，只要权利，不履行义务，忘记了党员身份，损坏了党的形象。有些党员，不愿意主动联系群众，不会做群众工作，对群众意见建议有应付思想和抵触的情绪，缺乏服务群众的意识，得不到群众认可。三是组织纪律意识有所弱化。能否自觉遵守党的纪律，严格约束自我，是党员意识强弱的重要表现。个别党员受社会负面消息影响，信谣传谣，理想信念动摇，不讲政治规矩，丧失党性原则，违反党的纪律。有些党员找理由、强调客观因素，不正常参加组织生活。例如某社区现有党员174人，70岁以上的党员有70人，出国人员有3人，人户分离有50余人，在外补差打工的约40人，每月参加组织生活的只有55人，还不到党员总数的1/3。还有一些流动党员，因为工作或个人原因，不主动参加党组织生活，随意散漫性问题比较严重。

（三）社区党员意识出现问题的原因

社区党员意识出现问题的原因是多方面的。有社区党员队伍不断扩大、成分日渐复杂，城市建设导致人户分离党员增多，老弱病残党员偏多等客观原因。主要还是社区党员教育管理体制上的问题，比如说教育管理方法上因循守旧、创新乏力，造成党员精神风貌不佳；教育管理上"三化"问题，导致党员主体意识不强。一是学习活动单一化。除基本上每月一次党员学习，以阅读文件、读报刊、传达街道工委文件或自主安排学习，还有个别参观活动外，很少有其他学习形式。二是集体活动困难化。有的社区党员以离、退休人员为主，再加上人户分离、老弱病残、在外打工、出国的党员，这部分约占党员总数的70%，他们由于身体、居住、工作等各种原因，经常不能参加组织活动。还有一些党员不在本社区居住，但未转移组织关系，或把房屋出租后居住在外区县等，也不正常参加组织活动。三是在职党员教育管理简单化。社工党员忙于应付事务性工作，在教育管理上行政化倾向较为严重，主要按照行政事务分工去管理和教育，党员教育管理的标准和要求还有待提高。辖区单位在职党员到社区报到，现在看来形式性的意味还较多，真正在社区发挥作用、为社区服务还太少，在实践中缺乏必要的保障与监管，部分辖区单位党员参与社区党建积极性、主动性还有待加强。

四 金融街街道探索强化社区党员意识的五大途径

加强党员教育管理，提升社区党员意识，是一项长期而艰巨的复杂工程，关系到基层党组织的凝聚力、战斗力、生命力以及党员整体综合素质的提升和发展。抓好此项工作，关系到基层党组织职能履行、能力建设，关系到社区长治久安、稳定发展，关系到党要管党、从严治党方针的具体落实。金融街街道主要从以下五个方面进行了探索。

（一）加强领导，统筹规划，突出理想教育的重要性

一是发挥社区党组织领导核心作用，定期召开会议，研究部署如何开展好对党员教育管理工作。社区书记要亲自抓，落实责任制，一级抓一级，抓出成效。二是建立"资源共享、优势互补、同驻共建"的社区党员教育管理新模式，推行区域化党建新格局。街道工委联系驻区单位或所属机关支部，与社区党组织结对子，建立共建关系，利用辖区单位资源优势为社区党员培训或提供帮助，社区党组织则为辖区单位党员提供基层实践平台，相互学习交流，推动双方服务对接，实现资源利用最大化。三是把理想信念教育作为提升党员意识的基础性教育。结合党的群众路线教育实践活动、"三严三实"专题教育、"两学一做"学习教育常态化制度化等各种党性教育，坚持对党员政治思想教育不放松。要求党员在思想上、政治上、行动上与党中央和上级党组织保持高度一致，不说不做违反政治纪律、组织纪律的事，进一步夯实思想基础，筑牢价值信仰，提升道德观念。

（二）立足服务，搭建平台，突出为民服务的目的性

一是建立党员服务项目。全心全意为人民服务是党的根本宗旨，每个社区党组织都要建立服务项目，根据社区特点，完善社区党组织服务群众的功能，确定工作目标，抓紧工作落实。围绕基层服务型党组织建设，加紧推进"服务先锋"工程建设，使服务改革、服务发展、服务民生、服务党员、服务群众各项举措落到实处。二是建立党员志愿者服务队。服务不能空谈，要有载体、有平台，要实实在在帮助群众解决困难，让群众得实惠、凭感受真诚为党组织和党员加分。在如何服务群众上，党员志愿者服务队是很好的形式。例如，大院社区党员志愿者服务队有一个党员三姐妹，王玉兰、王玉梅、王玉珍，她们虽不是亲姐妹，但同有一股热心肠，甘于为社区残疾人服务奉献十几载，得到群众赞许和好评。东太平街社区根据社区实际和党员群众需求，建立了治安巡逻、邻里互动、文化宣传、环境卫生、突发应急等5支志愿者服务队。这些队伍以党员为骨干，在社区建设上发挥着重要力量，做出了突出贡献。他们的很多服务活动被首都多家新闻媒体报道过，受到群众广泛好评。

（三）分类指导，综合管理，突出教育管理的针对性

根据社区党员不同情况分类指导，把党员分成三类：A类、B类和C类（见表1）。根据不同的群体，定期组织活动，使不同群体、不同职业的党员都能接受党组织教育，使不同岗位的党员都能找到发挥作用的途径。针对不同党员群体制定相应的活动内容。例如，某社区党委根据分类管理的原则，对于80岁以上、身体不好、长期患病又外出困难的老党员，规定不用实地参加每月的组织活动，但要在家听广播、看报纸杂志、收看中央电视台节目等，以另一种形式参与组织生活、关心党组织发展。对于外出打工不能正常参加组织活动的党员，另安排时间，组织专门的学习教育活动；对于出京出国人员要求每半年写次思想汇报或学习体会，保持同党组织联系；等等。

表1　社区党员分类

类别	人员构成
A类	身体较好、常住本社区、能积极参加组织活动的,对这部分党员要加强学习教育和培训,形成常态化机制
B类	年龄较大、身体不好(或人户分离)不能参加组织活动的,要求其在家自觉学习、听广播、看电视、写学习体会等
C类	出京、出国或在外打工等不能参加组织学习活动的,要通过电话、互联网等建立联系,强化督导

（四）紧跟形势，创新方法，突出教育活动的多样性

党员教育管理工作说到底就是要最大限度强化党员意识，调动党员的积极性和参与社区建设的热情。为此街道根据形势和社会环境的发展变化，不断更新教育内容、创新工作方法。在内容上改变过去单调的教育模式，除坚持每月一次的学习活动、书记带头讲党课外，还要积极借助外脑，丰富教育内容，强化党员教育管理工作。在教育方法上，采用电化教育、网络平台、研讨会、参观学习等方式，结合"建党节""国庆节"等重大节日举办"党在我心中""我为祖国做贡献""我与祖国共成长"等主题实践活动。还通过组织报告会、座谈会、知识答卷、宣讲活动、写心得体会、参观党史展览、观看电教光盘等多种方式，使党员自愿学、主动参加社区活动，增强党员教育管理工作的效果。

（五）强化激励，真心关怀，突出服务党员的必要性

新时期强化社区党员的党员意识，还必须做好党员服务工作，突出"关心、关爱"，使党内激励机制真正发挥作用。一是政治上关心，就是关心党员在政治上成长进步，强化党员政治理论学习，不断提升党员政治意识和素养，使党员充分享受应有的政治待遇。激发党员争先创优的政治热情和积极性，不断增强党员的责任感、紧迫感和使命感。二是生活上关爱，就是建立党员关爱机制，特别是对年老体弱、生活困难或是发生重大变故的党

员,要做到心中有数,主动走访慰问,帮助解决难题。从思想上关心党员,及时掌握有思想波动的党员情况,帮助矫正认识,同时处理好党员团结的问题,做好思想政治工作,采取谈心、聊天、家访等多种方式,让党员把心里的话说出来,把思想工作做到党员的家门口,为党员解疙瘩、化疑惑,发挥党员个人特长,为社区建设多做一些力所能及的工作。三是实践中做好服务,为党员成长、发挥作用搭建好平台。例如,在党员教育管理上,要深入调研、主动破题,改变过去僵硬的"填鸭式"模式,要结合党员兴趣,组织党员从书本和实践中"两头学",让党员主动学、热爱学,不断增强本领、提升水平。对老党员和困难党员,建立帮扶机制,采取签订"一助一""多助一"党员服务协议承诺书的方式,真正帮助他们渡过难关、过好生活。要通过向党员报告制度、征询党员意见制度、接受党员监督制度,保证党员知情权、话语权和监督权。要加强工作设计,结合工作实际出台有效办法和举措,为党员开展工作、发挥作用提供便利。

五 对强化社区党员意识的建议

(一)创新党员服务管理载体,整合社区党员力量

当前,创新社区党员教育管理、强化党员意识工作是基层党建面临的新课题,要着眼大局,紧扣职责,切实增强管党治党的责任感和紧迫感。要本着求真务实、注重实效的原则,通过一套严格标准、行之有效、灵活多样的教育管理方式,不断提升广大党员的综合素质,使其更好地投入社区建设的行列,树立新时期党员在群众中的新形象。要把社区党员教育管理工作做实、做好,使全体党员精神振奋、作风严实,全身心投入社区工作和服务群众中去。

社区党组织是社区各项组织的核心,社会生活的多样化和流动性会给社区带来多元化的建设主体。提升社区党员意识,整合社区党员力量对社区的稳定发展起着至关重要的作用。为实现这个目标,应集中力量,创造以街道

党工委为核心，居民区党支部为基础，社区全体党员为主体，社区内各单位党组织共同参与的有效载体。党工委应发挥枢纽作用，承担对街道自身的党组织、党员进行全面的思想政治教育以及党员意识提升重任。通过党员服务中心、党员e家手机软件等载体，全面整合社区党组织和党员的力量，依据党员的特点和优势，组成志愿服务队等团体，在实践中依靠群众并向群众学习，通过为人民服务的实践来提高自己的党员意识。通过实践培养党员的服务意识，使社区内各党组织和党员共同构建起社区党建工作格局。

（二）树立党员角色观念，扛起党员先锋模范旗帜

角色意识在党员意识中处于基础性地位，是共产党员对自身独特的社会身份和社会角色的自觉反映。市场经济的快速发展，使党员队伍中出现利益差异，容易引发不同层次和不同地区之间党员的思想差异，党员的角色观念逐渐淡化。少数党员角色观念的淡化使党员参与社区建设热情不高，认为自己没有义务参与社区党建，党员的荣誉感不强，责任感弱化。树立党员角色观念，组织党员戴党徽、亮身份，身先士卒，公开承诺，发挥党员先锋模范作用。不仅是在特定的场合，而且在整个社会的背景下，时间不仅限于工作的8小时内，而是延伸到工作时间外。在实践中，应以思想教育为动力，加强党员意识、角色观念教育，通过多种形式的学习提高党员的思想认识。通过上门走访、结对帮扶、帮助下岗失业党员再就业等形式将思想问题和实际问题相结合，帮助党员重拾信心和对党的热情。大力号召和动员党的基层组织和广大党员积极关心社区发展，积极参与社区建设，真正做到"共担文明建设责任，共享文明建设成果"。

强化社区党员意识，可采取以下几种形式的党建活动。一是开展党员志愿者服务活动，组织号召社区党员为群众做好事、办实事。二是开展解困活动，号召社区党员帮助企业下岗人员、残疾人员和家庭困难的群众，解决他们生活中的困难，把为民着想、为民解难作为党建工作的重点，倡导热心公益的社区新风。三是发动社区党员积极参与美化社区环境的活动，进行植树种草以及垃圾的清理工作，优化社区生活环境。四是积极引导社区党员参与社区精神

文明建设，共建文明社区，共享文明成果。五是倡导党员组织参与社区文化活动，利用社区资源兴办文化产业和举办文化活动，丰富群众的文化生活。

（三）完善相关制度，拓展社区党员教育管理模式

建立和完善监督机制，各社区要切实履职尽责，完善各项体制机制，坚持以健全制度、完善机制为重点，通过对社区党员进行严格教育、管理和监督，加强领导，精心组织，拓宽监督渠道，加大监督力度，增强党员自觉主动接受监督的意识，筑牢拒腐防变思想道德防线，确保监督及时到位。建立和完善管理机制，把社区党员都纳入党组织的管理中，督促党员践行党章规定，履行党员义务，行使党员权利，遵守党的纪律。

坚持党要管党、从严治党，是党的十八大以来以习近平同志为核心的党中央管党治党的鲜明特征，也是全党上下共同的政治责任。社区党组织是社区建设的领导核心，在党的建设中发挥着不可替代的重要作用，必须强化政治担当，始终把从严治党责任铭记在心、扛在肩上、狠抓落实。要不断拓展社区党员教育管理模式，切实提升党员意识，建设一支政治坚定、作风硬朗、心系群众的社区党员队伍。

参考文献

徐斌：《从教育管理入手提升社区党员意识研究》，载《西城区 2015 年度优秀调研成果汇编》，2016。

段树平：《党员要在建设和谐社会中体现先进性》，《山西广播电视大学学报》2006年第 1 期。

刘树燕：《党员意识现状与建设路径浅析》，《理论学刊》2012 年第 8 期。

魏登才：《论党员意识的养成》，《湖北社会科学》2005 年第 10 期。

宋伟：《在学与做中强化党员意识》，《延安日报》2016 年 5 月 16 日。

程军刚：《基层党员亟须强化党员意识》，《中国纪检监察报》2016 年 6 月 24 日。

B.5
金融街功能街区融合发展机制研究

摘　要： 作为首都核心功能区一种特殊的经济发展模式，以金融街为代表的功能街区建设在过去的十年取得了巨大的成功。但不可否认的是，过分单一的经济功能缺乏系统的城市生活服务功能配套，远距离通勤加大潮汐交通压力，大拆大建形成的工作社区使就业者对地区缺乏认同，这一系列问题大大降低了地区城市品质。如何结合功能疏解和人口调控，结合疏解整治和城市有机更新，创新功能街区经济功能与城市功能的融合发展机制，恢复功能街区的自组织结构，是推动发展转型和管理转型，提升地区城市品质的重要课题。本文应用区域整合理论，将功能整合、空间整合、制度整合结合起来，以问题为导向，系统思考金融街功能街区融合发展机制，提出优化提升城市品质的政策建议。

关键词： 金融街街道　功能街区　区域整合　融合发展

一　区域整合与功能街区发展

（一）当代城市规划理论的发展

1. 从"田园城市"到"精明增长"

追溯到文艺复兴时期，城市规划被视作建筑设计师的分内之事，其与建筑设计有着密切的联系，和建筑设计一样，城市规划也被视作一门"艺术"。这种体现"物质形体设计论"的思想一直延续到20世纪60年代。城市规划认为，好的形体环境可以增进幸福，而城市设计能够对城市形体环境进行良好的控制。

西方城市规划理论起源于19世纪末，当时欧洲城市发展面临由资本主义工业化带来的环境恶化和诸多社会问题。那时的城市规划学主要是针对解决城市和乡村间的矛盾，主张控制城市扩展，建设田园化的宜居城市。空想社会主义者托马斯·莫尔、傅立叶、康博内拉、罗伯特·欧文提出了建设空想社会主义的乌托邦，改良主义者霍华德提出了"田园城市"理论。1933年，国际现代建筑协会制定了《城市规划大纲》（被后人称为《雅典宪章》），提出规划是要解决居住、工作、游憩、交通等四大城市功能的协调发展问题。自此，城市规划开始围绕城市主要功能进行城市规划设计。

从"二战"结束到20世纪60年代，物质空间决定论在城市规划中占主导地位，从城市的物质形体环境或者城市形态角度来规划、设计城市，美学原则规划成为城市设计的核心和出发点。到了20世纪60年代，随着人们对城市社会性研究的增多，以及对物质性要求的减少，"物质形体设计"理念在城市规划中的主导地位宣告终结。城市规划更加注重自然环境问题、可持续发展问题，以及信息化和全球化对城市发展所带来的影响。城市为了可持续发展的环境而进行规划，而不是漫无目的的发展，而规划重在引导城市步入良性发展的轨道，重视复合功能，坚持集约发展，树立"精明增长"的发展理念（见图1）。

可以说，城市规划作为城市公共事务的一个重要组成部分，在不同的历史节点，对社会发展和变革过程中起着着重要的作用，同时受社会发展影响，规划思想也在不断与之相适应而发生转变。

2. 走向系统理性的全面发展

过去，城市规划更像是城市设计，从形体和美学角度出发，以城市的物质形体为导向，对城市进行设计和规划。而系统和理性的城市规划方法则是动态的，非过去比较静态式的；规划范围更是涉及经济、社会、管理等领

19世纪末20世纪初
现代城市规划学具备雏形，主张建设田园化宜居城市

1933年
国际现代建筑协会制定了《城市规划大纲》，即《雅典宪章》，提出了规划的目的是解决居住、工作、游憩、交通等四大城市功能的协调发展问题，开启了围绕城市主要功能进行城市规划设计的新时代

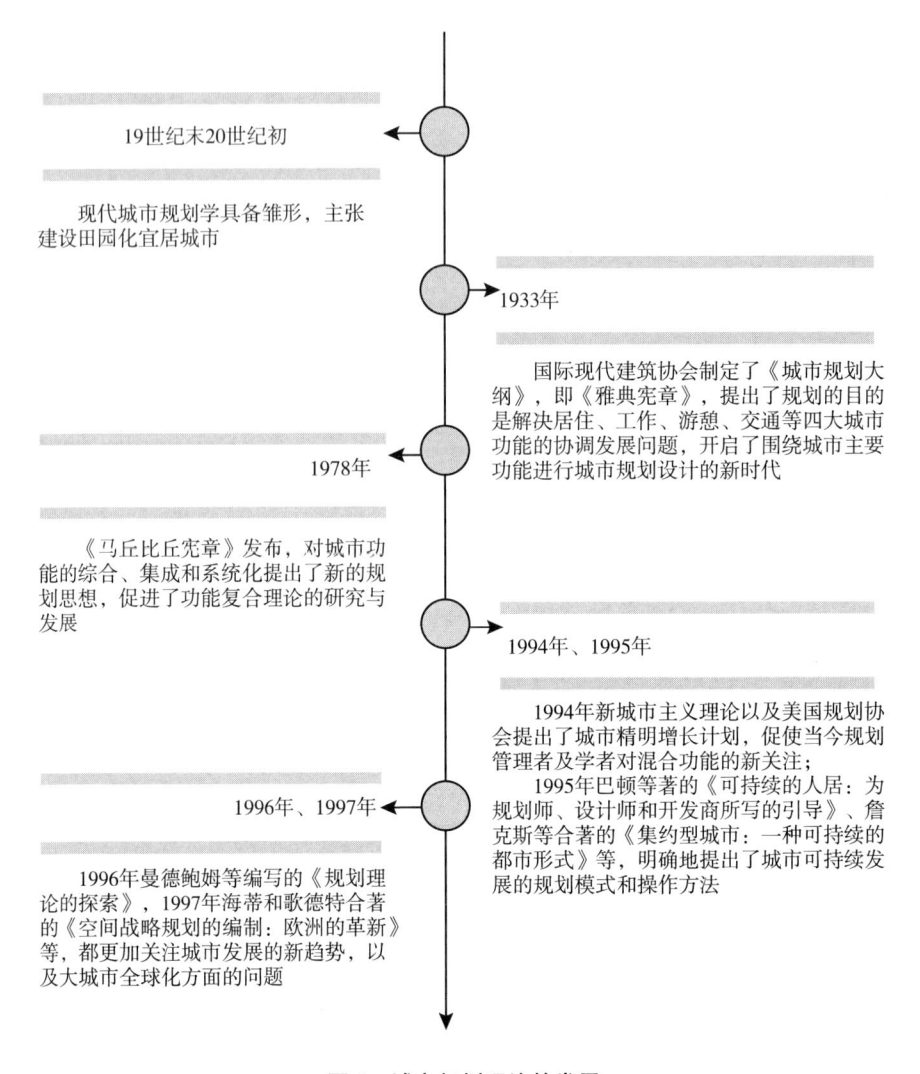

1978年
《马丘比丘宪章》发布，对城市功能的综合、集成和系统化提出了新的规划思想，促进了功能复合理论的研究与发展

1994年、1995年
1994年新城市主义理论以及美国规划协会提出了城市精明增长计划，促使当今规划管理者及学者对混合功能的新关注；
1995年巴顿等著的《可持续的人居：为规划师、设计师和开发商所写的引导》、詹克斯等合著的《集约型城市：一种可持续的都市形式》等，明确地提出了城市可持续发展的规划模式和操作方法

1996年、1997年
1996年曼德鲍姆等编写的《规划理论的探索》，1997年海蒂和歌德特合著的《空间战略规划的编制：欧洲的革新》等，都更加关注城市发展的新趋势，以及大城市全球化方面的问题

图1　城市规划理论的发展

域，甚至是政治领域，非过去单纯的只涉及土地利用；城市规划变为"过程"性规划，成为动态的适时监控的规划模式，非过去终极的"蓝图"式的规划。

城市规划思想的这些转变，要求要对城市这个复杂、动态的系统加以控制或规划，规划成为一项严谨的"科学"分析技能。

开放式的决策思维。基于系统理性的"科学"规划，规划不再是规划

师的单一决策，考虑到城市规划涉及的经济、社会、环节等综合要素，要具备系统的调查和分析能力。规划的决策过程更多纳入一个开放的系统中，规划师扮演着"管理者"的角色，除了要密切与政府决策机构、执行部门的联系外，还引入学术界和社会公众的广泛参与，从而提高规划的前瞻性、可操作性。

综合式的整体谋划。城市是一个多元交织起来的统一体，要重视城市社会经济结构的复杂性、多样性和城市活力。在城市这个巨系统内，任何单一的、局部的变化都会给整个城市带来影响，要综合考虑城市各要素及其之间的关系，城市各个方面和各个环节都要在规划过程中进行系统分析。

引导式的动态改进。"城市作为一个多元空间、多元关系网络组成的以人为本的多要素复合空间"，它绝不会按照因果关系的直线思维进行发展，因此，不能以一套逻辑严格就能产生满意效果的终极式"决定论"来把握城市的发展。在实践过程中更加有效地规划应该是引导性的思维方法，进行原则性和方向性的设计，采取弹性的控制手段，引导城市步入良性运转的轨道，使规划和城市运行系统在不断磨合中积极互动、持续改进，产生推动力。

（二）城市规划框架下的功能街区概念

1. 城市功能

城市功能也称城市职能，是城市存在的本质特征，是由城市各种复杂的结构性因素决定的城市机能或者能力，是指一座城市在国家或地区的政治、经济、文化和生活等领域中所负担的任务和作用，以及因这些作用的发挥而产生的效能。城市主要有生产、服务、管理、交流、协调、集散、创新等功能，它是城市发展的动力因素。

城市功能具有以下几个基本特征。一是客观性。一个城市具有什么样的功能，是由城市自身及周围的自然地理、社会经济和历史等诸多的客观要素决定的，不受人们的主观意识所支配。二是整体性。城市功能并不是各个城市子功能的简单叠加，而是每个城市子功能的有机结合，它们之间相互联系、相互作用、相互制约。无论研究城市的哪种功能，都应该从城市全部功能的整体性和系统性来进行分析，进而判断这种功能在城市整体功能系统中的价值和影响。三是内在结构性。城市的整体功能是由一座城市的内在结构决定的。这种内在结构是指城市系统内部包含的多种要素之间、各要素与系统整体之间相互联系、相互作用的方式。这些要素包括政治、经济、文化等，每一个要素都表现出一种功能，城市各个要素的有机结合形成城市的整体结构。同时，城市的结构规定了各种要素在城市整体功能中的地位和作用。四是层次性。城市功能是由不同层次的子系统构成的复合性大系统，具有明显的层次性。每个层次系统相对于大系统而言是一个子系统，相对于下一层级的小系统而言又是母系统，这样的等级形成城市功能的层次。不同层次的城市功能既有共同运行规律，又有自己独特的运行规律，它们之间相互影响、相互依存、相互制约。五是开放性。城市的各种功能都是相对于一定的外围区域而言的，在一定的城市区域空间内发挥作用。城市发展需要不断与外界进行交流。城市功能的发挥过程，实质上就是城市将物质、能量及信息与外部进行交换的过程，这个过程具有全方位开放的特性。由此可见，城市的各子系统向外辐射和扩散，是城市功能的重要体现和显著特征。

2. 功能区域

城市功能区域往往由城市的定位所决定。城市功能区集中地反映了城市的特性，是实现城市职能的载体。一般而言，它由历史、经济、社会、行政等因素组成。城市被划分为若干个特点清晰明确的功能区域，这些功能区组成一个现代化的城市，这是城市功能细分的结果。具体来说，在城市中，同一种经济社会活动对土地的利用方式是相同的，对空间和位置的需求往往也一样，这就导致产业或者城市功能要素在特定的城市空间集聚，从而形成城市功能区。这一过程与政府对城市定位和城市功能的布局有直接的关系。城市的能级越高，相应的对城市功能区的要求就越高。

城市功能区具有极高的集聚和扩散效应。在与核心功能相关的功能区内，产业组织或产业群在地域上的聚集构成了城市空间的结构形态，相关社会资源（包括人才、物资、资金等）密集分布，因此，城市功能区有较强的社会经济效应。另外，城市功能区还具有较强的辐射扩散能力。一方面扩张自身市场性权利的作用范围，构筑更大空间的集聚协作体系；另一方面是扩散功能区的优势能力，向周边地区渗透，推动周边地区经济、社会的演化与发展。

3. 特色街区

"街区"源自欧洲以街道和广场的形式来建设城市的传统，是商业和居住的集中融合，它是 20 世纪中期国际上兴起的一种全新的社区规划理念，是欧洲较为成熟的城市发展模式。它被称为"国际 BLOCK"。"BLOCK"是 5 个英文单词的缩写：B——Business（商业）、L——Lie fallow（休闲）、O——Open（开放）、C——Crowd（人群）、K——Kind（亲和）。街区既要提供居住场所，又要具有丰富的商业和休闲配套设施，由街道、建筑、绿地、公共空间和自然景观组成，承载城市生活的功能，有稳定的人居活动和产业活动。一个城市由若干个单元系统组成，而街区就是通过规划建设和管理，形成构成完整城市的基本单元。

所谓特色街区，是基于城市文化和地域民族风俗、自然特色等特征要素，将这些特征要素进行整合，形成具有购物、餐饮、休闲、娱乐、旅游等复合功能的开放式街区。它将城市文化、社会生产、生活、商贸和旅游很好地结合在一起，是城市最具竞争力和活力的空间集聚区，成为"城市的名片"，对于城市的建设和发展具有重要意义。

4. 功能街区

功能街区与特色街区概念相近但又有所提升。特色街区无论是在空间规模上还是在内涵上都要小于功能街区。功能街区是在城市功能定位和城市发展战略指导下，确定的具有鲜明特色和发展优势的街区。在一定时期内，按照区域功能定位和发展要求，功能街区享有特殊政策和优先发展的权利，从而更好地实现城市赋予其的特殊定位和价值。功能街区具有核心功能、资源特色或发展优势等特点。功能街区一般有一项主要的城市功能作为核心。对于经济地区，则是有鲜明的主导产业，形成一定的规模和较完善的产业体系。对于特色街区或主题街区则具有鲜明的资源特色，具有良好的空间改造

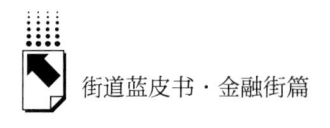

条件，容易形成品牌和优势发挥。功能街区具有较其他地区更明显的资源聚集优势和发展优势。

此外，功能街区与现行城市街道的关系密不可分。在我国现行的城市行政管理体系当中，城市被划分为若干区县，其中城市建成区主要是以区为行政单位，区下设置若干街道，街道行政机关是区的派出机构，是城市管理的基层组织。而街道在发展过程中，许多地区依据自身的资源条件和优势，形成了产业集聚和特色集中，经济社会面貌发生重大变化。这种自然发展的特色地区更符合功能街区的发展规律。有的功能街区发展与街道空间相一致，更多的却是跨街道空间的。那些与街道空间不相符的街区，就面临街道基层管理工作的挑战。因此，为适应街区发展，街道行政边界的重新划分和调整就成为新时期区一级行政管理的重要课题。

（三）功能街区发展的核心理念

1. 系统发展

功能街区是一个系统，而且是一个涵盖产业、城市配套、运行管理等复杂的巨系统。运用系统科学进行功能街区的发展研究，可以进行综合性、交叉性、整体性研究，而不会把彼此联系的要素分开来看，实际解决的是方法论的问题。

2. 整合发展

"整"是"合"的前提，"合"是"整"的结果，"整"是开始，"合"是相对的、暂时的均衡，而"整"和"合"所产生的效应即是发展，发展是整合的最终目标。

功能街区是城市中某一功能特征优势较为明显的区域，它同样具备城市的一系列共同性特征，涉及社会、经济、文化、政治等诸多方面，同时具有主导的资源和产业优势。此外，加之在空间范围上与行政区划的街道有所重叠，因此，在城市的多元功能和空间上，彼此间具有相似性，但又存在多元价值的差异。差异的存在是整合的内在基础。整合是确保多元价值间互相作用，增进各种异质性因素的联系，突破常规的有限理性和利益纽带，而在更复杂和多元价值中，寻求更为核心的总体利益，从无序到有序，从不完善到完善的最佳方式，是实现共同发展和区域利益最大化的最终目的。

3. 有机发展

有机发展的理念反映了核心要素增长的潜能和持久性。有机发展强调稳健、有序、持续的发展动力。这点可以基于城市分形理论和自组织理论，功能街区在空间上类似功能分区的概念，城市分形理论在将城市分为居住区、产业区、休憩区和公共空间等功能区，并在合理调配区域空间结构、保障区域多元化价值需求的基础上，更为细致、更强调区域的内在自组织作用。城市不仅是产业聚集区，更是生活区。

就功能街区和城市而言，两者是微观结构和宏观结构的关系，具有相似性，区域最小单元与区域复杂整体具有同样的功能作用，以自相似体系条理化复杂区域，从而恢复和保持复杂系统的运行秩序。因此，按照自组织机制来建立空间结构体系，才能保持城市运行的有序和空间的合理布局。

4. 共享发展

共享发展理念基于对发展实践的总结、反思和超越。只注重发展而不共享，使得部分人的"获得感"建立在部分人的"失落感"甚至"被剥夺感"基础上，会造成不同社会群体间的对立。同时，内耗效应会使发展步履异常沉重。功能街区是一种城市创新发展的模式，从一定程度上说是一个城市特殊资源要素集中的区域，享有特殊的政策，具有优先发展的优势。因此，必须追求"分享型增长""包容性增长"，用共享发展的理念，在推动经济效益增长的同时，来切实保障整体提高人民生活水平，促进社会公平正义。

（四）西城区功能街区发展的历史经验与理论误区

1. 西城区功能街区发展的主要成效

西城区功能街区建设，立足于西城区作为首都功能核心区所具有的独特区位和在历史文化、金融、科技、商贸、旅游等方面的得天独厚优势，以政府规划为主导，以金融业为核心经济增长极，以科技、金融、文化、商业等

多种功能区为共同支撑，以中轴线西翼文化带为承接历史文化名城保护的主要载体，以产业结构调整和城市功能优化有机对接为基本路径，呈现鲜明的西城特色。

西城区功能街区分别为北京金融街（简称金融街）、中关村科技园西城园（简称西城园）、北京什刹海阜景街功能区、北京大栅栏琉璃厂历史文化街区（简称大栅栏琉璃厂）、北京天桥演艺区（简称天桥演艺区）、马连道茶叶特色商业区（简称马连道）、北京北展地区（简称北展地区）、西单现代商业区，形成各具特色的发展格局。

西城区功能街区建设发展，以明确的发展目标、清晰的推进思路和有力的保障措施持续稳步推进，主要取得了以下七个方面的发展成效。

区域经济实力显著增强。功能区的建设发展，带动了区域经济规模扩大、发展质量提升，使西城区成为首都经济发展的重要支撑。根据该区统计局提供的数据，这个区功能区各项经济发展指标呈逐年增长态势，保持较高发展水平。至2014年底，该地区生产总值从2010年的2057.7亿元增加到3052.3亿元，居全市第三位，年均增长率达到10.4%；区级公共预算收入从2010年的213.6亿元增加到372.8亿元，年均增长率达到14.9%。

产业结构进一步优化。功能街区建设发展有力地带动了产业内部结构调整、产业能级提升，构建形成了以金融业为核心、以现代服务业为主体的产业体系。金融产业辐射带动作用更加明显，总部经济特点更加突出，高新技术产业、文化创意产业、商贸和旅游业等重点产业优势不断强化，产业结构进一步合理。截至2014年底，西城区第三产业增加值占地区生产总值的比重达到90.2%。

土地资源利用效率有效提升。通过功能街区建设，进一步优化空间布局，积极鼓励、引导和推动经济、文化产业在区域内的适度聚集，有效提升土地资源的集约利用。截至2014年底，西城区平均每平方公里产出经济总量60.2亿元，贡献三级税收4315.1亿元，实现区级财政收入357亿元，单位面积实现的经济效益高于中心城区平均水平。产业聚集程度最高的北京金融街核心区，资产规模强度达到137638.2亿元/平方公里，在二环限高政策要求的范围内最大限度地利用了土地资源。

历史文化名城保护取得重大进展。依托功能街区内文化遗存的历史价值，赋予现代文化元素，着力打造北京什刹海阜景街、大栅栏琉璃厂等整体风貌保护的亮点。历史遗存、传统风貌、非物质文化遗产保护的统筹协调力度进一步加大，推动历史文化名城保护、民生改善、产业转型、城市功能提升同步发展，实现在保护中发展、在传承中创新。

城市功能品质显著提升。坚持依托功能区建设，提升城市基础设施水平，进一步完善城市服务功能，城市品质得到进一步提升。改造升级了信息、电力等市政基础设施，形成了一批现代化办公楼宇和综合配套服务设施，建设改造了一批市政道路、公园绿地，形成了具有独特品位的城市开放空间，城市承载力和环境品质显著提升。

区域品牌影响力不断扩大。西城区注重从经济发展、科技创新、文化提升、城市服务、社会建设等方面整体打造品牌体系，功能街区的影响力进一步扩大，价值外溢现象显著。从全区看，各功能区在全国文明城区、全国双拥示范区、国家级可持续发展先进示范区、全国卫生示范区等的创建工作中发挥了重要作用。

体制机制初步形成。目前，西城区成立了涵盖9个功能街区的"7+2"指挥部，即北京金融街建设指挥部、北京天桥演艺区建设指挥部、中关村西城园管委会、北京大栅栏琉璃厂建设指挥部、北京什刹海阜景街建设指挥部、北展地区建设指挥部和马连道建设指挥部7个常设临时性机构，以及西城区重大项目建设指挥部办公室（简称"区重大办"）、西城区城市环境建设委员会办公室（简称"区环境办"）。各机构由区政府直接管理，同时设立联合纪检监察组，进一步创新行政管理体制，实现重点功能街区建设新突破。

2.西城区功能街区发展的主要经验

西城区功能街区建设，以政府规划为主导，以金融业为核心经济增长极，以科技、金融、文化、商业等多种功能区为共同支撑，以中轴线西翼文化带为承接历史文化名城保护的主要载体，以产业结构调整和城市功能优化有机对接为基本路径，呈现鲜明的西城特色。西城区功能街区建设主要有以

下五个方面的经验。

坚持功能定位,着眼首都城市战略定位谋划和推动功能区建设发展。作为首都功能核心区,西城区在首都发展大局中承担着特殊职责。在功能区建设过程中,西城区以首都功能战略定位为着眼点,紧紧抓住区域功能定位的核心要求,遵循城市发展规律,确定功能区发展思路,有效地促进首都"四个服务"能力的提升。

坚持统筹推进,注重政府主导和市场机制并重。在功能街区建设过程中,注重发挥市场配置资源的基础性作用,在基础设施改造、环境建设、社会治理、民生改善等领域的重大项目建设中,积极引入社会力量参与规划制定,吸收企业作为建设运营主体,吸引社会资金参与建设、主体开发,在协同中实现共赢发展。

坚持改革创新,在探索新方法新模式中激发动力活力。改革创新是功能区建设发展的成功之路。长期以来,区委、区政府通过不断深化改革,推动体制创新、机制创新、政策创新和平台建设,有效地激发了各要素之间的发展活力。

坚持系统思维,以主导功能带动整体发展。西城区功能街区建设,始终注重正确处理宏观、中观、微观之间的关系及不同功能要素之间的关系。各功能区在实现和完善主导功能的同时,注重功能的耦合发展、城市功能的再造、功能的辐射作用等,在实现产业提升、文化繁荣、历史文化名城保护的同时,也推动了环境改善、社会事业进步和民生改善的整体发展。

坚持内涵集约,探索中心城区功能区发展之路。深入挖掘资源潜力,通过优化结构来提高质量、激发活力。汇聚科技、创意、资本、人才等要素,大力发展知识经济、服务经济、总部经济和绿色经济,培育新的经济增长点,提升和延伸产业链,促进提质增效。

3.西城区功能街区发展的三大误区

西城功能街区发展模式是西城区的一个创新性的探索,在实践过程中还存在三大误区。

第一个误区。城市是具有一定学习功能的系统,具有一定的自适应性和自组织性。在功能街区的规划和建设过程中，过度强调特定功能和突出优势资源，牺牲了城市已有的有机组织，忽略了"人和活动"的规律，尤其是在开发建设过程中，大规模的大拆大建对街区造成了"建设性破坏"，对街区原有的社会结构、内部微循环和运行模式造成了较大程度的冲击。

第二个误区。快速的城市化进程，为当代人们的生活质量和社会经济发展带来了瞩目的成就，然而快速的发展，过于注重速度和量的增加，缺乏前瞻性和发展性的规划，使城市建设逐渐产生各类被遗弃的空间，这种失落，并不是指城市公共空间消失或者减少，而是指它的环境品质下降了，人文关怀淡漠了，营造方向迷失了。城市出现一些配套服务缺失、设施老旧的平民区域，与城市经济繁荣景象形成巨大反差。

第三个误区。西城区作为首都功能核心区，在功能街区发展模式下，功能复合性特征明显，功能要素集中，产业规模大，现代化程度高，人口的集聚效益就更为明显。在这些综合因素的影响下，人口、资源、环境间的矛盾日益凸显，最为突出的表现就是土地资源的制约，在功能区的发展建设中往往见缝插针，遍地开花，缺乏系统规划，非常不利于土地资源的集约化利用，大大降低了城市的承载力，制约了城市可持续发展。

二　金融街功能街区的发展模式

（一）金融街建设发展的历史脉络

1. 金融街功能街区的区域特点

北京金融街功能街区地处西城区中部核心地带，位于西二环两侧，东面是著名的西单、西四商业区，南面是广安产业园区，西边是中央部委集中办公区，北部靠近北京什刹海阜景街历史文化保护区和中关村科技园区西城园。北京金融街历史文化积淀深厚，辖区涵盖白塔寺、都城隍庙及火神庙、清真寺等重要人文遗址，集金融与文化、商贸与旅游、文物保护与现代建筑、古都风貌与现代都市于一体。

北京金融街发展环境优越，是北京六大高端产业功能区之一，是北京市资金、技术、知识、高端产业密集度最高、税收增长最快的地区之一，也是北京市乃至全国1平方公里内高端产业最聚集、创造价值最大的区域。作为首都金融主中心区，这里聚集大量高端管理机构和高素质人才，金融机构体系日趋完善，金融产业不断创新，金融信息传播和影响加速，吸引国内外大型金融机构及其他高端管理机构入驻，对我国金融产业发展有着巨大的推动作用，担负着支撑首都经济社会发展和推动建设国际一流和谐宜居之都的重要使命。

2. 金融街的发展历史

经过20余年的建设和发展，今天的北京金融街已经成为集决策监管、资产管理、支付结算、信息交流、标准制定为一体的国家金融管理中心，成为对中国金融业最具影响力的金融中心区，为首都发展方式转型提供强大动力支撑，也为进一步增强北京的国际影响力奠定坚实基础。北京金融街的建设发展，大致经历设想谋划、起步建设、快速发展和拓展提升四个阶段。

北京金融街设想谋划阶段（1987~1991）。早在20世纪80年代，就有人提出在北京开发建设金融中心的设想。1987年，国务委员兼中国人民银行行长的陈慕华结合中国金融业改革开放的实践，提出在北京建立由各大金融机构总部组成的金融一条街的建议。这是"北京金融街"概念的最初来源。1988年，北京市政府批准在西二环东侧启动北京金融街建设前期工作，后因国家压缩基建规模而搁置。

北京金融街起步建设阶段（1992~1999）。在1992年邓小平同志发表南方谈话之后，西城区委、区政府制定并实施"繁荣西单，发展西城"战略，提出"恢复西二环东侧危房改造工程，建设具有中国特色的北京金融街"的建议。随即，金融街建设指挥部正式挂牌成立。在国务院批复的《北京城市总体规划（1991~2010）》中，正式提出"在西二环阜成门至复兴门一带，建设国家级金融管理中心，集中安排国家级银行总行和非银行金融机构总部"。金融街开发建设起步并不断完善，这一阶段，北京金融街"保二争四"项目全部竣工，一大批国家级金融机构和大型企业总部入驻北京金融街，规模效应逐步显现。

北京金融街快速发展阶段（2000～2006）。自2000年起，随着中国金融业改革开放步伐加快，金融机构快速向北京金融街集聚，形成监管机构、金融机构和中介服务机构齐聚北京金融街的格局。北京金融街逐步进入快速发展阶段，体现出以下几个特点。一是规划定位进一步提升。2001年中国加入世贸组织，北京金融街将定位调整为"具有国际影响力的金融中心区"。2001年9月，北京市政府批准北京金融街中心区概念性规划方案。9月19日，"北京金融街中心区控制性详细规划"得到北京市规划委员会的正式批复。二是金融管理中心地位进一步确立。金融行业的国家监管机构"一行三会"全部落户北京金融街，使北京金融街成为真正意义上的国家金融管理中心。三是国际化氛围进一步增强。美国纽约银行、瑞士银行、美国道富银行、高盛投资银行、加拿大皇家银行等多家外资银行和境外金融机构相继入驻北京金融街，外资金融机构入驻数量明显增加。四是配套设施进一步完善。高档酒店、金树街、北京金融街购物中心、中心区绿化广场建成并开放，市政道路建设全面完成。五是税收贡献进一步增大。到2006年，西城区三级税收首破千亿元大关，其中北京金融街贡献超过六成；北京金融街税收总额接近占全市税收总额的1/4，成为北京市最重要的税源地之一。

北京金融街拓展提升阶段（2007年至今）。2007年以来，北京市委、市政府做出推进北京金融街拓展建设的决定，北京金融街拓展工作拉开序幕。一是土地入市拓展空间。2007年，北京市市长办公会讨论通过《关于对北京金融街区域拓展和功能完善的意见》，提出将北京金融街核心区面积扩大至2.59平方公里。月坛南街项目、华嘉小区项目、新兴盛项目、月坛北街项目、复兴门项目、阜成门项目被纳入北京金融街拓展一期工程。2012年，北京市委领导对北京金融街建设工作提出"转变发展方式，加快拓展工作"的要求，市委书记专题会原则同意将金融中心区的范围进一步扩大到约8平方公里。二是为进一步落实市政府决定，金融街管理体制得到进一步完善。先后成立了北京金融街拓展工作指挥部、北京金融街建设领导小组、北京金融街建设指挥部，加快推进北京金融街拓展工作的实施。三是多元金融机构体系不断拓展，日趋完善。区域内集聚"一行三会"等国家金融决策和监管部门，汇集千余家金融机构、百余家国际金融机构和众多全国性金融行业组织及企业总部，成为国家金融管理中心。

3. 金融街发展的标志性事件

金融街经过数十年的发展，在不同的发展时期具有一定的时代背景和标志性事件（见表1）。

表1 北京金融街发展的标志性事件

时间	标志性事件
1992年 6月5日	北京市政府批复西城区政府提交的《关于恢复西二环东侧（北京金融街）开发建设的请示》（西政报〔92〕15号），批准恢复北京金融街建设
1992年 6月26日	北京金融街（西二环）开发建设指挥部正式挂牌成立
1993年 10月6日	国务院正式批复新修订的《北京城市总体规划（1991~2010）》。在《关于北京城市总体规划修订若干问题的说明》中提出，"在西二环阜成门至复兴门一带，建设国家级金融管理中心，集中安排国家级银行总行和非银行金融机构总部"
1993年 下半年	西城区委、区政府制订《西二环北京金融街开发建设计划及实施方案》。此后，按照上述方案，北京金融街的开发建设有条不紊地展开
1994年 6月20日	招商银行北京分行成为第一个入驻北京金融街的金融机构
1994年 8月18日	金龙大厦奠基仪式举行，这是北京金融街建设启动的第一个项目，"8·18工程"开工成为北京金融街建设进入实质性阶段的标志。北京金融街上的各个单体建筑陆续破土动工
1997年 9月22日	第一个行业监管机构中国证监会入驻北京金融街
2003年 4月28日	中国银监会在成方街33号挂牌入驻
2003年 10月20日	中国保监会入驻鑫茂大厦北楼
2003年 9月1日	美国纽约银行成为入驻北京金融街的第一家外资银行
2007年 10月	北京市市长办公会讨论通过《关于对北京金融街区域拓展和功能完善的意见》，提出将北京金融街核心区面积扩大至2.59平方公里。月坛南街项目、华嘉小区项目、新兴盛项目、月坛北街项目、复兴门项目、阜成门项目被纳入北京金融街拓展一期工程。为落实市政府决定，北京金融街拓展工作指挥部应运而生

续表

时间	标志性事件
2008年	时任市长郭金龙、副市长吉林先后到北京金融街调研,对北京金融街拓展工作提出明确指导意见
2010年4月7日	时任市委书记刘淇、市长郭金龙就"转变经济发展方式,加快推进重点产业功能区建设"这一主题,到北京金融街进行专题调研
2010年8月23日	时任国家副主席习近平来到北京金融街调研,考察北京金融街的建设发展情况
2011年3月	北京市委、市政府成立北京金融街建设领导小组,全面领导北京金融街拓展建设工作
2011年6月29日	北京金融街拓展首个项目——月坛项目正式启动
2012年2月8日	北京金融街建设指挥部正式建立,加快推进北京金融街拓展,协调搬迁、规划、政府审批等方面工作
2012年4月12日	全国性场外交易市场(三板市场)运营管理机构落户北京金融街,弥补了北京金融街要素市场的短板
2012年	北京市委领导对北京金融街建设工作提出"转变发展方式,加快拓展工作"的要求,市委书记专题会原则同意将金融中心区的范围进一步扩大到约8平方公里
2012年6月29日	北京市第十一次党代会进一步明确提出"着力强化北京金融街的国家金融中心功能"
2012年9月	北京金融街成功完成月坛项目入市,可提供建筑面积26万平方米,并完成金融机构对接
2014年8月20日	华嘉项目顺利挂牌入市,成为北京金融街拓展工作启动以来,首个以挂牌形式完成土地使用权转让的项目

资料来源:《金融街大事记》。

(二)金融街发展的主要成就

1. 金融产业高度集聚

国家金融监管部门和各类具有行业影响力的金融机构在北京金融街快速发展。"一行三会"等国家金融管理机关,中国银行业协会、中国证券业协会、全国银行间市场交易商协会等13家全国性金融行业协会,中国工商银行、中国建设银行、中国人寿保险(集团)公司、中国银行、中国人民保险集团股份有限公司等国内前五大金融机构,全国100%的政策性金融机构，1/3 的全国性商业银行总部，60% 的保险集团总部，全国资产量最大的股权投资基金的母基金——全国社会保障基金理事会等都位于北京金融街地区，包括国家电网、中国移动等 25 家入围世界 500 强的企业总部（占全国的 25%、北京市的 48%），高盛、安盛、摩根大通等进入世界 500 强的外资金融机构在华法人机构和地区总部，以及总部不在北京的全国性金融机构如上海浦东发展银行、招商银行等，也多将其主要业务条线和研发机构设在北京金融街。

2. 全国金融管理中心功能逐步凸显

金融行业的国家监管机构"一行三会"全部落户北京金融街，使北京金融街成为真正意义上的国家金融管理中心。国务院决定新三板市场（全国中小企业股份转让系统）正式扩容至全国，落户北京金融街，也标志着北京金融街初步形成以全国性证券交易市场、信贷资本市场、金融资产交易市场、企业产权交易市场为主体的多层次金融市场体系，有效弥补首都金融市场建设方面的短板，完善北京金融街国家金融中心功能，推进首都多层次资本市场体系建设。北京金融街功能街区内金融决策监管部门、国内外金融机构总部、行业协会集中，集政策发布、部门监管、高层决策、要素交易、信息交流等于一体，及时汇集、传递着全国乃至世界各地的经济和金融信息，具有很强的权威性和影响力。

3. 品牌影响力逐步提升

据 2014 年《财富》杂志刊登的世界 500 强企业排名，上榜的中国企业总部位于北京金融街的有 22 家，其中 6 家为金融企业，上榜的外资机构中有 20 家在北京金融街设立下属机构。由中国倡导发起的国际多边金融组织——亚洲基础设施投资银行，以及丝路基金等国际性金融机构均已落户北京金融街。目前北京金融街已经发展成为大型机构总部聚集地、全国金融资产聚集地、高端金融人才聚集地、人民币资金流通枢纽、金融市场信息发源地。截至 2014 年，北京金融街持有资产总计 51.9 万亿元，占全区资产的 93.4%；实现收入合计 7409.6 亿元，占全区收入的 61.5%；实现利润总额 3177 亿元，占全区利润的 83%；贡献三级税收 3449.6 亿元，占全区税收的 83%。

4. 建设管理机制逐步完善

金融街由北京金融街建设指挥部负责统筹管理，发挥其指挥部枢纽和桥梁作用，进一步完善纵向和横向的管理体制机制（见表2）。纵向上，整合市、区两级各相关部门来加强规划建设、政策引导、协调管理；横向上，联合街道办事处和相关机构落实具体服务和协调。在具体开发实施方面，成立北京金融街投资（集团）有限公司作为建设主体，承担北京金融街区域整体开发建设，进一步理顺了区域内的建设、管理体制机制。

表2　北京金融街建设指挥部的主要职责及其内设机构

指挥部职责	负责组织推进本市有关建设金融中心城市主中心区的各项工作部署；研究拟定并组织实施北京金融街发展规划；负责协调推进北京金融街项目建设及其涉及的搬迁，协调推进区域内其他社会项目建设；统筹区域资源置换与产业对接；统筹区域产业促进和招商引资；统筹开展对区域内金融机构的相关服务；统筹协调区域内国际金融交流活动；负责北京市北京金融街建设领导小组办公室的日常工作；承办区委、区政府交办的其他事项
办公室职责	负责本单位公文流转、会议组织，督查督办；行政后勤、财务管理；对外联络和接待
综合规划处职责	组织研究重大综合性课题；工作计划、总结、综合性分析报告等文稿拟定；会议纪要、信息简报、工作动态、调查研究、对外宣传等起草
项目建设处职责	编制北京金融街建设计划，制定年度工作目标；协调项目前期手续及其他项目建设中的问题；统筹推进项目建设涉及的搬迁和供地工作；督办项目进展，建立目标完成预警机制
产业发展处职责	组织北京金融街建设发展规划、专项建设规划的研究和编制；统筹北京金融街产业促进政策的研究、制定、落实；组织招商引资相关工作；统筹推进楼宇资源置换，提出总体置换思路；落实金融人才引进相关的服务和协调工作

资料来源：《北京西城功能区发展报告》。

（三）金融街功能街区的发展模式

1. 政府主导、企业运作的开发模式

自觉将政府的主导行为与企业的市场行为结合起来，坚持以政府为主导，从整体规划的高度确定基本方向、发展重点、实施战略、主体产业、推进步骤，为区域发展营造良好的舆论环境、政策环境和法律环境，

奠定科学发展的坚实基础；坚持以企业作为实施主体，激发企业内在动力，不断完善企业法人治理结构，全面加强管理与创新，积极履行法人责任和社会责任。

2. 高端引领、绿色环保的建设模式

坚持以金融产业为先导，实现1993年国务院批复的《北京城市总体规划（1991~2010）》确定的"建设国家级金融管理中心"的规划目标，坚持绿色科技、节能环保的建设标准，促进北京金融街建设与区域环境培育。坚持产业聚焦、服务配套，积极探索金融产业发展规划，深入了解驻区机构的实际需求，酝酿、制定各项优惠政策，支持企业发展，引导高端金融企业入驻。由单一的区位优势逐渐发展为配套服务优势、政策扶持优势、产业聚合优势相结合的综合环境优势。坚持国际水准、世界一流，办公楼宇全部采用国际标准，建筑专注于科技含量，尽量采用自然光照射和通风，生动体现"国际化、生态化、人性化、金融文化和充满活力"的理念。

3. 统筹实施、机构参与的管理模式

由北京金融街建设指挥部负责统筹实施的体制机制，发挥指挥部纽带和桥梁作用，整合市、区两级发改委、财政局、规划局、国土局和金融局等部门，北京金融街、月坛、广内等街道办事处，北京金融街集团、华融基础、北京金融街控股、天恒房地产等公司的服务资源，构建"市级统筹、部门配合、机构参与、区域落实"的工作格局，整体推进北京金融街建设。北京金融街投资（集团）有限公司作为建设主体，承担北京金融街区域整体开发建设，结合企业需求确定开发方向，形成独具特色的金融地产发展模式。

4. 市场为基、政府支持的运作模式

认真贯彻党的十八届四中全会精神，全面发挥社会主义市场经济在资源配置中的基础性作用，确定驻区金融机构和高新技术企业的市场主体地位；切实发挥政府"定规矩，讲道理，严监管"的重要作用，制定金融产业优惠政策，完善"游戏规则"，加大日常监管力度，打造公开、公平、公正的市场交易平台，坚决维护正常市场秩序，优化市场运行环境，建立健全金融市场体系，为金融产业健康发展夯实基础。

三 创新金融街功能街区的融合发展机制

（一）新形势下金融街发展品质需要提升

1. 落实首都新定位对金融街功能街区发展提出新要求

新形势下，首都城市功能新定位、京津冀协同发展新战略、疏解非首都功能的新任务、建设国际一流的和谐宜居新目标、五大新发展理念以及城市工作的系列新政，对功能街区的发展定位、发展理念、发展目标、发展导向、管理体制等都提出了新的要求。

在中共北京市委召开的十一届十次全会，审议并通过的《关于全面深化改革提升城市规划建设管理水平的意见》（以下简称《意见》），对新时期首都城市工作做出系统安排和具体部署。《意见》明确提出："市政府作为规划管控主体，强化街区发展方向、总量规模、开发强度和空间布局等方面要求，增强街区控制性详细规划的指导性。"街区不同于街道，街区是功能性概念，街道是行政性概念。街区通过规划、建设和管理，成为城市较为完整的基本单元。街区能够体现区域发展的资源优势和特色，能够有效组织经济和社会资源，激发城市发展活力和动力。从这个角度看，金融街推动发展和管理转型要立足于现有功能街区的发展基础和优势，在实践探索中不断创新功能街区发展模式，强调建设国际一流的和谐宜居城区，要确立以城市功能为导向的功能街区建设模式，统筹空间、规模和产业结构，实现以人为本、宜居宜业、集约高效、富有活力，带动区域转型发展和融合发展，提升城市发展品质。

2. 金融街功能街区发展的困境

金融街在经济快速发展的同时，当前发展主要面临三大困境：一是金融街商务楼宇高端规划建设与老旧平房落后城市基础设施间存在巨大差距；二是金融街人口基数大，人口结构复杂，既有金融行业高知识层次、高收入从业人员，也有老旧小区低收入人群，金融街地区社会管理服务面临巨大挑战；三是城市土地资源稀缺，导致高密度、高人口数量成为城市发展的主流，金融街区域空间资源有限的问题已经成为制约金融街发展的最大瓶颈，地区发展的资源环境承载力大大制约地区可持续发展。

金融街传统地突出强调经济功能的思路，显然不符合中央对北京未来发展的要求和发展理念，要进一步综合考虑功能街区的多种功能，在经济发展、城市管理和社会管理间谋求融合发展上有所突破。

3. 金融街功能街区发展品质提升的三大方向

坚定不移地落实首都功能定位，推进非首都功能疏解，金融街需要在产业调整、人居环境与服务管理方面相互协调，进行全面统筹推进，探索建立人口均衡型、资源节约型和环境友好型的"三型"社会。换句话说，以经济功能为导向的发展阶段转向以城市功能为导向的发展阶段，金融街的发展将进入一个新的层次。

优化产业结构品质。一方面，金融街作为国家金融管理中心，尚待建立完整的金融交易市场体系，金融产业的纵深发展有待加强，金融创新能力有待挖掘，金融业的发展相对孤立，亟须形成与高科技产业、文化创意产业的融合和良性互动；另一方面，在落实首都功能定位，推进非首都功能疏解过程中，需要进一步调整和优化功能街区产业结构，补齐高品质生活性服务业的短板，弥补政府公共服务的不足。

打造高品质城市公共空间。金融街需要进一步调整和优化功能街区空间结构，打造高品质城市公共空间。金融街在非首都功能疏解、棚户区改造、人口规模控制、基础设施建设、基本公共服务保障、环境整治、历史文化保护等各领域、各环节，用国际一流的标准、和谐宜居两把尺子来衡量。在规划和建设上推进城市土地的集约化、立体化综合运用，构建地上、地面、地下互动的空间体系。

提升服务管理品质。按照首都新定位，需要把金融街建设成为环境优美、社会安全、生活舒适、文化繁荣、经济富裕的功能街区。在服务上进一步完善服务体系，提高服务保障能力；在管理上运用法治思维和法治方式，提高法治效率和规范性，全面提升城市服务品质和管理品质。此外，按照中共北京市委十一届十次全会审议通过的《关于全面深化改革提升城市规划建设管理水平的意见》，在规划上要求城市规划管理和国土资源管理部门"多规合一"，在基础设施建设上要求相关部门协同设计，在街区管理体制上建立城市综合管理体制。上述城市管理体制改革，为调整优化完善功能街区管理体制提供了遵循。

（二）整合发展是金融街品质提升的根本路径

1. 功能整合

要在规划上进行调整转型。坚持把产业结构优化升级与城市功能完善同步规划、同步建设、同步推动。根据区域资源等要素的不同特点和分布状况，确定土地利用和空间规划，确保各类资源高效利用。统筹产业发展、生态环境、基础设施、公共服务、公共空间等"多规合一""用地复合"的功能街区中长期发展规划，提升城市品质，带动社会整体发展。

2. 空间整合

优化结构提升空间承载力。坚持以重点项目建设拓展发展空间和以配套设施建设提升发展品质并重，深度调整功能区内部结构，使有效空间发挥最大效益，促进集约发展、内涵发展。在配套改造提升方面，将功能区发展与基础设施建设、改善居民生活条件及整体环境水平提升有机结合，做到同规划、同设计、同建设、同落实，重点功能区周边发展明显提速，城市功能得到进一步完善。

3. 制度整合

功能街区管理体制和现行街道管理体制，以及市、区的多头、多重管理，导致彼此之间仍然存在条块分割、政出多门的现象，各部门之间权责不清、分工不明，争抢利益又推诿责任时有发生，致使空间组织混乱、重复建设、无序竞争与资源浪费现象较严重，这既有悖于政府效率优化的核心目标，也影响了金融街区域作为一个整体的发展。要进一步理顺管理体制，进一步整合管理体制机制，加强金融街功能街区顶层设计。

（三）关于推动金融街功能街区整合发展的若干建议

1. 完善金融街功能街区的规划决策机制

目前，发改、国土、环保、规划等部门按照各自的标准体系，分别编制了国民经济和社会发展规划、土地利用规划、环境保护规划等，但由于缺乏统一协调，在城市空间利用上常出现矛盾，这是我国规划模式存在的普遍问题。这一问题在金融街功能街区的发展模式下，显得更为突出。金融街功能街区拥有独立的空间和产业规划，空间利用的矛盾更为突出，在经济发展与社会建设上难以平衡。因此，在金融街区域内迫切需要强化规划的协调，要加强金融街功能街区规划与各类专业、专项规划的综合平衡，推动"多规合一"，有助于在功能街区内形成人口、经济、资源环境相协调的空间开发格局。对功能街区整体进行研究和规划，在总结既往经验和面向时代要求的基础上，确定功能街区发展的主要任务和方向，特别是强化十大领域生活性服务业的布局，设计功能街区发展的各项促进政策和实施办法，把街区作为城市基础运行单元来加紧研究制定金融街功能街区发展规划，同时把生活性服务业作为贯穿街区发展的一条主线。

2. 完善金融街功能街区的统筹协调机制

金融街功能街区需要确立整体发展、协同发展、互动发展的理念，建立政府、社会和市场间的良性互动，形成政府部门、街道（社区）、协会和企业共同参与，激发经济社会发展的活力动力。

就政府而言，要在规划、建设、管理过程中的不同阶段，进一步理清权责，基于权属促进专业部门的协作联动，建立健全分工负责、协调联动的工作机制，加强功能区建设的系统性、整体性、互动性。就政府与社会、市场的关系而言，要进一步发挥政府的引导作用，激发经济社会领域的积极性和创造性，通过搭建平台、提供服务、培育社会组织，引导城市治理各主体有计划、有组织和有秩序地参与金融街的建设与发展，协调利益关系，凝聚发展共识。

3. 完善金融街功能街区的政策支持机制

复合功能下的金融街功能街区发展，一方面要从规划编制入手，制定规划编制的原则和要点，确保其合理性；另一方面，功能街区的建设标准，要结合其复合功能的特点，提出"多样复合"策略，制定相关规范。在政策推动上，弹性的政策有利于保障功能街区的建设，制定并实施产、城融合等相关政策，推动政策创新和集成，达到产业、城市、人之间有活力、持续向上，引导金融街功能街区准确开发并不断完善。一是鼓励发展TOD的混合型社区模式，鼓励公共设施多样紧密，与公交站点结合；二是鼓励综合业态开发；三是建议小格网道路布局，营造街区空间，丰富社区景观；四是建议国土、规划、建设等相关部门联动，统一政策标准，推进用地混合。

4. 完善金融街功能街区的公共服务机制

金融街功能街区在未来发展中，要坚持以人为本、补齐功能短板。落实首都新定位，西城区提出"政府管理转型和服务转型提升城市品质"的发展目标，为公共服务社会化和市场化创造了条件。未来金融街需要在以服务经济为重点完善产业功能的同时，以公共服务和社会管理为重点完善城市功能，以生活和服务设施为重点改善基础设施条件，促进开发区提高综合承载能力。在产业转型升级过程中，优先发展生活性服务业，使生活功能和生产功能互相融合。优先发展社会重点关注的公共交通体系建设问题，"化整为零"发展小而密的路网，打通交通微循环，增加路网的弹性。以街区的发展理念推广街区制，打造集居住、商业、休闲于一体的开放式空间。开放封闭小区和单位大院的道路，同时结合环境改造适当增加商业、休闲等空间，提高资源的共享度。随着街区发展理念的深入，城市功能的开放程度越高，鼓励更为广泛的社会单位资源面向广大市民开放，使城市中的资源得到更好的协调和利用。

参考文献

《关于西城区功能街区如何进行功能转型的几点思考》，北京市西城区委、区政府资料，2016。

《北京西城功能街区发展报告》，北京市西城区委、区政府资料，2015。

连玉明：《北京市西城区城市创新发展报告》，当代中国出版社，2016。

《西城区"十二五"时期功能街区产业发展规划》，北京市西城区功能街区产业发展促进局资料，2012。

《西城区功能街区发展模式及战略问题研究》，北京市西城区委、区政府资料，2015。

梁耀波：《基于复合功能理念下的城市新功能区规划策略研究》，硕士学位论文，桂林理工大学，2011。

B.6
构建社区认同的实践路径研究

——以金融街街道为例

摘　要： 社区作为城市治理的最小单元，也是社会建设的最佳切入点，然而社区的建设不仅需要居民在属地上的认同，也需要在思想和理念上的认同，更需要在功能和情感上的认同。这不仅关系到城市品质的提升，也关系到居民自身心理意识的需求。金融街街道从自身实际出发，提出了"宜业宜居，和谐共生"的建设目标，在探索社区治理创新方面提出了构建"五个认同"的观念，在作为基层治理基础单元的社区中着力提升居民的认同感和归属感，提升驻区单位和从业人员参与社区建设的热情和信心，为推动构建完善的社区治理体系提供了借鉴和指导。

关键词： 金融街街道　社区认同　城市品质　社区治理体系

一　社区认同建设的重要性和必要性

（一）城市品质提升的需要

社区是社会最基本的生活共同体，是城市的基本单元，城市居民对社区的认同在一定程度上决定了社区建设的质量和效率，而城市社区建设的好坏更直接影响到整个城市的品质，可以说，把社区建设放大就是城市建设。从这一点来看，居民的社区认同对城市品质的提升至关重要，把社区认同放大就是城市

认同。当前，北京市正在着力建设"四个中心"和世界一流和谐宜居之都，西城区作为北京市的核心区域，改善民生状况，提升城市品质，就需要通过强化居民的社区认同，提高居民参与社区建设的热情，从一个个社区小单元开始，不断提升社区的品质，进而实现整个城市品质的提升。

（二）社会治理体系建设的需要

社区治理是社会治理体系的基础，社会治理体系建设是一项需要多元主体参与的集体性行为，而与多元主体参与治理的凝聚力高度相关的就是社会认同。社会认同在基层治理层面上表现为居民对社区的认同。居民对社区认同与否直接影响社区治理的合理性和合法性，社区治理的合理性和合法性则直接关系到社会治理的好与坏，进而影响到社会治理的成与败。因此，构建完善的社会治理体系，提高基层社会治理的质量和效益，需要社区成员遵守社区内的规范，提高社区的凝聚力，通过培养和强化居民的社区认同，推动社区治理有效开展。

（三）居民自我心理意识的需求

一方面，从情感意义上来看，随着城市化的加快推进，社会经历了一次结构转型，中国原有的以单位为基础的城市管理架构逐渐解体，越来越多的"单位人"脱离单位控制，成为"社会人"，特别是随着商品房的快速开发和建设，加上人口的快速流动以及户籍制度改革等多方面的原因，职住分离情况普遍存在，从人们的安全感和舒适感来考虑，人们在情感上更愿意亲近并认同所在的社区；另一方面，从价值意义上来看，随着人们整体素质的提高，居民参与社区治理的意识也不断提高，居民愿意更多地分担社区的责任，并分享社区的成果。

二 社区认同的理论基础

（一）相关概念

1. 社区

"社区"一词最早是由德国社会学家滕尼斯提出的，出自他在1887年出版的《共同体与社会》一书。它是指建立在血缘、地缘、情感和自然意志之上的富有人情味和认同感的传统社会生活共同体。社区的形成有赖于共居一地的居民之间形成共同的心理。

"社区"的概念既复杂又多元化，大致可以分为"地域型社区"和"关系型社区"。"地域型社区"，顾名思义，既强调了地域的概念，又包含"社会生活共同体"的含义，例如小区、街区、村庄等。"关系型社区"是指由于相同的目标而共同形成的组织、社团等，它没有地域的概念。"社区"的概念在中国指的是"地域型社区"，包含城市小区、居民委员会辖区及村庄社区。2000年12月，中共中央办公厅和国务院办公厅转发的《民政部关于在全国推进城市社区建设的意见》将"社区"的概念进行了定义："社区是指聚居在一定地域范围内的人们所组成的社会生活共同体。目前城市社区的范围，一般是指经过社区体制改革后作了规模调整的居民委员会辖区。"

2. 认同

"认同"是一个心理学名词，指个体向比自己地位高或成就高的人的认同，认可与模仿他人或团体之态度行为，使其成为个人人格的一部分的心理历程，可借由心理上分享他人的成功，以为个人带来不易得到的满足或增强个人的自信。认同一般分为自我认同或者说是个人认同，是指自己对自我现况、生理特征、社会期待、以往经验、现实情境、未来希望等各层面的认知。

3. 社会认同

社会认同理论由波兰心理学家塔杰弗尔（Hanri Tajfel）提出，他区分了个体认同与社会认同。个体认同指认识到他属于特定的社会群体，同时也认识到作为群体成员带给他的情感和价值意义。社会认同是社会成员共同拥有的信仰、价值和行动取向的集中体现，本质上是一种集体观念。与利益联系相比，注重归属感的社会认同更加具有稳定性。

社会认同理论强调的是"在个体中的群体"，是一个心理化的群体，是个体主动将群体进行心理化，能够得到积极的情感及价值意义来区隔他人的

一个动力过程。因此,"群体成员"既是社会现实,也是一种心理现实,社会认同最初源于群体成员身份。所以,在社区建设方面,对一些比较孤立的个人要倾注更多的精力,使得他们获得社区共同体的身份,具有归属感。

4. 社区认同

对社区认同的研究主要关注地域型社区。首先是社区自治组织的认同,强调在社区治理结构中,如何处理好业委会、居委会及物业公司等之间的内在关系。目前业主委员会数量增长较快,但是又缺乏相应的管理经验,存在发育不完善、运行机制不畅等问题。与业委会关系最为紧密的居民委员会必须审时度势,积极融入新的环境变化,及时面对自治参与与路径多元化的新状况。例如,居委会可以采用听证会、协调会和评议会等形式,动员居民代表、楼门院长等各方资源和群众骨干力量,来进一步完善和提高居委会的自治功能。其次是社区党组织的认同,其主要问题是在培育新型社会组织、重塑价值取向方面,如何充分发挥社区党组织的领导核心作用。在当前的基层社区治理结构中,应该不断建立和完善基层社区工作机制,勇于开拓代表和维护群众相关利益的工作载体,充分体现党的领导核心作用。基层党组织要充分考虑社区的公共利益和为民服务的宗旨,要扎根于人民群众,把党组织的社会活动积极融入为社区居民提供优质的物质文化的服务之中,不断增强基层党组织的核心凝聚力,充分体现党组织的领导价值。

(二)理论研究

在目前的众多研究中,大部分学者着重于对社会认同的研究,而对社区认同的研究较少,社会认同与社区认同之间确实具有比较紧密的联系,但二者之间也有很大的不同(见表1)。对社区认同的研究文献相对较少,之所以没有形成集中的主题和研究体系,主要有两个方面的原因。一是"社区认同"的概念较为复杂和抽象,可操作性较弱。二是"社区认同"这一概念会随着经济社会的不断发展而发生变化,研究难度较大。因此,社区认同大多是放在社区建设的背景下进行研究,其具有重硬件建设、轻思想塑造的特征。硬件设施的改善与居民社区认同并没有呈现正相关的关系,基础服务设施越完善和物质生活条件越高,人们之间的关系反而越来越冷淡,更加缺少归属感和社区认同感,这也是现代社会的通病。现有研究文献的不足也为本文留下了研究空间,呼唤现代都市人"回归社区",重塑高度的社区认同。

表1 "社会认同"与"社区认同"的区别和联系

研究对象	区别	联系
社会认同	主要侧重于从宏观上研究,是社会成员共同拥有的信仰、价值和行动取向的集中体现,本质上是一种集体观念	社区认同,其实质是在社区领域内开展的社会认同的整个过程。社会认同理论映射在社区层面主要体现了三个方面的特征:第一,社区的多元化整合离不开有效的社区实践资源;第二,认同感来自集体意识的重塑和社区成员对社会生活积极主动的回馈行为;第三,社区认同的打造往往离不开社会比较
社区认同	主要侧重于从微观上研究,重点建设具有独特创意的社区特色文化,一般放在社区建设的大背景下进行研究	

在国外的社区认同理论中,主要有三种理论观点,即"社区失落论"、"社区继存论"和"社区解放论"(见图1)。

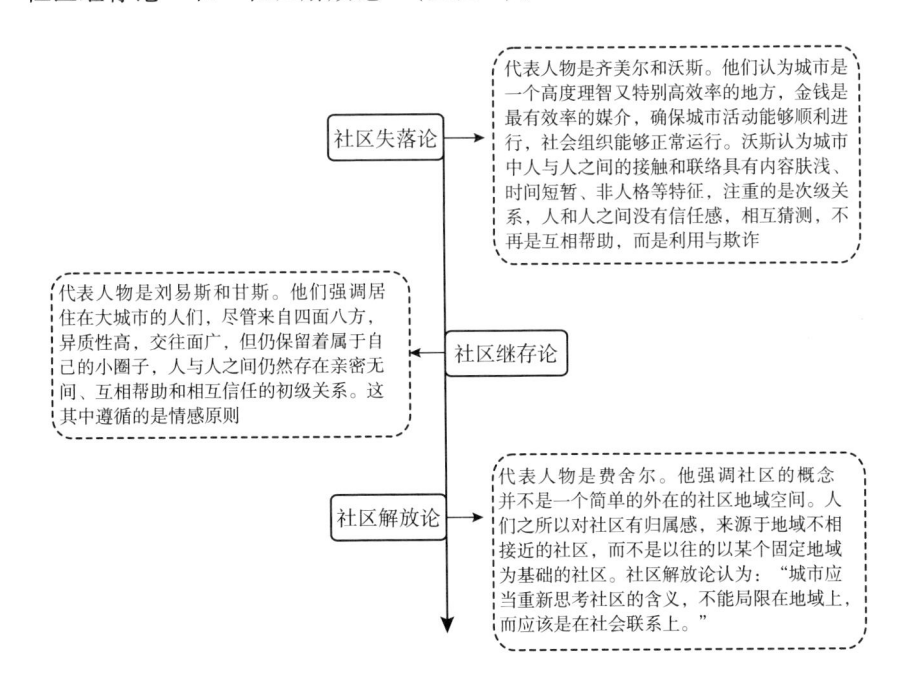

社区失落论:代表人物是齐美尔和沃斯。他们认为城市是一个高度理智又特别高效率的地方,金钱是最有效率的媒介,确保城市活动能够顺利进行,社会组织能够正常运行。沃斯认为城市中人与人之间的接触和联络具有内容肤浅、时间短暂、非人格等特征,注重的是次级关系,人和人之间没有信任感,相互猜测,不再是互相帮助,而是利用与欺诈

社区继存论:代表人物是刘易斯和甘斯。他们强调居住在大城市的人们,尽管来自四面八方,异质性高,交往面广,但仍保留着属于自己的小圈子,人与人之间仍然存在亲密无间、互相帮助和相互信任的初级关系。这其中遵循的是情感原则

社区解放论:代表人物是费舍尔。他强调社区的概念并不是一个简单的外在的社区地域空间。人们之所以对社区有归属感,来源于地域不相接近的社区,而不是以往的以某个固定地域为基础的社区。社区解放论认为:"城市应当重新思考社区的含义,不能局限在地域上,而应该是在社会联系上。"

图1 社区认同理论的相关研究

（三）影响因素

社区作为居民生活最活跃的场所，需要从不同的方面满足居民的需求。通过对国内外社区认同的相关研究内容和文献梳理，发现影响社区认同的因素主要表现在功能认同和情感认同两个方面。

"功能认同"是指居民对社区各功能的满意度和认可度，主要表现在社区的便利程度、管理水平、环境条件及社区能否满足家庭需求等方面。"情感认同"是社区的居民与社区在情感上的联结及对社区的接纳和认可，主要体现在是否在意他人对自己所在社区的看法，对社区是否具有特殊情感，社区是否成为自己生活的一部分，社区是否带来家一样的感觉等。

社区认同反映了居民对社区功能状况的认可程度和居民与社区的情感联结强度，主要体现在功能认同、情感认同两个方面。在功能认同方面，影响因素为社区的便利程度、管理水平和环境条件；在情感认同方面，影响因素为他人对自己社区的看法，对社区的特殊情感等。这些因素有没有给居民带来家的感觉，直接关系到社区认同程度的高低。

三 金融街构建社区认同的实践

（一）区域特点

金融街街道辖区面积3.78平方公里（其中金融街核心区1.18平方公里），下辖19个社区，户籍人口10.94万人，常住人口6.8万人，外来人口1.8万人，辖区工作人口超过20万人。金融街街道的区域特点主要表现为以下几点：区域位置重要，位于北京中心城区，是北京市六大高端功能区之一，国家机构云集，安全稳定要求很高；多种要素共存，辖区有国家机关、大型企业总部及其他类型的社会单位，同时生活着为数众多的普通居民和部分困难群体；多元文化共处，在金融街的发展过程里，企业文化与民俗文化，传统文化与现代文化，东方文化与西方文化等多种文化不断交流融合、共融共通。

（二）社区认同的独特性

1. 存在机构和居民两类主体，形成不同层次的需求

一方面，金融街地区有全国政协和国土资源部等国家机关，以及150家各类企业总部和地区总部，包括10多家全球500强企业和70多家世界顶尖级外资金融机构，构成一大类型需求主体；另一方面，街道所辖范围19个社区、6.8万常住居民，构成另一大类型需求主体，且金融街地区职住分离现象严重，需要满足不同层次的人群需求。

2. 区域人口结构特征复杂，可能带来潜在的社会失衡

一是收入差距较大。据不完全统计，金融街金融机构从业人员约17.4万人，收入普遍较高；同时辖区内6000余户居民生活在条件较差的老旧平房中，有低保户736户1235人。二是文化程度差异较大。金融机构从业人员普遍是高学历精英，有很多是国际人士、留学归国人员等；同时辖区居民约60%为高中、中专以下学历。三是老龄化程度高，约40%的居民年龄在60岁以上。这些方面的巨大反差，容易形成潜在的社会心理失衡。

3. 多种形态文化互相碰撞，形成诸多挑战

金融街多种形态的文化共存，丰富了社区内涵，同时各种文化互相碰撞，也对社会管理服务形成了多种形式的挑战。比如国际化文化与传统中华文化对社会服务管理的理念、要求就很不相同，如果我们把握不准、处理不慎，就很有可能在文化冲突的情况下出现问题。

总而言之，金融街街道作为首都"四个中心"功能的重要支撑区域，在多元化、多层化、多样化的发展背景下，满足不同需求，弥合社会失衡，凝聚社区共识面临挑战，亟须加强基层治理创新，以适应作为首都核心功能区的发展需求。

（三）"五个认同"做法

针对现实特点，金融街街道工委、办事处组织开展了"五个认同"工作，提出了"宜业宜居，和谐共生"的建设目标。以共同目标凝聚人，以党

建机制团结人，以公共事业服务人，以和谐文化孕育人，以稳定秩序保障人，积极探索社区治理创新的新途径，在社区认同方面形成了良好的实践氛围。

1. 以"共驻共建"为导向，强化"愿景认同"

一是着色塑形。着力塑造服务型、创新型、智慧型、国际型金融街形象，提供公共增值性服务，广集专家、领导、学者、民众智慧及国际化眼光等谋划金融街发展的未来，提供综合、立体、多元的地区公共服务与管理，塑造具有金融街特性的国家金融管理中心形象。二是宜业宜居。通过建立金融街区域发展"四方联席会"[①]、金融街商务楼宇协会两个沟通机制，全面搭建政企沟通平台、信息交流平台，从而达到促进区域金融产业健康发展，促进政府服务资源的整合，增加相互之间的合作和信息交流，进一步提升政务服务水平，让金融企业"舒心落户"。紧紧围绕民生工作中的重点，加强城市建设，积极推进社区建设，加强社会政策托底，努力保障和改善民生，让地区百姓生活条件不断改善，生活环境更加优美，地区百姓"幸福安居"。

2. 以"党建引领"为抓手，强化"机制认同"

一是创新机制。坚持以党建统领推动和谐社会建设，积极创新基层党建工作，使各级党组织成为和谐社会建设的领导核心，完善"党委领导、政府负责、社会协同、公众参与、法治保障"的社会治理格局。积极探索党建工作机制，建立覆盖地区的党建工作体系，组建以驻区部委、金融机构党组织为主体的地区党建协调委员会，建立以街道党组织为核心，以社区党组织为基础，驻街道单位党组织和全体党员共同参与的党建工作格局。二是注重示范。打造"两新"组织参与和谐街区建设的有力杠杆。坚持以"增强非公党建活力，促进企业和谐发展"为主线，树立围绕中心抓党建、以企业为本、服务为先的理念。建立两处商务楼宇职工服务中心站，采取社会服务站、党建工作站、工会工作站、共青团工作站、妇联工作站"五站合一"模式对地区单位开展全方位的服务。以商务楼宇职工服务中心站为核心，以

---

① 即联合金融街建设指挥部、金融服务办、金融街商会及街道四方面力量，建立金融街区域发展四方联席会制度。

40个分站为辐射点，开展社会领域党建创新。三是建设阵地。按照有场所、有设施、有标志、有党旗、有书报、有制度的"六有"标准，引导企业建立党员信息管理平台，把党的活动阵地拓展到网络上，增强党组织活动的吸引力和影响力，形成党建阵地多元化、活动阵地全覆盖，不断完善资源共享、工作共推、服务共担、群团共带的党建工作新格局。

3. 以"利益平衡"为原则，强化"心理认同"

一是明确思路。紧紧围绕民生工作中的重点，破解与协调难点，积极推进公共服务均等化，加强社会政策托底，实现发展成果居民共享。二是服务民生。扩大社会力量参与程度，积极打造专业化社会工作队伍，推进社区标准化建设，为做好居民服务提供基础保障。引导驻地单位参与地区的慈善事业和公益活动，使辖区居民能够切实享受到地区经济发展的成果，同时能够强化驻区机构及从事人员作为"金融街人"的心理认同。

4. 以"和谐融合"为目标，强化"文化认同"

一是搭建平台。街道把文化融合作为和谐社会建设的重要推动力量，充分发挥文化对各类群体的吸引力和凝聚力，推动各类群体在文化交流融合中深化认同。以企业白领及居民需求为导向，培养社会组织，搭建企业文化交流平台，开展文化交流活动。二是打造品牌。打造品牌文化服务活动，通过"缘聚金融街"青年联谊会，以及金融街地区合唱比赛、龙舟赛、运动会等活动，把更多的企业人员吸纳到地区性的文化体育活动中来，促进企业与企业之间、企业与社区之间的交流融合，营造和谐向上的氛围。三是自我运转。针对不同需求的主体，打造和培育各类文化类社会组织，把有一技之长和有兴趣爱好的人员吸收到社会组织当中来，积极发挥各类团队作用，让社会组织在自我完善中形成良性循环。

5. 以"安全稳定"为保障，强化"秩序认同"

一是建立机制。街道建立总体协调机制，承担属地职责、发挥统筹协调作用。建立和完善风险评估机制，开展地区安全风险评估，及时查找地区安全风险源。建立舆情搜集网络和责任机制，及时获取信息，完善工作机制。街道始终把安全稳定工作放在突出位置，群策群力、群防群治，营造最安全的社会秩序。二是整合力量。精心打造"金链"工程，即将三五个相邻单位或写字楼捆绑成一个安保巡逻单元，若干个单元连接在一起形成了一个治安链条，推进安保阵地前移，实现单位之间、写字楼之间的无缝隙防控，构筑地区安全网络。三是创新服务。深化全响应社会服务管理创新模式，在辖区内划分网格，将机关工作人员、社区工作者、楼门院长都纳入整合后的41个网格中，实现网格内"业务全覆盖，服务全响应"。同时积极推进"十大平台建设"，形成"统一搜集信息，统一派案处理，统一督促检查"的全响应工作流程。开发APP无线交互服务平台，为驻区金融机构和居民，提供方便快捷的移动生活方式。

四 基于社区认同理论实践提升居民社区认同的建议

社区认同的建设是一项系统工程，不能一蹴而就。社区建设现状和存在的问题，决定了培育和强化城市居民社区认同需要扎实的工作推进和培养。在今后的社区建设中，街道要强化社区服务管理模式，在做好"五个认同"的基础上着重从党建、机制、服务、需求和文化等方面进一步提高社区的建设水平，增强居民的社区认同感。

（一）高度重视党建工作，以党建带动社建

街道通过基层党组织建设带动社区建设，培养居民的社区认同，是社区建设的重要途径。基层党组织是一个社区陌生人世界的主导力量，也是一个社区进行有效治理的组织保障，需要高度重视社区党建工作。社区的党建工作应设置一定的量化指标，由"虚"变"实"，由"软"变"硬"，做好"五个认同"在社区的落地，从管理向服务转化，将服务的思想融进所有的党建活动之中，重视对党员和群众的关怀服务，进一步密切党群和邻里关系。充分发挥党员的参与作用，可在社区设立"党员会客厅"，社区党员为主要参与主体，以畅通群众利益诉求为中心，以服务群众为重点，为社区建设出谋划策，将服务群众的宗旨落到实处。例如，可组织一些离退休的党员

组成"学生辅导站",为学生辅导作业,这样既发挥了老党员的余热,也增进了社区邻里间的感情,提高了居民对社区的依赖感;建设金融街街道人口和家庭服务中心,设立计生图书角、计生政策法规宣传栏、志愿者服务中心、白领午间活动中心等多种服务机构,努力建成金融街地区家庭文化传播中心、计生活动开展的阵地、公共服务供给平台,吸引白领积极参与街道的活动。

(二)加强统筹协调,发挥社会组织的凝聚功能

在当前社会转型和社会治理的大背景下,我国社区组织正面临新的机遇。随着社区的发展和进一步完善,为了更好地适应城市居民的需求,整合社会多方资源来满足个人社会化的需求成为社区组织新的努力方向,探索金融街区服务管理新机制,成立社区服务管理模式创新工作组,注重发挥地区管委会、地区楼宇协会、物业联席会等组织的作用,依托联席会议机制加强社会服务管理创新的统筹协调。通过教育和引导可以有效地影响居民的行为,从而保持居民与社区的密切联系。随着社区组织的发展和完善,社区可以通过搭建吸引员工的生活驿站服务职工、打造联系党员的党员之家服务党员和建设辐射周边的红色阵地服务企业,发挥整体服务效能的优势来凝聚城市居民。

(三)转变观念,推动"单一服务"向"多元化服务"发展

政府要转变观念,逐渐从"台前"退居"幕后",让社区回归自治,成为自我服务与管理的主体。建立街区服务运转创新机制,用好社会建设专项资金,加大对社区管理模式创新工作倾斜力度,夯实公共服务资金的保障基础,充分发挥驻区金融单位、党政机关和高校资源优势。调动社区居民和辖区单位积极参与社区事务,找到他们的共同利益诉求,激活人们间的相互需要,增强社区成员的社会联系。同时,也要积极探索各方参与社区治理的积极性,坚持责、权、利对等,以平等对话协商机制凝聚共识,以制度约束各方履行责任,互相协调,共同参与社区事务,推动"单一服务"向"多元化服务"延伸发展的途径。社区在最大限度利用地区公共资源的同时,也要为辖区单位提供相应的服务,可以通过"以服务换服务"的方式实现利益的最

大化，对于社区成员参与积极性程度不同的问题，对有资源的社区成员，可以通过采取自愿与公益激励相结合的方式，动员其参与并投资社区建设。加强社区成员间、不同群体间的社会团结，才会提高居民对社区的认同感。

（四）增加社区娱乐设施，满足居民需求

政府要做好社区资源整合利用等各方面配套工作，加强社区公共设施的建设，这样既能增强居民之间的交流和人际互动，也能促进社区居民之间建立良好的人际关系，从而对居住的社区产生依赖感。依靠社区学校在社区建立一些兴趣小组，定期组织一些大家感兴趣的活动，例如剪纸培训、书画培训等。针对社区的学生群体，建设一些科学生活馆、图书馆、各类活动室等，既能促进学生之间沟通了解，也可增进家长们之间的感情交流。通过完善基础设施和娱乐场所，满足社区居民的不同需求，激发社区居民参与社区事务的积极性，对增强社区凝聚力具有重要作用。

（五）加强文化建设，增强社区居民的归属感

社区文化建设是提高社区认同感的重要组成部分，特别是精神层面的建设，对构建社会主义和谐社区具有基础性作用。可以通过开展睦邻行动，组织文艺演出，举办宴会，给社区的老人祝寿，给年轻人办集体婚礼等，提高邻里意识，让集会、仪式等载体成为增加大家情感的平台，使社区成员在心理上彼此靠近。构建社会主义和谐社会，人与人之间应该自由交往、和谐相处、相互信任。政府、社会和社区要大力培育邻里意识，给社区居民创造更多的交流机会和平台，使社区成员由孤独者变为相互为伴，回归到温暖的"共同体"。

参考文献

辛自强、凌喜欢：《城市居民的社区认同：概念、测量及相关因素》，《心理研究》

2015年第5期。

李雯雯:《"扎根":台湾社区营造中的文化认同构建》,硕士学位论文,华中师范大学,2014。

桑志芹、夏少昂:《社区意识:人际关系、社会嵌入与社区满意度——城市居民的社区认同调查》,《南京社会科学》2013年第2期。

彭莉莉:《社区认同研究——基于武汉市的社区建设实践》,博士学位论文,华中师范大学,2012。

袁磊、孙其昂:《社区认同的群体路径研究》,《社会科学研究》2016年第2期。

调研报告

Survey Reports

B.7
社区分类治理与社区服务精准化

——关于金融街街道四个社区"一居一特"
　　工作的调研与思考

摘　要： 在落实首都新定位的新形势下，创新基层治理，需要进一步完善社区治理体系，提升社区治理能力，重塑与国际一流和谐宜居之都相适应的社区治理基础。金融街街道从研究社区定位和规划社区建设入手，提出"一居一特"建设工程，分类打造各具特色的社区治理品牌，不断提高社区服务精准化程度，是新形势下社区治理创新的重要实践。本文在介绍金融街"一居一特"社区建设与治理成效的基础上，重点研究分析以丰融园、丰汇园、京畿道和民康社区为代表的商品型社区、混合型社区、老旧社区、功能型社区等四类典型社区的治理特点和思路，以问题为导向，提出进一步完善"一居一特"建设机制、提升社区治理品质的建议。

关键词： 金融街街道 "一居一特" 社区分类治理 社区服务 精准化

一 金融街推动社区治理"一居一特"

（一）金融街街道基本情况

金融街街道位于西城区中部，东起西四南大街、西单北大街，西至西二环路，南起宣武门西大街，北至阜成门内大街，辖区面积3.78平方公里（其中金融街核心区面积1.18平方公里），街巷胡同90多条，户籍人口10.94万人，常住人口6.8万人，流动人口1.8万人，商务楼宇47座，核心区总从业人员超过20万人。金融街作为首都金融主中心区，经历了20年的建设发展，目前已经成为集决策监管、资产管理、支付结算、信息交流、标准制定为一体的国家金融管理中心。金融街街道先后荣获首批国际安全社区、首都文明街道、北京市社区信息化示范街道、北京市药品安全示范区等荣誉称号。

（二）社区分类及其特点

金融街街道共有19个社区，社区整体呈现数量大、种类多、房屋类型多样、人员混合复杂、历史文化悠久等特点。基于社区的特点和治理的角度，现将19个社区划分为以下四种类型。一是以民康社区为代表的功能型社区。主要是指主体功能是非住宅类的社区，即在一定区域中的性质、功能及地位突出，形象鲜明，社区的未来发展方向明确的社区。二是以丰融园社区为代表的商品型社区。主要是指主体功能完善的社区，居民整体学历高、经济水平高、生活水准高。三是以京畿道社区为代表的老旧社区。主要是指1990年以前建成、建设标准不高、设备设施落后、功能配套不全、没有建立长效管理机制的社区。四是以丰汇园社区为代表的混合型社区。主要是指社区内部除了有足够的居住功能之外，还有数量较多的其他城市功能，整体功能状态是混合的。

表1　金融街街道社区分类

序号	类型	社区名称
1	商品型社区	丰融园社区、教育部社区、中央音乐学院社区、新华社社区
2	混合型社区	丰汇园社区、东太平街社区、宏汇园社区、新文化街社区、丰盛社区、文昌社区、砖塔社区
3	老旧社区	京畿道社区、大院社区、手帕社区、受水河社区、温家街社区、西太平街社区
4	功能型社区	民康社区、二龙路社区

（三）金融街街道推动"一居一特"社区建设工程

金融街街道"一居一特"工程自2013年起正式启动以来，辖区19个社区结合各社区自身特点，围绕加强服务居民、居民自治、社区志愿者管理、社区团队建设、社区共驻共建、政府购买服务等重点问题，在"一居一特"品牌打造方面做了很好的尝试。

一是在准物业管理方面，大院社区和受水河社区按照"提升城市品质，改善宜居环境"的要求，在老旧平房区和胡同院落，引入准物业管理，通过一支专业的队伍对胡同进行整体规划，有效发挥胡同资源，实现胡同精细化管理，真正做到提升居民生活品质，并安排夜间巡逻，提高社区安全指数。受水河社区通过与经中太联物业公司合作，在停车管理、绿化服务、垃圾堆放管理、夜间治安保障等方面开展了有针对性的规范和服务，并对物业公司进行了监督和考评，取得了良好的成效。

二是在为老服务方面，教育部社区、新文化街社区、丰盛社区、文昌社区和中央音乐学院社区，常住老年人口比较多，依托社区老年协会、文化团队等社会组织，突出为老服务建设。丰盛社区依托老协队伍，统筹社区资源，创新工作载体，成立"理性生活互助小组"，定期请专家进行心理辅导，及时解决老年人思想和生活中的困惑及难题；定期开展健康讲座活动，不断提高老年人自我保健和卫生意识，真正做到了老有所为、老有所乐、老有所学、老有所养。

三是在居民自治方面，新华社社区、温家街社区、手帕社区、西太平街社区、宏汇园社区、东太平街社区和砖塔社区不断完善居民议事厅制度，制定居民公约，形成社区居民自我管理、自我约束、自我服务的自治新模式。温家街社区将社区公共服务、公益事业、公益金使用等涉及居民直接利益的事项纳入民主议事协商范畴。通过"干什么由大家定""怎么干由大家议""效果怎么样由大家评"的方式，让居民在参与社区治理和服务创新中获得成就感和幸福感。

四是在党建方面，二龙路社区以社区党委为龙头将社区各项工作纳入党建工作中，发挥党员在社区建设中的模范带头作用，积极解决群众关心的难点问题，提升社区服务水平。

二　以4个社区为代表的社区分类治理实践

在首都社区建设的新阶段，金融街街道深入推进和谐社区建设。街道以居民自治为方向，以服务群众为基础，以改革创新为动力，最大限度地突出特色，进一步探索社区分类治理，推动社区服务精准化。现分别选取商品型社区、混合型社区、老旧社区、功能型社区为代表的丰融园社区、丰汇园社区、京畿道社区、民康社区为例，介绍金融街街道在社区自治、社工队伍建设、特色社区等方面的建设情况。

（一）四个社区基本情况

1. 丰融园社区

丰融园社区位于金融街的中心地带，太平桥大街中段东侧，成立于2002年，由中国工商银行总行家属院和丰侨公寓两部分组成，共有楼房9栋，其中中国工商银行总行家属院8栋，丰侨公寓1栋，共37个楼门，另有单位楼宇3栋。社区物业公司有5家，分别是麦斯顿、丰汇浩盛、第一太平戴维斯、仲量联行、太保CBRE。

社区户籍人口1077户2920人；常住人口1211户3027人；出租房屋

420户640人；60岁以上老年人有522人，80岁以上老年人有62人。社区失独家庭2户，残疾人19人，精神防治对象4人，孤老3人，低保家庭5户8人。

社区面积0.63平方公里。社区办公场所总共110平方米，有一个办事大厅、两间办公室。社区党支部成立于2006年，党支部书记兼任居委会主任，党支部有5人，在籍党员39名。社区服务站工作人员16人，含流动人口管理员2人。居委会、物业、楼门长组建居民代表常务委员会，以44名楼门长为信息员，物业协助，建立社区服务和管理的基本组织框架。

2. 丰汇园社区

丰汇园社区位于西城区金融街街道的东北部，东起树荫胡同街，西到太平桥大街，南起辟才胡同，北到什坊小街。太平桥大街以东，东接宏汇园社区；辟才胡同以北，北接丰融园社区。社区呈东西稍长、南北稍短的梯形状，占地面积0.106平方公里，建筑面积23万平方米，绿化面积达21%。

社区形成于2000年，由原南箆子社区、原南太常社区、原泥洼社区等8个社区合并而成。社区包括回迁楼、齐白石故居、商品楼、建设银行宿舍楼、华夏银行宿舍楼、工商银行宿舍楼、兆泰办公楼、丰汇时代写字楼等17栋楼，1个平房院，96个楼门。现有1442户居民，户籍人口4719人，常住户数1653户，常住人口4546人，其中流动人口615人。社区内有中国出口信用保险公司、全国社会保障基金理事会、丰汇物业等多家大型企事业单位，另有"七小"单位74家。

丰汇园社区基础设施健全，各类资源聚集。社区自有公共服务设施主要有养老康复中心（养老驿站）、一站式服务大厅、防震减灾宣教中心、丰汇园图书馆等。

3. 京畿道社区

京畿道社区所辖范围：南起长安街，北至皮库胡同，西从二龙路街以东起，东到西单北大街。辖区面积约0.3平方公里，辖区内有居民住宅小区5个，楼房19栋，72个楼门，大小单位52家。辖区内户籍人口2845户7527人，常住人口1239户3122人。其中60岁以上老年人1408人，占户籍人口比例的18.7%；失独家庭3个；失业人员180人；低保家庭26户37人。

辖区内教育资源较为丰富，有北京师范大学附属实验中学、西单小学、京畿道幼儿园；辖区主要单位有国家民委、中国质量协会、中储棉、鄂尔多斯酒店、民族文化宫等。

4. 民康社区

民康社区地处金融街中心区，辖区西临西二环路，北至阜内大街，南到广宁伯街，东至太平桥大街，辖区面积0.7平方公里。民康社区共有中央单位25家，市属单位12家，区属单位3家，是北京市100个重点社区之一。辖区内有全国政协、中国证监会、保监会、银监会、东方资产、北交所等单位；有华夏银行、中国银行、中国工商银行、中国农业银行、花旗银行、北京银行、中国建设银行、中国人寿保险等多家中外金融机构；有威斯汀酒店、洲际酒店、丽思卡尔顿三家大型国际酒店；有金融街购物中心、中国网通、中国大唐电信等大型企业；有丰盛医院、金融街消防中队等事业单位；还有文物古迹——清真寺；等等。

现辖区内共有户籍人口3655户9077人，居住着流动人员1068户864人，出租房屋242间，共有低保户152户232人，残疾人276人，育龄妇女3252人，矫正及帮教人员16人，精神病人41人，90岁以上高龄老人49人，80岁以上151人，65岁以上853人。社区党委成员5人，下设4个支部，共有党员216人；居委会下设居民小组21个，居民代表63人，楼门院长83人；社区志愿者125人。

（二）4个社区需要重点解决的问题诉求

1. 丰融园社区：停车位少，丰侨公寓内楼道圈占情况处置难

在中国工商银行总行家属院建设时，私家车数量还较少，400户居民只建有300个停车位。10几年来，私家车大量增加，有的住户甚至有两三辆

小汽车，而且原购买多个停车位的住户一直在续费，不愿出让车位，停车位非常短缺。

丰侨公寓内楼道较宽，有5户居民在自家门口又圈建了一道门，当作鞋帽间。所占地方虽小，但给邻居的通行带来不便，被居民投诉，但物业称对已建成的设施无权拆除。派出所认为该类事件不属于治安案件，不予处理。城管队则只负责处理街面、小区院内的违法建设。居委会多次出面也难以解决相关矛盾，最终起诉到法院，强拆了1户，现仍有2户无法拆除。此类事件缺乏明确的法律依据和处理流程，管理难度大。

2. 丰汇园社区：社区资源相对丰富，资源盘活和整合难

丰汇园社区各类资源丰富且集中，主要表现在社区为老服务资源完备和场地资源功能叠加。针对老年人的实际情况和现实需求，社区在街道的大力扶持下专门成立了老年驿站，其提供的服务项目主要有老年餐桌、老年课堂、老年兴趣班等。社区为了更好地丰富辖区居民的业余生活，不断利用现有场地资源，开展丰富多彩的文体活动。尽管社区各类资源丰富，但整体呈现分散、碎片、利用率不高等问题。如何将碎片化的社区资源进行有效的盘活和整合，使其发挥最大优势，是社区目前亟待解决的难题之一。

3. 京畿道社区：社区基础设施薄弱，老旧小区物业管理难

京畿道社区属老旧小区，环境较差，设施陈旧。目前，虽有原房管所转型的物业管理公司进行老旧小区的物业管理，但由于物业费收取价格低廉，难以维持物业管理的正常运转。房管局有房屋租赁等其他收入来源，对小区物业服务重视程度不够，并且也缺乏经验和人员投入，存在虽收取停车费但缺乏管理的现象。尽管社区居委会采取以低价雇用社区低保户提供社区卫生清扫服务，但总体来看，目前老旧小区的物业管理仍然没有理顺。

4. 民康社区：驻区单位多，共建共治共享难

民康社区驻区单位复杂多样，尽管近些年社区与威斯汀大酒店等单位之间建立了很好的沟通平台和共建共治机制，但仍有相当一部分单位与社区间，既缺少沟通渠道，也缺少沟通机制，对居委会工作认同度不高，不能很

好地参与到共建共治共享当中来。另外，社区活动形式单一，居民满意度差异明显，也是民康社区亟待解决的难题之一。

（三）4个社区分类治理的工作思路

1. 丰融园社区：发展社团组织，推行"居民公约"

社区特点：丰融园社区是高档住宅小区，居民多为高收入人群，整体素质较高，构成比较单一，社区认同感很高，便于服务和管理，小区物业管理服务和社区服务设施较为完善。

打造思路：新组建"社区绿色空间俱乐部"和"Family Office 志愿服务队"两个社团。"社区绿色空间俱乐部"主要针对社区里对种植感兴趣，但又缺乏相关经验的爱好者，聘请专业人员对爱好者们进行专业的指导和帮助，为他们搭建交流和学习的平台，同时，通过"社区绿色空间俱乐部"社团，针对居民在公共区域随意种植绿植的现象，能够进行有效的管理和改善，以提高居民维护社区环境和谐的意识和责任。"Family Office 志愿服务队"对子女不在身边、有上网需求、渴望学习网络技术的老年人，提供诸如使用微博、微信，进行网上购物和网上挂号的方法，为渴望学习网络知识的老年人提供交流平台，满足老年人的各种生活需求和情感交流。培育扶持"爱心手工坊""舌尖上的私房菜——厨艺社""摄影协会"三个社团组织。加强社团骨干的培养，物色人选充实骨干力量，形成团队化管理。同时，发挥共建单位的优势，邀请资深的人才参与社团的志愿服务活动，进一步促进社会单位参与社区建设。另外，社区依托社区服务中心开展的服务，将成熟的兴趣班培育成社区社团，推动社区自治，扩大社会参与范围。

在环境优美、服务到位、邻里和谐的社区建设中，要实现自我管理，社区自治是社区的工作重心。丰融园社区由居民代表征集居民意见，结合社区实际，建立并完善社区居民公约，做到居民小区居民管，互约互助。社区大力宣传并倡导居民公约，建立了以社区居民代表常务会为自管会，以楼门长为宣传员，以物业公司为信息员的自管体系，对新入住业主，及时宣传居民

公约，了解社区规章，做遵规守约的社区居民，推动社区自治。

2. 丰汇园社区：盘活社区资源，聚焦社区服务

社区特点：丰汇园社区房屋类型主要包括回迁居民楼、商品楼、银行宿舍楼、写字楼、平房院五种。社区除平房院（齐白石故居）以外，其他四种房屋类型均具备物业管理完善、配套基础设施健全等特点，社区内资源丰富多样、居民整体素质较高，但社区老龄化程度比较明显。

打造思路：丰汇园社区资源丰富集中，如养老驿站、防震减灾宣教中心、图书馆、一站式办公服务站、文体活动室等。如何将社区资源进行有效的整合，使资源利用最大化，更好地服务于辖区居民，是社区不断探索的问题。社区注重发挥资源优势，引领社区服务模式的转变。

在为老服务方面，社区意识到不能把"养老"狭隘地理解为去照顾不能自理的老人。"养老"的"养"不仅要在衣、食、住、行、医等生活层面着力，更要强调精神层面的"养"，即帮助老年人过上有尊严、有价值的老年生活，所以要建设精品老年驿站，创新养老服务模式。为落实居家养老服务条例，社区于2016年下半年建成社区养老驿站，驿站设有老年餐桌、老年课堂、老年兴趣班等服务项目。社区的养老驿站将逐步整合为为老服务站、乐龄俱乐部、善养培训营三大功能板块，有针对性地开展各类型小组活动。例如，现在老年人对智能手机既感到新鲜又觉得使用困难，社区"一对一"帮助有需求的老年人学会使用智能手机。将共性化需求与个性化需求相结合，旨在丰富社区居民晚年休养生活，实现居家养老服务全覆盖。同时，积极倡导健康的养老生活方式，致力打造成为老年朋友的温馨之家和第二家园。

在文化建设方面，社区利用网络数字图书馆打造精神文明阵地。社区图书馆现藏书2万余册，与市区图书馆联网，实现图书资源共享，通借通还，方便居民借阅。图书馆不仅方便了居民读书看报，也为学生提供了写作业、看书学习的场地。通过数字化社区图书馆，读者不出社区就可查看图书、文献等资料；通过电子阅报机，读者可在第一时间了解时事新闻。社区充分发挥图书馆在社会教育系统中的重要作用，形成社区居民阅读的良好氛围。在

文化引领方面，利用图书馆资源倡导社区终身教育，以社会主义核心价值观、中华优秀传统文化、科学技术素养等为重点内容开展好书推荐、好书诵读、数字化阅读、书友会、书香之家等阅读指导和学习宣传活动，利用现代化网络，推动全民终身阅读。在文化团队建设方面，进一步整合现有文化团队，分级管理，有针对性的扶持发展，努力打造精品文化团队。注重培育和发展社区中公益性社区群团组织，更好地服务社区。

在防震减灾宣教方面，丰汇园社区作为国家防灾减灾示范社区，多年来的投入已形成防灾减灾宣教规模。在"5·12"防震减灾日、"7·21"唐山地震纪念日、"11·9"消防日等重点纪念日开展大型防震减灾系列宣教活动，并适时举办各类灾害演练活动，突出宣教的特点，扎实做好防灾减灾宣传，形成"科学防灾，科技惠民"的工作局面。在社区市民学校宣教中重点突出防灾减灾能力的培养，通过宣教，不断增强忧患意识，提高居民自救互救技能，增强防灾减灾实践能力，形成全民参与的科学减灾体系。

3. 京畿道社区：创和德睦邻，汇时代新风

社区特点：京畿道社区内5个居民小区基本上属于典型的老旧小区，一部分为原平房大院的回迁户，另一部分是单位家属楼。由于回迁户和集体户较多，人户分离的情况比较严重，流动人口较多，社区老龄化程度较明显。

打造思路：到目前为止，京畿道社区"和德睦邻驿站"已逐步形成"邻里互助微信群""社区微课堂""社区营造""网络志愿者""便民服务站"五大模块（见表2）。这五大模块相互关联，相互依托。"邻里互助微信群"和"社区微课堂"是社区搭建的线上和线下两个居民交流平台，通过互助和教学两种手段，将居民聚拢在社区居委会周围；"社区营造"探索将社区中的人与空间结合起来，组织社区居民众筹众创，改进社区软硬件，营造社区环境；"网络志愿者"和"便民服务站"则是提供便民利民服务和志愿服务，挖掘居民潜力参与社区自我管理与服务、志愿服务的重要手段。

表2 "和德睦邻驿站"的模块构成

模块	背景	具体做法及进度	作用及目的
邻里互助微信群	促进邻里交流互动	按楼分成网格（即以居民楼为单位），分别建立了1个邻里互助微信群，各楼管片社工为群主。目前，群已建成	居民间信息交流、政策解读、社情民意和问题反映
社区微课堂	构筑社区教育新平台，共享丰富的网络化学习资源，突破传统学习的时空限制，以个体自主学习和协作学习为主要形式	每周五下午开展微课堂，每堂课控制在20~30分钟，通过优选社区或辖区单位的优秀居民开展现场宣讲、组织楼门座谈等形式，将自己通过网络、远程教育、QQ群、微博等学到的"微课程"知识，以及自身与之相关的好经验、好方法等在小范围内以"微课堂"方式进行自由交流。目前已形成具体方案	开展社区居民代表互教互帮活动，拓宽社区教育的有效途径。社区居民可以在构建的"微课堂"中进行沟通、交流、反馈，从而提升社区居民综合素质
社区营造	为了充分调动社区居民参与的积极性，培育多元主体参与意识，激发活力，提高多元主体的参与能力，发挥多元主体在社区治理中的主体作用	众创—众筹—众包—众扶。众创是创作设计平台，主要是通过推动居民共同参与设计创作，对社区的软硬件设施进行自主重建和营造；众筹是筹钱或筹物平台，居民的创作设计必须通过筹集资金或物质才得以实现；众包是筹集劳动的平台；众扶是资源平台，营造计划的实现还需通过政府、辖区单位、公益机构等各方面外在资源的扶持。目前正在实施楼门文化营造计划，如空间设计	社区居民是社区营造的主体，贯穿于需求调查、讨论协商、方案设计、推动实施、效果评估及成果反馈的全过程。通过组织社区居民众创众筹，集思广益，凝聚大众智慧，共同建设社区家园
网络志愿者	由志愿者服务老年人、残疾人等特殊群体	"七彩党员志愿者"项目下的分支项目。目前，以来自北京电影学院等学校的大学生为主的志愿者为辖区孤寡空巢老人、残疾人等出行不便的特殊群体开展义务网络购物、代缴费、代挂号、手机打车、代购火车票等服务	发挥志愿服务精神，力求提供专业化的服务和支持
便民服务站	提供家中日常修理所需应急工具，方便于无物业服务的老旧小区居民	社区成立了便民服务站，搭建便民工具服务平台，为居民免费提供专业维修工具、日常家用应急用具等借用服务。目前已经成立实体便民服务站，配备有相关修理工具	提升社区服务能力，力求实现老旧小区自我服务，众筹众服，未来将由社区居民自我管理该便民服务站

京畿道社区"文化宣传长廊"由"京畿微刊""社区大家谈""读书交流""社区光荣榜"四部分组成，他们既各自独立又相互关联，旨在以学习宣传文化促进社区和谐。以点线面结合的形式，确保"文化宣传长廊"保

持长久的活跃性和宣传的新颖性。在社区周边、小区院内、楼门院口进行全方位的宣传,力求实现"以宣传促发展,以文化促和谐"的目的。

表3 "文化宣传长廊"的模块构成

项目	周期	主体及内容	作用及目的
京畿道社区月刊	每月月末出版刊登	自编自制,讲述身边发生的事,大家喜闻乐见的事	社区信息交流的重要载体,社区文化传播的重要阵地
社区大家谈	每月月初刊登	社区党员参与创作,记录居民视野中京畿道社区的大事小情	发挥党员模范带头作用,发挥党组织的先进文化引领作用
读书交流会	社区党委每季度组织一次	党居站班子成员读书交流会	构建学习型组织
社区光荣榜	每年度评选一次	涉及社区的好儿女、好婆婆、好儿媳、好邻居、和谐家庭、五好家庭等内容	发挥榜样作用,营造争先创优的良好氛围,以个人、家庭为单位,构建起和谐社会的健康细胞

4. 民康社区:建立区域党组织结对共建机制,整合辖区资源服务民生

社区特点:民康社区地理位置特殊,驻区单位多、功能集聚,困难群体多,房屋类型包括高档小区、普通住宅、拆迁楼、平房院等,是典型的集功能型社区和混合型社区于一体的社区。

打造思路:民康社区党委充分发挥统筹协调作用,建立驻区单位党组织与社区党组织结对共建机制,使社区党建活动由相对独立向融合互助型转变,逐步形成"资源共享、活动共办、发展共有"的社区区域党建工作新格局。大力培养党员志愿者服务队伍,逐步建立民康社区党员志愿者服务网络。配合街道"爱心银行"项目,广泛调动社区志愿者参与社区弱势群体救助、环境保护、防灾救灾等公益事业的积极性,全面营造积极传递正能量,竭诚服务于百姓的社区氛围。

民康社区位于金融街核心区,地理位置极其特殊,驻区单位多、困难群体多是民康社区的另一大特点。如何做到增强社区凝聚力,动员社会各方力量,整合辖区资源服务民生是民康社区首要解决的难题。民康社区与辖区多家单位建立了良好的合作关系。如与洲际酒店、威斯汀酒店确立互助协议,

长期开展对社区困难群体的慰问；与丰盛医院建立长效机制，为居民定期提供免费义诊、体检等服务；与新中物业、西杰物业两大物业公司联手，维护并改善社区整体环境；与北京市第一五九中学共建校外教育基地，组织学生到社区参与体验社会实践活动，提高孩子们爱护环境卫生、文明养犬的意识（见表4）。

表4　民康社区与驻区单位共建情况

序号	共建单位	共建内容
1	洲际酒店	长期慰问困难群体
2	威斯汀酒店	长期慰问困难群体；建立民康社区志愿者服务网络；开展社区弱势群体救助、环境保护、防灾救灾等公益事业
3	丰盛医院	为居民定期提供免费义诊、体检等服务，同时协助医院推行社区健康教育计划；为社区老年人建立健康档案，根据不同需求为老人提供各类医疗服务，对重点对象进行定期专访，并为行动不便的老人提供送医药上门服务
4	新中物业	加大力度整治卫生死角，及时清理乱堆乱放垃圾，开展垃圾分类宣传等活动
5	西杰物业	
6	西城区金融街消防中队	建立民康社区志愿者服务网络；开展社区弱势群体救助、环境保护、防灾救灾等公益事业
7	北京市第一五九中学	共建校外教育基地，组织学生到社区参与体验社会实践活动，提高孩子们爱护环境卫生、文明养犬的意识

三　街道推行分类治理的地方实践

城市社区是社会治理的基本单元，是当前我国推进社会治理亟待完善的重要领域。社区作为社会的细胞，其治理不可避免受多方面因素影响，诸如产权结构、人口特征、社群关系等，成为社区治理过程中政策选择的重要因素和变量。因此，针对不同社区间的差异和特性，必须"分类施策、分类治理"，根据不同类型社区"人、文、地、产、景"等方面特点，要因地制宜制定相应对策，推出不同社区治理的"定制"服务，不断满足居民个性化的服务需求，实现社区治理在精细化程度、居民服务针对性及有效性上的大幅度提升，从而实现社区治理的精细化，提升社区居民服务的针对性和有效性。

（一）朝阳区奥运村街道："物业联盟"有效推动社区治理

近年来，朝阳区以推进全国社区治理和服务创新实验区为契机，以满足百姓需求为导向，创新突破，在社区治理和服务创新上进行了有益的探索，取得了宝贵的经验。

在朝阳区奥运村街道，针对居民对生活品质要求高，但又普遍存在的邻里陌生、居民参与度低、物业管理服务缺乏人性化、业主委员会缺位等突出矛盾，街道成立了"物业联盟"。它将地区的物业企业联合会、业主联合会整合到这个平台上，实现物业公司与业主双方的沟通和认同。通过这种协商共治方式，有效解决了停车管理、私装地锁、公共设施维修等问题，促进了小区的和谐发展。"物业联盟"正是找到了利益各方的交集点，使"社区是我家，发展靠大家"的共建理念成为共识。

（二）嘉峪关利民社区："五举措"做好社区为老服务

利民社区以"敬老、助老、爱老"为工作服务重点，在物质上帮助老人，在精神上关心老人，为提高老人的幸福感，促进社区和谐，通过五项措施全力推进为老服务的各项工作，让辖区老人安享晚年。

一是准确掌握基础资料的信息统计工作。为更好地满足老年人的需求，切实提高他们的生活质量，社区实行"网格化"管理体系，辖区每一户居民都有社区干部承包，做到街不漏巷、巷不漏户、户不漏人，更准确掌握高龄老人、空巢老人、孤寡老人的住址，了解重病、大病老人的生活情况，做好年龄、住址、身体情况、需求等基础性资料的数据登记工作。二是免费提供体检服务。为保障老人的身心健康，社区定期邀请市二院和长城医院为辖区内老人免费测量血压、血糖，以及做B超、心电图等，针对行动不便的老人采取上门服务，使老人生病能够得到及时医疗。三是组织志愿者服务队伍。定期对社区空巢、孤寡老人进行走访，及时了解需求，提供精神慰藉、心理疏导，陪同老人聊天解闷等，让老人感受到社会的温暖。通过各种宣传号召广大社区居民发挥志愿精神，关爱身边的空巢老人，积极参与关爱空巢老人的志愿服务行动。四是为辖区困难老人送温暖。每逢重大节日时，都会为困难老人家庭送去米、面、油等生活必需品，在传递爱心祝福的同时，了解并协调相关部门解决困难老人家庭的迫切需求。五是开展内容丰富、形式多样的文体活动。每逢重大节日，组织文化娱乐活动，让老人走出家门，融入社会大家庭中，感受国家的变化，关心国家大事。通过以上措施，使辖区的老人更好地享受晚年生活。

（三）虹口区江湾镇街道："五步法"着力推进居民自治

上海市虹口区江湾镇街道以民生导向、需求导向为原则，着力推进居民自治工作。

一是搭建活动平台，提高自治意识。以培育社区文体团队为抓手，搭建居民文化自治平台，引导居民在展示自我的过程中主动着眼社区事务并积极参与社区建设，以此促进居民提高自我管理、自我教育、自我服务的意识和能力。二是丰富自治载体，鼓励民主决策。通过发动居民广泛参与和民主决策，结合各居委会特点，分别形成了三门二居委会的"嘎讪胡"活动、欣逸居委会的"楼组咖啡吧"、镇北居委会的"慈善楼组"、镇西居委会的"宠友之家"等一批居民自治品牌，有效提高居民参与社区事务的自主性、积极性和持续性，推动居民自治取得实效。三是培育骨干力量，建立自治团队。注重发挥社区党员、楼组长和群众骨干的作用，积极培育小区自治带头人。着重加强对群众团队、居民组织和志愿者队伍的扶持和培养，引导其从单一的活动团队和零散的群众团体成长为具有影响力的自治组织。四是总结工作经验，凸显自治实效。在"自治家园"实践中引导多方参与，培养居民逐步养成"自治"习惯，共同来议一议、解一解、调一调身边的社区矛盾。如安汾居委会的居民共议停车难问题；欣逸居委会的居民自发成立高楼"居民自治管理小组"，打造"居民会客厅"；三门二居委会的"嘎讪胡"

活动解决了小区"僵尸车""楼道堆物"等难题，有效发挥了居民自治在反映诉求、协调利益和化解矛盾中的积极作用。

（四）浦东新区浦兴路街道："手机党支部"的金泽苑模式

上海市浦东新区浦兴路街道金泽苑社区利用"互联网+党建"模式成立了"手机党支部"，推动社区党建与信息技术融合、党员教育与现代科技同行，多维度宣传党的理论方针政策，把支部建在网上，把党员连在线上。

一是建设党员学习"教育网"。"手机党支部"通过以手机为载体的移动互联网，将党建信息、支部动态、时政要闻等信息定期向党员用户传送，学习资料、课程等党员足不出户就能实时在线浏览。二是织就党建工作"工具网"。党总支定期推送最新的小区党建信息和各项活动内容，方便党员第一时间了解工作要求和动态。以微信群为主要载体和工具，及时推送活动信息通告，便于参与者获取；活动后上传相关资料，便于未参加活动的党员了解和查看。三是建立便民高效"信息网"。发挥"手机党支部"跨时空和实时便捷高效的优势，将其作为传统党建工作平台的有力补充。通过"要闻快递""居委时事""健康生活"等宣传专栏，实现对党员思想、学习、生活的动态把握和信息互动。

四 对社区"一居一特"品牌化建设的思考及建议

（一）社区分类治理与社区精准化服务的宏观思考

1. 分类扶持：在社区评估的基础上，以特色社区建设为依托，分类、分层次推动社区建设

实践证明，以社区资源禀赋和特征为基础，推动社区围绕自身特色进行建设和发展已经成为提高社区建设水平的有效抓手。然而，不同社区在基础、资源和认知等方面存在差异，导致社区间在建设水平上仍存在一定的差距，参差不齐。因此，街道有必要在特色社区建设过程中加强对社区的指

导，对不同社区按照其自身发展所处的阶段进行再评估，并分别加强相应的指导和政策扶持。按照发展阶段，社区分为待改善型、待提升型、待巩固型三类。待改善型社区往往基础设施建设薄弱，应着重加强社区环境建设、改善办公条件，并提供相应的资金支持；待提升型社区应着重加强社区软件建设，如完善社区服务、挖掘社区文化、打造社区品牌等，提升社区软实力；待巩固型社区着重在现有的基础上，完善社区工作机制并提高服务水平，扩大服务种类和服务对象，提高社区精准服务和精细治理水平。

2.贴近居民：在差异化发展中，发挥优势，找准定位，体现"亲民"，提高居民参与率

社区建设最终的落脚点是更好地为居民服务。因此，社区建设必须以民为本，贴近居民需求和方便居民的生活。当前，社区建设和服务中提出的特色社区有智慧社区、低碳社区、运动社区、和谐社区、敬老社区、法治社区等，但特色社区的建设不能一味地追求"高大上"，要更立足于辖区居民需求，方便居民的生活。

3.借用外力：集中全民智慧，放手社会组织参与，创建多元共治的社区

社区是居民生活的空间，社区建设不仅要靠政府的引导，更需要辖区居民和单位的共同参与。社区要善于挖掘辖区内具有一定能力和资源参与社区建设的个人和单位组织，并建立相应的参与机制和激励机制，从而鼓励更广泛的社会力量参与社区建设。政府和街道可以以特色社区建设为途径，扶持培育熟悉本社区情况的本土化社会组织参与社区建设，购买专业化社会组织提供有针对性的专业社区服务，进一步弥补居委会行政事务缠身，人员、精力不足等问题，形成多元主体共同参与社区建设的良好治理格局。

4.分工分责：以社区为基础，明确区政府、街道、社区居委会的责任，加强分工协作

特色社区建设不能单单依靠社区一己之力，必须统筹政府相关部门、街道、社区等各方资源和力量。这就需要明确其各自的责任和义务。社区居委会作为特色社区建设的具体组织者和实施者，要综合考量和谋划如何更好地利用多方资源来付诸本社区的建设和发展行动；街道要努力为特色社区建设

协调更广泛的政府资源、社会资源和资金支持,为特色社区建设创造有利条件;加强政府引导和监督,建立一套科学的特色社区建设系统评估办法,定期检查和评估建设成效,并将检查结果作为下一步经费科学投入的重要依据。

5.持续推动:及时总结问题经验并改正和激励,增强特色社区建设的持续力

要建立一套得到各方认可的评价指标体系,通过对关键环节和要素的检查评价,及时发现存在的问题,针对存在的问题及时调整改善。在一定条件下,对于建设成效显著的社区,可根据评价结果,作为下一年度经费投入或奖励的依据。已建成的特色社区要继续巩固建设成果,不断挖掘潜力并完善工作机制和服务品质,通过创新服务和活动载体、参与方式等,持续吸引和服务于更广泛的社区居民,调动社区居民参与社区建设的积极性。培育孵化社区社会组织参与社区建设,提高居民的自组织性,使之成为增强特色社区建设活力和持续力的重要途径。

(二)金融街四类型社区"一居一特"品牌重塑建议

金融街地处北京市西城区核心地带,地理位置极为重要,辖区内社区种类更是复杂多样,新老社区从房屋类型、居住环境、人员结构、居民素质更是参差不齐,社会形态复杂,诉求多元,社会治理面临一系列新挑战。提高社区治理能力,提升社区服务水平,从社区治理"一居一特"品牌重塑角度来说,实现从单一化向多元化、从简单化向层次化转变,推行社区分类治理就显得尤为重要。

1.丰融园社区:重在重塑国际化社区功能

金融街高档型社区的代表是丰融园社区,在建立功能完善的社区服务中心以后,小区的凝聚力、居民的认可度和满意度都有很大提高。丰融园社区未来"一居一特"品牌打造方向是要同国际接轨,重点是社区居委会的功能重塑,不能是传统的居委会建设模式,要进一步强化管理能力、服务能力、自治能力。因此,在对丰融园社区的打造模式上,要做到精准服务、精

细管理、精心建设。在管理模式、体制上,应比传统模式有所提升,仍需要创新探索,力求与国际接轨。

2. 丰汇园社区:重在提高辖区资源统筹能力

作为中档型社区的代表,社区各类资源丰富,物业设施完善,居民整体素质较高。如何进行资源整合,提高资源使用率和合理分配能力?如何准确定位社区居委会与辖区各类资源的协调关系?如何提高居民参与社区建设的积极性,提高居民社区认同感?这些都是社区建设所要解决的重中之重的问题。因此,在丰汇园社区"一居一特"品牌打造中,要做到社区服务精准化,理顺社区居委会与各类社区资源之间的关系,有效对接好服务资源与服务需求,社区居委会作为社区民意代表应起到对服务效果监督评价的作用。适度孵化社区专业性服务社会组织,负责资源统筹利用和运营管理服务。

3. 京畿道社区:重在推动物业管理服务可持续

社区基础设施落后,老年人及流动人口多,社区居民对社区公共事务关注度高,物业管理一直是居民的需求重点,居民参与社区建设的意愿强烈。因此,对京畿道社区"一居一特"品牌的打造,社区居委会应做好与辖区物业的沟通与协调,补物业之不足。积极探索建立辖区自治社会组织,组织社区居民众筹众创,改进社区软硬件基础设施,积极培育志愿者队伍,鼓励并挖掘热心公益的居民参与志愿服务。在居民议事厅现有议事制度较为完善的基础上,进一步建立"听证、公示、民情反馈"制度,形成"议事、听证、公示、民情反馈"闭环,提高居民自治水平和能力。

4. 民康社区:重在构建共建共治共享格局

功能型社区的典型代表是民康社区。民康社区地处金融街核心地带,地理位置十分重要,辖区内各类资源相对丰富,驻区单位种类多样,辖区各单位功能作用也十分凸显。因此,民康社区"一居一特"品牌的建立要带动并利用驻区单位的资源,协调好驻区单位与社区居委会之间的关系是民康社区服务民生、建设新型社区的关键所在。民康社区要不断发挥社区"大党委"的作用,提高为民服务能力,积极开展多种形式和种类的共建文化活动,并建立相应的资源共享和激励机制,形成辖区单位与居民之间联系沟通的纽带和平台。

参考文献

卢爱国：《使社区和谐起来：社区公共事务分类治理》，中国社会科学出版社，2013。

何继新、李原乐：《"互联网+"背景下城市社区公共服务精准化供给探析》，《广州大学学报》（社会科学版）2016年第8期。

袁磊、孙其昂：《社区认同的群体路径研究》，《社会科学研究》2016年第2期。

卢爱国：《社区体制变革进路：从行政整合到分类治理》，《广西社会科学》2012年第2期。

付礼：《平房区社区公共服务功能分类与多元治理研究》，硕士学位论文，黑龙江大学，2012。

B.8
关于金融街社区纪检组织设置改革试点工作调研情况的报告

摘　要： 城市社区纪检工作是党和政府城市工作的基础，是全面推进党风廉政建设的需要。社区纪检工作的好坏直接关系到党和政府在人民群众中的形象，关系到城市未来经济发展软环境的优劣。党的十八大以来，党风廉政建设持续推进，加强城市社区纪检工作，既是建设廉洁政治的关键因素，也是构建社会主义和谐社会的重大举措，更是强化城市基层政权的有力保证。根据《西城区2015年进一步推进社区治理创新试点工作方案》要求，金融街街道19个社区承接了社区纪检组织设置改革试点工作。为深入了解社区纪检工作情况，课题组以访谈方式为主，对金融街街道辖区内的7个社区联合纪检组进行深入调研，了解并掌握了当前社区纪检组织工作的现状、实施效果和存在的问题，并针对性地提出加强社区纪检工作的对策建议，为进一步提升金融街社区纪检工作水平提供参考。

关键词： 金融街街道　社区纪检　纪检组织设置　社区联合纪检组

一　调研背景

纪检工作是行使党的纪律检查职能的工作，专责于党内监督，并按照党章党规党纪和党的路线方针政策执行情况，对所辖范围内党组织和领导干部履行职责、行使权力情况进行监督检查。在街道社区层面成立纪检组织是一项全新的实践，既是对加强基层党的建设，全面履行党要管党、从严治党责任的有益探索，也是对不断加强和改进基层纪检工作，探索建立社区党风廉政建设长效机制的有效尝试。金融街街道作为西城区2015年推进社区治理创新工作部署中社区纪检组织设置改革试点工作的单位，两年多来，社区纪检工作实施情况如何？社区党风廉政建设责任制评估指标体系的运行及其长效机制的构建怎么样？是否符合改革试点初衷？带着这些问题，课题组对金融街街道社区进行调研，了解了整体情况。

（一）调研目的与意义

随着社区建设的不断推进，面对新的矛盾和问题，在加强基层党建的同时，有效发挥社区纪检工作的监督职能，能够推进社区党风廉政建设，维护社区健康发展和保障社区居民根本利益。本次调研通过对金融街7个社区联合纪检组中的纪检专员和社区纪检委员进行访谈，在了解金融街社区纪检组织设置改革试点工作的整体情况、实践举措、实施效果的同时，找到社区纪检工作中在思想认识、服务质量、制度建设等方面需要改进的问题，通过整理分析，探索社区纪检组织设置改革试点工作在推进过程中存在问题的解决方法和途径。

（二）调查时间与过程

2017年4月，课题组赴金融街街道进行预调研。通过实地走访、座谈、访谈等方式，课题组成员基本掌握金融街社区纪检组织设置改革试点工作的整体情况，并进行前期资料收集。2017年4月底，课题组集中精力对金融街社区纪检组织设置改革试点工作的相关资料进行研究，拟定针对金融街7个社区联合纪检组中的纪检专员和社区纪检委员等人的访谈提纲，并多次召开研讨会。此外，多次举办关于调查研究方法等的培训会，强化调研人员的基本能力与素质。

2017年5月初，课题组利用一周时间进行了集中调研。通过访谈等方式，课题组成员对金融街7个社区联合纪检组中的纪检专员和社区纪检委员进行深入访谈，掌握19个社区的整体情况，了解改革试点过程中的亮点与不足，并针对问题提出对策建议。通过集中调研，课题组收集了大量金融街社区纪检组织设置改革试点工作的一手资料，为后期研究奠定了坚实的资料基础。

（三）调研方法与对象

调研方法。本次调查主要采用深入访谈法、文献分析法和资料分析法。深入访谈法主要是针对金融街7个社区联合纪检组中的纪检专员和社区纪检委员进行一对一的结构式访谈，了解试点工作进展和存在的问题等方面的内容。文献分析法主要是对收集到的中央、北京市、西城区对金融街社区纪检组织设置改革试点工作的相关政策文件，以及社区纪检组织设置和党风廉政建设的期刊文献等进行研读与分类整理。资料分析法是对访谈获得的定性资料采用"归类—分析总结—分析—总结"的方法进行分析。

调研对象。本次调研对象涉及金融街19个社区中的7个社区联合纪检组中的纪检专员和社区纪检委员，以及街道纪工委人员和部分社区书记、主任等。

二 金融街实施社区纪检组织设置改革试点工作的主要做法与成效

（一）7个社区联合纪检组基本情况

2014年9月，金融街街道先期试点选取了两组共5个社区，即受水河社区、手帕社区、新文化街社区3个社区为一组，丰汇园社区和丰融园社区2个社区为一组，专职从事纪检工作。2015年4月，在总结先期试点工作经验和做法的基础上，结合社区"两委"换届，街道下辖的19个社区全面推行纪检组织设置改革，19个社区党组织不再设立纪律检查委员会，只设1名纪律检查委员（由社区专职副书记或专职党务工作者兼任）。按地理位置、社区构成等因素将19个社区划分为7个片区（见图1），分别成立社区联合纪检组，由街道工委选派1名纪检专员担任组长，片区内各社区纪检委员为社区联合纪检组成员，实施对社区工作的有效监督。

与社区党组织换届同步，2015年6月，7个片区的纪检专员和19个社区的纪检委员全部产生，同时，各纪检专员联系片区内社区纪检委员组成社区联合纪检组，完成组织建构，保证了后期工作全面开展。

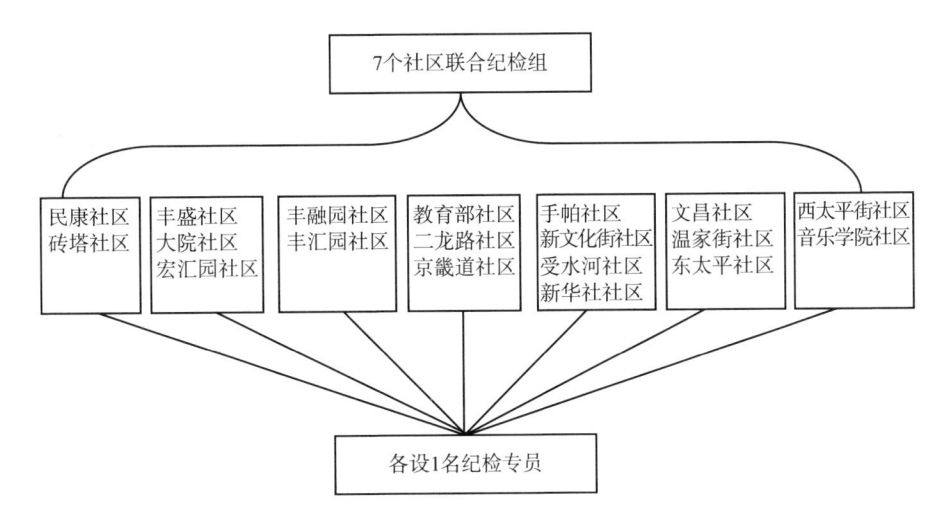

```
                    ┌─────────────────┐
                    │ 7个社区联合纪检组 │
                    └─────────────────┘
   ┌──────┬──────┬──────┬──────┬──────┬──────┐
┌──────┐┌──────┐┌──────┐┌──────┐┌──────┐┌──────┐┌────────┐
│民康社区││丰盛社区││丰融园社区││教育部社区││手帕社区││文昌社区││西太平街社区│
│砖塔社区││大院社区││丰汇园社区││二龙路社区││新文化街社区││温家街社区││音乐学院社区│
│      ││宏汇园社区││      ││京畿道社区││受水河社区││东太平社区││        │
│      ││      ││      ││      ││新华社社区││      ││        │
└──────┘└──────┘└──────┘└──────┘└──────┘└──────┘└────────┘
                    ┌─────────────────┐
                    │  各设1名纪检专员  │
                    └─────────────────┘
```

图 1　19 个社区组建成 7 个社区联合纪检组

（二）社区纪检组织设置改革试点工作的主要做法

1.选准用好专员，确保履职能力

试点工作是"摸着石头过河"，"第一个吃螃蟹的"，人员素质和能力高低在某种程度上直接影响着试点工作的成败。街道工委对选准用好专员工作高度重视，纪检专员主要选自社区具有丰富党务经验、政治素质过硬、工作能力突出的正职或副职人员，由街道社会办推荐，纪工委和组织部全面考察确定建议人选。经街道工委会审议通过后，组织部正式发文指派，推荐考察过程注重选拔党性意识强、理论素养高、群众基础好、敢于担当的人选，确保纪检专员具有良好的综合素质能力。

2.厘清职责定位，明确工作任务

纪检专员由街道纪工委负责日常管理和业务指导，专职承担社区纪检监察工作，履行七项工作职责（见表1）。同时，参照社区纪检组织工作职责，明确社区联合纪检组的工作职责。

表1 纪检专员工作职责

序号	职责内容
1	监督检查所联系社区领导班子遵守和执行党章以及其他党内法规,遵守和执行党的路线方针政策和决议、国家法律法规等
2	督促所联系社区加强作风建设
3	协助所联系社区党组织履行党风廉政建设主体责任,监督"一岗双责"落实,督促指导廉政文化建设,统筹协调廉政文化活动
4	收转反映社区领导班子成员问题的来信、来电、来访等,协助街道纪工委调查处理社区违规违纪行为
5	参加所联系社区"两委"会,监督社区建立完善各项规章制度,严格落实各项规定
6	协调组织、督促指导所联系社区完成街道纪工委部署的各项工作
7	定期向街道纪工委报告工作,承办街道纪工委安排的其他事项

3. 健全工作制度,规范工作流程

表2 工作制度情况

序号	制度	内容
1	工作例会制度	街道纪工委每月定期召开纪检专员工作例会,各专员汇报工作开展情况,交流体会,总结经验,解决困惑,研究部署阶段性任务
2	工作报告制度	联合纪检组每半年向街道纪工委报告一次履职情况,每年向社区党员代表大会报告履职情况
3	信访接待制度	纪检专员每周在片区内各社区信访接待时间不少于半天
4	工作巡察制度	纪检专员根据工作需要参加社区组织的各项活动,巡察党风廉政建设方面存在的问题,定期对社区党风廉政建设情况进行讲评,协助社区加强和改进工作
5	学习制度	定期组织学习纪检工作相关理论知识和政策法规,不断提高政治思想、业务素质和履职能力
6	考察考评制度	结合日常工作检查和年终社区党风廉政建设责任制检查考核,针对纪检专员落实监督责任情况进行考评

4. 大胆探索创新,及时总结提高

社区纪检组织如何设立、如何更好发挥监督作用、纪检专员身份和工作性质如何定位等问题需要在改革试点过程中不断探索完善。按照党章规定:"党的基层委员会是设立纪律委员会,还是设立纪律检查委员,由它的上一级党组织根据具体情况决定。党的总支部委员会和支部委员会设纪律检查委员。"可以说,设置社区联合纪检组、指派纪检专员本身就是一次基层纪检组织设置的大胆尝试，如何扎实推进此项改革试点，街道先后出台《金融街街道工委关于加强社区纪检组织建设的实施意见》《金融街街道工委关于加强社区党风廉政建设工作的实施意见》，以及加强社区党风廉政建设和反腐败工作的各项规章制度。同时，参照区党风廉政建设责任制检查，制定了社区党风廉政建设责任制检查工作方案，年底对各社区党风廉政建设主体责任落实情况和各联合纪检组监督责任落实情况进行全面检查考核，及时总结改革试点取得的初步成效及对社区全面建设工作带来的影响。

（三）落实社区党风廉政建设责任制评估

金融街街道充分发挥考核导向作用，推动社区党风廉政建设，对党委落实主体责任情况和社区联合纪检组监督责任落实情况建立具体考核指标。在考核指标上做到量化精细，金融街街道社区党风廉政建设责任制评估指标共分为两级指标，共32项具体考核内容（见表3）。

表3　金融街街道社区党风廉政建设责任制评估指标体系

一级指标	二级指标	评估要点（百分制：主体责任每项5分；监督责任每项8分，工作有创新加4分）	评估依据	检查结果
一、党委（总支、支部）落实主体责任的情况	（一）加强对党风廉政建设的领导，认真贯彻落实中央和市、区、街道的部署要求，党委抓、书记抓、班子成员抓，落实到个人	1. 社区召开党风廉政建设工作会议，结合实际研究制定党风廉政建设工作计划、目标要求和具体措施	有关会议议程、会议记录、工作方案等文字材料	
		2. 党委（总支、支部）专题研究党风廉政建设和反腐败工作任务	有关会议议程、会议记录等文字材料	
		3. 对党风廉政建设责任进行分解，分别对"一岗双责"实行"签字背书"	形成相关材料。班子成员发生变动时，及时调整分工，签订责任书	
		4. 班子成员坚持"一岗双责"，把党风廉政建设同分管工作结合，对党员干部的苗头性、倾向性问题，通过听群众反映，了解情况、及时约谈，做到早提醒、早纠正	能够发现或分析党员干部苗头性、倾向性问题；掌握居民群众对社区工作人员的反映；社区工作人员普遍知晓本岗位党风廉政建设要求	

续表

一级指标	二级指标	评估要点(百分制:主体责任每项5分;监督责任每项8分,工作有创新加4分)	评估依据	检查结果
一、党委（总支、支部）落实主体责任的情况		5. 加强廉政文化建设,开展党性、党风、党纪和廉洁自律教育	每年社区班子成员专题学习至少一次,开展专题教育活动至少一次,开展特色廉政文化创建活动至少一次	
		6. 认真贯彻落实街道工委和街道纪工委的部署要求	按工作要求完成各项工作任务,没有因党风廉政建设被街道工委、纪工委约谈的情况	
	(二)严明党的纪行,严格执行党的政治纪律、组织纪律、群众纪律、工作纪律、财经纪律和生活纪律等各项纪律,切实履行执纪职责,加强作风建设,克服组织涣散、纪律松弛现象	7. 坚决维护党的政治纪律,在思想上、政治上、行动上与中央保持一致	个别谈话;本单位未发生违反政治纪律的案件	
		8. 严格执行街道关于社区工作人员管理、经费管理、考勤管理、财物发放等各项制度规定	社区无违反街道各项管理规定的情况	
		9. 坚持群众路线,密切联系社区群众,做到下户勤、底数清、情况明	查看社工工作记录及下户情况记录	
		10. 社区提出细化落实改进作风的相关措施	有落实的具体措施,未发生违纪违规问题	
		11. 完善社区党员学习制度	查阅学习计划及相关记录	
	(三)坚持、巩固和深化中央八项规定精神和市委十五条实施意见,持之以恒纠正形式主义、官僚主义、享乐主义和奢靡之风问题	12. 组织开展落实中央八项规定精神及市委实施意见,纠正"四风"情况和自查,支持、配合查处违反八项规定精神、"四风"类案件	有落实的具体措施,本单位未发生违纪违规问题	
	(四)坚决纠正损害群众利益的不正之风,切实解决党风廉政建设中群众反映强烈的问题	13. 深入推进社区服务站规范化建设	制定方案,有开展检查和督促问题整改等相关材料	
		14. 对社区搞各项活动滥发纪念品进行治理,健全本单位相关制度	建章立制情况,日常管理、会议记录、整改措施及执行情况;社区未发生违纪违规问题	
		15. 畅通群众信访举报渠道,及时办好群众反映问题的处理反馈	查阅群众信访及反映问题处理登记情况	

续表

一级指标	二级指标	评估要点(百分制:主体责任每项5分;监督责任每项8分,工作有创新加4分)	评估依据	检查结果
一、党委(总支、支部)落实主体责任的情况	(五)建立科学有效的权力运行制约和监督机制,加强对主要领导干部行使权力的制约和监督,深化廉政风险防控体系建设	16. 认真落实述职述廉、民主生活会等制度	有执行情况的相关文字材料	
		17. 坚持"公开是原则,不公开是例外",不断创新,拓展党务、居务公开渠道	有社区党务、居务公开栏设置及公开内容记录等相关文字材料	
		18. 认真执行党委(总支、支部)会议事规则和决策程序,坚持民主集中制,社区重要事项集体讨论决定。落实"一把手"不直接参与采购事务,重点对物品采购、分配和发放环节进行把关,加强对人财物管理等关键岗位廉政风险防控	有执行情况的相关文字材料	
	(六)党委(党总支、支部)主要负责人要管好班子,带好队伍,管好自己,当好廉洁从政的表率	19. 主要负责人每年组织召开2次以上党风廉政建设会议;至少讲一次党课;组织召开班子民主生活会,对涉及党风廉政建设的重大疑难问题进行研究协调	有关会议议程、会议记录、领导讲话;党课相关材料;班子民主生活会会议记录	
		20. 对班子成员加强日常教育、管理和监督,本人及班子其他成员无被举报查实的违纪违规问题	未发生违规违纪问题	
二、社区联合纪检组落实监督责任的情况	(一)落实街道工委、纪工委关于党风廉政建设和反腐败工作的部署要求,协助片内各社区党委加强党风廉政建设和组织开展反腐倡廉工作	1. 及时向片内社区传达汇报上级关于党风廉政建设和反腐败工作的新精神、新要求;积极协助社区制定推进落实党风廉政建设和反腐败工作的方案,并组织实施	查阅会议记录、工作方案等相关材料	
		2. 社区联合纪检组长积极主动履行职责,全面协调片内社区加强党风廉政建设和反腐败工作	查阅纪检专员参加社区"两委会"记录,谈话了解纪检专员履职情况	

续表

一级指标	二级指标	评估要点(百分制:主体责任每项5分;监督责任每项8分,工作有创新加4分)	评估依据	检查结果
二、社区联合纪检组落实监督责任的情况	(二)维护党的章程和其他党内法规,加强对党风政风和廉洁自律各项规定落实情况的监督检查	3. 结合社区实际,深入开展正风肃纪工作,加大明察暗访力度,对可能存在的违反作风建设情况进行重点检查,强化常态化监督检查,不折不扣地落实好中央八项规定精神	查阅会议记录、工作方案、检查情况汇总、整改措施等相关材料	
	(三)加强对社区落实上级各项重要决策部署情况的监督检查,加强对社区工作人员履行职责情况的监督检查	4. 加强对社区落实街道工委、办事处重点部署工作完成情况的监督检查,对社区完成街道各科室下派的主要工作进行督察、检查	工作有部署、有推动;按要求上报有关情况	
		5. 认真开展严禁"吃拿卡要"、办事不公、违规收受礼品等问题专项整治	工作有部署、有推动;核查社区群众来信来访情况	
	(四)加强对社区班子成员,特别是"一把手"的监督	6. 严格执行纪检专员参加社区"两委会",有发言权、表决权和否决权的制度。开展对社区公益性资金、党建资金、捐助资金、社区活动经费等使用情况及群众关心的热点难点问题的监督检查	查阅相关会议记录	
	(五)监督社区各项制度建设和执行情况	7. 协助社区党组织建立健全社区各项管理制度,规范权力运行,监督社区的党务公开、居务公开	查看社区各项规章制度建立情况	
	(六)拓宽党员和居民群众反映诉求的渠道,及时处理党员群众的来信来访,受理党员群众的投诉和举报	8. 纪检专员到片区内社区进行信访接待,每周每社区不少于半天,接待党员群众来访,听取党员群众意见建议,通过参加社区组织的各项活动,了解社区党员群众情况反映,收集社区廉情信息	查阅纪检专员信访接待工作记录及社区舆情记录	

续表

一级指标	二级指标	评估要点(百分制:主体责任每项5分;监督责任每项8分,工作有创新加4分)	评估依据	检查结果
二、社区联合纪检组落实监督责任的情况	(七)开展反腐倡廉宣传教育,组织联系社区开展廉政文化活动	9. 廉政文化活动有计划、有方案、有作品、有信息,居民群众普遍参与	查看有关材料记录	
	(八)定期向街道纪工委和社区党委报告履行监督责任的情况,请示报告重要情况和重要问题	10. 定期向街道纪工委、片内社区党委(总支、支部)报告履行监督责任的情况	书面报告文字材料	
		11. 及时报告片内社区涉嫌违反党纪政纪有关问题线索和居民反映情况	书面报告文字材料	
	(九)加强社区联合纪检组内部建设,建立各项工作制度	12. 坚持和完善学习制度、定期例会制度、专员巡查制度、信访接待制度和工作报告制度等	查阅相关文字材料记录	

资料来源:《金融街纪检专员工作手册》。

(四)社区纪检组织设置改革试点工作取得的成效

改革试点前,社区纪检工作体制存在虚化、弱化问题,缺乏权威,不能有效履行监督职责。

通过两年多时间,街道社区党风廉政建设形成了新格局,试点工作取得了初步成效。

1."一言堂"现象明显减少,提高了基层政府公信力

明确纪检专员参加社区"两委"会,参与监督社区经费支出、重要事项集体决策、权力公开透明等工作,有发言权、表决权和经费支出上的否决权,促使社区"两委"会必须定期召开,增强领导班子集体议事、民主决策的自觉性,杜绝个人说了算的"一言堂"现象。从检查情况看,社区"两委"班子在经费支出和重要事项集体决策、权力公开透明等方面的意识

普遍增强，社区层面的群众举报显著减少。

2.打破了社区属地管理限制，促进了社区的资源整合

通过划片成立社区联合纪检组，打破了原有社区属地管理的限制，纪检专员发挥桥梁纽带作用，组织片区内社区共同开展反腐倡廉宣传、党性党规教育等活动，促进社区资源整合，相互协作共同发展，党员群众参与社区建设和活动的积极性增强，越来越多的居民关注社区发展，为社区发展献计献策。

3.履行主体责任意识增强，形成了和谐稳定的党群关系

各社区党组织书记履行党风廉政建设主体责任意识普遍提高，"第一责任人"的意识普遍增强，社区班子成员坚持"一岗双责"，把党风廉政建设同分管工作结合，普通党员和一般社工廉洁自律意识得到加强。社区党员群众从思想认识上对社区党风廉政建设更加重视，积极参与社区监督工作，扎实推进党风廉政建设主体责任和监督责任在基层的全面落实。同时，社区党、居、站各项工作制度进一步完善，街道对加强社区管理的各项规定和要求进一步得到落实，社区廉政文化活动及党员日常管理教育活动丰富，党群关系进一步密切，为民、务实、清廉的良好氛围正逐渐形成。

4.社区经费使用不断规范，建立了党风廉政建设的长效机制

纪检专员在社区各项经费使用上能够结合社区实际，采取通过"两委"会参与集体审议经费使用，不定期查阅支出凭证，规范审核程序，使社区经费支出不断制度化、规范化、程序化。由于纪检专员是由街道工委指派，由街道纪工委管理，他们对街道有归属感，对街道负责，通过每周的社区信访和对社区的巡察，了解社区、服务群众，在解决群众困难、提供廉政舆情等方面发挥了作用，有效建立了党风廉政建设的长效机制。

三 金融街社区纪检组织设置改革试点工作存在的主要问题

在社区设置纪检专员是一项全新的尝试，是对社区纪检组织设置的有益

探索。街道在社区纪检组织设置改革、推进社区党风廉政建设工作中虽然取得了一些成绩，有了一个良好开端，但尚处于起步阶段。因此，金融街社区纪检组织设置改革试点工作还要着力解决以下四方面的问题。

（一）纪检专员、纪检委员的思想认识有待提高

从事纪检工作的纪检专员和纪检委员的思想认识不够到位，对党风廉政建设的意识不强。部分纪检专员和纪检委员认为社区干部级别低、职权小、待遇不高，对纪检工作缺乏积极性；部分纪检专员和纪检委员认为社区资源有限，对纪检工作不够重视，对纪检工作的开展存在消极情绪。因此，部分专员很难找到社区纪检工作的切入点，以及与社区工作的融合点，被隔离于社区之外，很难真正发挥作用。

（二）纪检专员、纪检委员服务质量有待提升

一些社区由于在职党员少，人员紧，工作量大，只好一人兼多职，"专员不专"影响着专员作用的发挥，没有精力开展纪检方面的工作，服务质量不高。另外，部分纪检专员和纪检委员缺乏服务热情和服务意识，在日常工作中存在不同程度的庸、懒、散现象，在处理群众之间或干群之间的矛盾纠纷方面，其工作方法简单粗暴，容易激化矛盾，基层社区的服务质量和效率有待提升。

（三）社区工作制度和管理体制建设有待完善

在社区民主工作制度方面，在落实基层组织党务、政务和居（社）务公开等方面的相关工作制度不够完备，缺少便于操作的细化规定，使基层民主制度的落实不全面、不及时、不到位，停于表面。

在社区管理体制建设方面，社区专员与社区党组织之间工作关系需进一步理顺，主体责任和监督责任需进一步明确。专员既要履行好监督职责，同时还要服务好社区建设。社区书记要正确看待"被监督"，主动与专员"拧成一股绳"，相互配合，共同抓好社区管理体制建设。

（四）监督考核机制和党风廉政建设有待加强

社区纪检组织设置试点工作属于探索阶段，在社区设置纪检专员是一项全新的尝试，没有现成的运行机制可供借鉴，没有以往的经验教训可供参考，缺乏规章制度支撑，在较大程度上依靠发挥纪检专员个人工作主动性。此外，对社区"一把手"的监督相对薄弱，部分党内监督制度向社区延伸不够，社区领导干部的个人重大事项报告制度、廉政谈话制度、审计制度和党风廉政建设责任制考核机制等方面仍需完善。

四 推进金融街社区纪检组织设置改革试点工作对策建议

（一）坚持廉政思想教育，筑牢社区纪检人员的思想根基

将反腐倡廉教育工作纳入社区纪检干部的教育培训计划，街道要认真组织开展廉洁从政相关的学习教育活动，分期分批组织社区纪检干部进行轮训；街道要定期组织基层社区纪检干部参加纪检监察业务知识培训，有针对性地开展法律、纪检、财会和审计等专业知识培训；街道要深入开展示范教育和警示教育，不断总结正反两方面的经验教训，深入挖掘和培育发生在群众身边的典型案例，大力加强正面积极的宣传引导；街道要把教育培训活动与以为民务实清廉为主要内容的党的群众路线主题教育紧密结合，加强教育效果，引导社区纪检干部不断增强群众观念，筑牢社区纪检组织的思想基础。

（二）推进工作作风建设，提升社区纪检组织的服务水平

街道要树立服务意识和廉洁奉公意识。从强化责任、强化效率和强化问责着手，狠抓社区纪检干部和工作人员的作风建设；社区党员领导干部，特别是社区纪检干部要以身作则、率先垂范，严格遵守并落实中央关

于改进工作作风和密切联系群众的八项规定，不断提升服务热情、强化工作效能。由于每个纪检专员的工作水平和工作成效不在同一个层次上，有高有低，因此，在专员选配上必须加强与街道组织部和社会办的协调，将专员纳入社区领导班子建设统筹考虑。对反映的问题能够通过与社区沟通解决的，要监督社区加以解决；对解决不了的问题直接上报街道纪工委或相关部门进行解决，不断提升服务质量和服务水平，促进"访、听、解"工作更好开展。

（三）完善社区工作制度，构建社区纪检工作的长效机制

一是完善"四务"公开制度。根据社区实际情况，认真制定和健全基层党组织党务公开目录，进一步总结规范党务、政务、居务和服务公开，细化公开事项，完善公开制度，畅通党内资源互通渠道；加强公开工作情况的督查指导，定期组织开展专项检查，努力确保各项公开制度落实到位。二是加强"三资"监管制度。对社区资金资产资源进行全面清查，推行资产产权登记和建立台账制度，定期清理不规范合约，确保社区资产不受损失；全面梳理并总结"三资"监管相关制度，建立社区资产管理制度，不断规范财务管理；社区资金使用情况要以记"流水账"的形式实行透明公开制度，确保群众能看见、能看全、能看懂、能监督。

（四）拓展监督考核渠道，构建廉政、风险防范管理常态化机制

一是党内监督要向社区延伸，对社区领导班子成员建立个人有关事项报告制度，健全社区干部谈话制度，完善街道党政主要负责人的任期和离任审计制度，加强推进干部廉政考核管理制度，建立社区干部勤廉双述、居民质询和民主评议制度，不断提高评议与考核的真实性和实效性。二是探索由"同体监督"改为"异体监督"，变"联系紧密"为"相对独立"，纪检专员与社区党组织书记职级相同，客观上提升了监督权威，有利于更好地发挥专门监督职能。三是社区纪检组织对违纪违法案件要进行严肃查处，要善于发现苗头性、倾向性的腐败现象，综合运用法律、纪律、组织

处理等方法和手段，严肃查处发生在群众身边的腐败问题，保障群众的根本利益。

参考文献

刘海英：《"社区纪检"促和谐》，《中国纪检监察报》2010年12月。

马穆青：《加强城市社区党风廉政建设的对策建议》，福州市纪委监察局，2014年8月22日。

《社区纪检专员工作手册》，金融街街道办事处资料，2016。

《金融街街道关于社区纪检组织设置改革试点的实践与思考》，金融街街道办事处资料，2016。

《西城区试点向社区派驻纪检专员推进纪检工作向基层延伸》，金融街街道办事处资料，2015。

B.9
关于背街小巷整治提升工作的调研报告
——以金融街街道西斜街为例

摘　要： 背街小巷是城市病集中的地方，是城市管理的薄弱环节，是街区治理的重点部位，事关首都形象、城市品质和百姓福祉。背街小巷环境整治是城市治理的必然要求，是提升品质的有力抓手，是街区整理的重要内容。结合疏解整治促提升专项行动、平房和老旧小区准物业管理、文明街巷创建，落实西城区背街小巷整治提升责任，金融街街道首先在西斜街快速行动起来，制定方案、明确责任、动员部署。按照"十有十无"的标准，开创探索党支部建立在街巷上的工作模式，深入推进街巷胡同自治共建，积极实施街区整理计划，全面提升区域城市品质。

关键词： 金融街街道　西斜街背街小巷　支部建在街巷上　整治提升

一　研究背景

（一）调查意义与目的

调查意义：总结金融街街道西斜街整治提升工作的经验做法，为西城区背街小巷整治提升工作提供经验借鉴，对于着力提升城市品质，建设国际一流的和谐宜居之都具有十分重要的意义。

调查目的：通过调研了解金融街街道西斜街背街小巷整治前后情况，整治提升过程中的具体工作做法、"党支部建在街巷上"新模式探索，以及取得的阶段性成效，梳理并提出完善背街小巷整治提升工作的相关对策建议，从而更进一步有助于金融街街道在辖区内全面推进背街小巷整治提升工作的开展。

（二）调查时间与过程

针对金融街地区西斜街背街小巷整治提升工作的调研有三次。第一次是2017年4月7日，课题组跟随金融街街道办事处副主任前往西斜街进行实地考察，深入了解西斜街整治前的街巷面貌、居住环境、存在的问题和需要重点整治的方向，推进街区准物业管理的可行性研究和方式方法。第二次是2017年4月11日，课题组参与金融街街道宏汇园社区创建西斜街精品胡同启动仪式与揭牌仪式，以及西斜街街巷自治共建理事会第一次会议，深入了解金融街街巷长、理事会职能职责、街巷整治工作领导机制等。第三次是2017年5月23日，课题组就西斜街背街小巷整治后的街巷面貌前往西斜街进行实地调研，金融街街道办事处社会办主任详细介绍了西斜街整治后的业态调整、功能和空间优化、风貌特色塑造、秩序长效管控等。

调研开展方式有座谈会与实地走访等，调研方法主要采用访谈法与观察法。通过对西斜街背街小巷整治提升工作的实地调研和前期基本资料的收集，课题组成员基本掌握了西斜街背街小巷的整治情况、存在问题等，并初步拟定关于背街小巷整治提升工作的调研报告——以金融街街道西斜街为例的调研提纲。多次召开研讨会和关于调查研究方法的培训会，进一步了解背街小巷环境整治推进情况及工作效果。

（三）调查方法与对象

1. 调查方法

资料收集方法。本次调查采用的资料收集方法有文献分析法与深入访谈法。文献分析法主要是对收集到的中央、北京市、西城区对金融街地区背街小巷整治提升工作的相关政策文件，以及对大城市治理理念的现代转型等期刊文献进行研读与分类整理；深入访谈法主要是对金融街背街小巷在整治过程中涉及的单位、部门、科室等负责人进行一对一的结构式访谈，了解工作进展和存在的问题等方面的内容。

资料分析方法。本次调研大量采用访谈法，对于访谈而来的定性资料采用"归类—分析总结—分析—总结"的方法进行分析。

2.调查对象

本次调研主要对金融街街道办事处主任、副主任，社会办主任，宏汇园社区书记、主任，以及西斜街街巷长、理事长和居民代表等进行调研和座谈。

二 金融街街道西斜街背街小巷整治提升工作情况和做法

（一）金融街街道背街小巷整治提升工作的基本情况

金融街地区作为首都核心区的重要组成，作为"一带一路"国际合作高峰论坛等诸多大型国际活动的重点安保区域，作为我国总部经济的典范和首都的一张金名片，需要精心打造，悉心管理。由于历史原因，金融街地区发展不平衡，一边是繁华的总部楼宇，聚焦环境和服务品质提升，一边是低矮平房院落，聚焦民生服务和精细化管理。

金融街街道于2017年4月10日召开金融街街道背街小巷整治提升动员大会，以西斜街为起点，开起了街巷整治行动的第一步。自此，街道以背街小巷整治提升工作为契机，以"抓创建、治顽症、促提升"为目标，立足于辖区群众需求，加强统筹协调，克服诸多困难，分批分次推进96条街巷环境整治提升工作顺利展开，取得了显著效果。

（二）西斜街背街小巷整治提升工作情况

1.西斜街整治背景和整治意义

2017年3月，北京市市长蔡奇通过明察暗访，走进西单西侧的西斜街，不时发现私搭的杂物堆；后又7次去金融街进行考察调研，指导背街小巷整治，亲切关怀社区干部群众。3月中旬，全市召开了首都精神文明建设工作暨背街小巷环境整治提升动员部署大会，他又重申和强调了工作要求。按照市区两级要求，金融街将西斜街的背街小巷整治提升工作作为当前地区背街小巷整治工作的重中之重，金融街街道办事处主任宫浩担任西斜街的街巷长，作为重要的民生工程、民心工程，迅速展开行动。

金融街地区西斜街的整治提升工作，以提升西斜街人居环境、城市秩序提供了绝佳契机，为提升金融街地区整体文明程度奠定了重要基础，也为金融街打造一个总部楼宇与古朴胡同交相辉映，现代文明与历史文化兼容并蓄的特色金融街创造了有利条件。

2. 西斜街基本情况

西斜街位于北京市西城区中部，东南起西单北大街，西北至丰盛胡同，总长399.3米。自东南向西北倾斜，称为斜街，因与东斜街相对，故称西斜街。西斜街位于金融街核心地区，以老旧平房院落为主，居民约有170户。西斜街有两个事业单位，分别是西城区文化馆和中共中央马恩列斯著作编译部。云南省大理白族自治州人民政府驻北京联络处直属涉外商务型酒店的北京蝴蝶泉宾馆也坐落于此。另外，在西斜街东南角有一处大型垃圾清运站。

3. 西斜街存在问题

一是基础设施薄弱、环境秩序混乱。由于西斜街建于清代，历史悠久，又属于原来划定的拆迁区域，因此存在不同程度的墙体道路破损现象；西斜街又紧邻繁华的西单商业区，流动人口密集，所以环境秩序混乱。

二是"开墙打洞"、私搭乱建现象严重。由于西斜街地属商业核心区，从业人员数量多，同时存在大量零散租户，租房需求较为集中，因此"开墙打洞"、私搭乱建现象较为严重。

三是交通拥挤、停车难。西斜街属于背街小巷，主要以低矮平房院落为主，街巷狭窄，人员流动密集；西斜街又邻近地铁灵境胡同站，近年来私家车、"共享单车"等交通工具数量剧增，导致街巷交通拥挤、停车困难。

（三）西斜街背街小巷整治提升工作具体做法

1. 探索党支部建立在街巷上，完善街巷整治工作领导机制

一是将"社区支部"细分为"街巷支部"，先行先试。调整宏汇园社区党支部，以"街巷"为单位及"党员人数"分布组建党支部，基本实行1个支部管辖2~3个街巷，街巷支部管街巷，负责所在街巷的"背街小巷"整治工作。为街巷整治提供党组织保障，创新基层党组织形式，实现街巷党组织工作全覆盖。

二是围绕"十有十无"工作目标，完善工作体系。通过自治共建理事会，实现背街小巷治理责任到会。在西斜街建立自治共建理事会，街巷支部书记任理事长，设置5名理事会成员，包括1名驻区单位代表，以及楼门院长、老同志代表和志愿者，协助配合街巷长开展治理工作。鼓励整治工作信息公开，提高街巷居民参与度，形成"政府主导、自治共建理事会协作实施、街巷居民参与"的实施模式。通过设置"责任公示牌"，让西斜街居民了解整治工作的进展，形成畅通的沟通机制，全面提高街巷居民参与度。整治工作制度先行，实现整治工作增质提效。摸索建立和完善符合街巷实情的工作制度，形成"背街小巷"整治工作制度保障。同时，加强整治工作的监督管理，充分发挥"街巷支部"的党员监督作用。

三是坚持"党建工作+鼓励自主创新"，双管齐下。鼓励街巷支部，坚持背街小巷整治工作的"常规党建工作"和"自主创新"双模式。一方面，街巷支部作为基层党组织，严格按照党章要求，有计划、有步骤地开展"三会一课"等常规党建工作；另一方面，将背街小巷整治工作纳入街巷支部的重点工作范畴，在立足西斜街实情的基础上，鼓励自主创新，摸索因地制宜的工作方法。

四是打造街巷特色名片，共建街巷整治新容颜。践行和强化西城区党员的"红墙意识"，结合西斜街独有特征，挖掘其文化内涵，打造街巷特色名片，共建街巷整治新容颜，多维度、多举措实现"出门见绿、垂直挂绿、

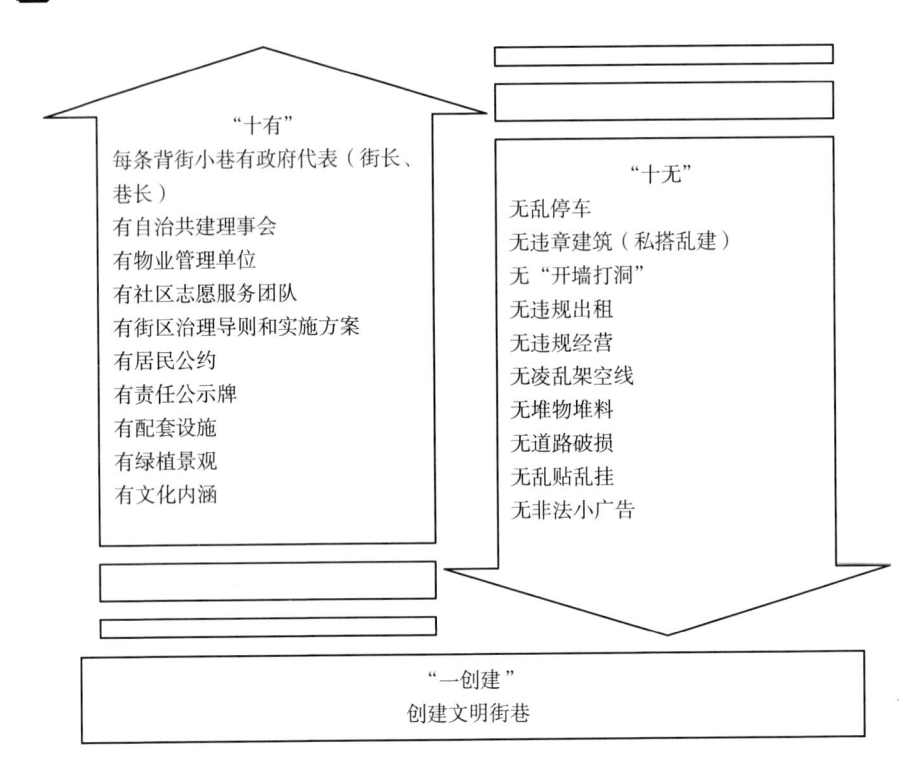

```
       "十有"                          "十无"
每条背街小巷有政府代表（街长、       无乱停车
巷长）                               无违章建筑（私搭乱建）
有自治共建理事会                     无"开墙打洞"
有物业管理单位                       无违规出租
有社区志愿服务团队                   无违规经营
有街区治理导则和实施方案             无凌乱架空线
有居民公约                           无堆物堆料
有责任公示牌                         无道路破损
有配套设施                           无乱贴乱挂
有绿植景观                           无非法小广告
有文化内涵
```

```
        "一创建"
        创建文明街巷
```

图1　"十有十无一创建"的目标内容

资料来源：北京市城市管理委员会、首都精神文明建设委员会办公室印发的《首都核心区背街小巷环境整治提升三年（2017~2019年）行动方案》。

点缀添绿、见缝插绿、拆违增绿"的五绿工程和"精致规划、精心建设、精细管理、精准服务"的精品胡同建设目标。

2. 全面落实街巷长管理机制，深入推进街巷胡同自治共建

一是成立西斜街"疏解整治促提升"专项行动暨西斜街整治提升总指挥部。由街道办事处主任宫浩同志担任街巷长，制定《西斜街背街小巷整治提升实施方案》和《西斜街背街小巷整治提升工作具体实施细则》，明确街巷长、理事会、志愿者队伍职责；成立街巷自治共建理事会，制定居民公约，制定街巷胡同管理公示牌，公示街巷长的姓名和相关信息，并公示街道治理标准和拟达标时间。

二是举行宏汇园社区创建西斜街精品胡同启动仪式与揭牌仪式。街巷长

职责（见表1）、理事会职责（见表2）、志愿者队伍职责（见表3）、西斜街理事会成员名单、"十有十无"标准（见图1）、《宏汇园社区居民公约》等内容全部上墙，时刻接受居民的监督。

表1　金融街街（巷）长主要职责

序号	主要职责
1	贯彻落实中央和地方各级党委、政府关于城市建设管理、环境整治提升、社会治理、背街小巷整治的各项决策部署，代表街道办事处主导本街巷胡同整治工作
2	积极组织街巷人员开展"文明街（巷）""五好家庭"等精神文明争创和志愿服务活动，协助社区、街巷自治共建理事会加强居民自治管理
3	建立定期巡查机制，每周至少开展一次街巷巡查，督促落实"门前三包"责任制，教育、劝导街巷人员爱护环境，制止、举报违法行为，实现街巷管理"十有十无"目标
4	积极参与本街巷胡同社区居委会、理事会等群众自治组织工作，形成定期研讨会议制度，研究整治中的问题，协调街道办事处有关科室解决整治提升中的问题
5	做好街巷居民"五防"宣传，维护街巷公共设施，积极协调处置应急事件。主动公示街（巷）长责任信息，接受社会监督
6	负责落实街道工委、办事处交办的其他事项

表2　金融街背街小巷自治共建理事会主要职责

序号	主要职责
1	认真贯彻落实党和国家的方针政策，执行中央和地方各级党委、政府关于街巷胡同治理的有关决策部署
2	制定理事会工作规章，建立理事会议事制度，明确和完善理事会工作机制
3	参与研究谋划街巷胡同治理计划方案，为街道办事处、社区居委会开展治理工作建言献策
4	协助社区开展对街巷胡同的巡查，收集、整理、汇总、上报巡查中发现的环境卫生、街容巷貌、违法建设、公共秩序、社会治安等方面的问题
5	研究讨论街巷胡同日常管理中的问题，提出解决方案的参考建议，协助街道办事处、社区居委会开展治理
6	协助做好街巷胡同治理中区属单位、街道办事处、社区居委会、居民、驻区单位之间的沟通协调工作，配合街巷胡同的治理行动
7	监督居民参与街巷胡同自治共建，督促落实居民公约，维护和巩固治理成效，协助推进街巷环境整治和提升
8	协助做好街巷胡同治理中的其他有关工作

表3　社区志愿者服务团队主要职责

序号	主要职责
1	接受社区党委的领导,服从社区居委会的工作安排,配合街(巷)长、街巷自治共建理事会开展志愿服务活动
2	牢固树立"人人为街巷、街巷为人人"的工作理念,积极宣传各级党委政府环境整治提升工作部署、"十有十无"标准,推动整治提升工作深入人心
3	充分调动社区居民、驻区单位、商户参与社区自治、街巷理事会工作,提高群众在整治工作中的积极性和参与度
4	发现、收集辖区内有关车辆乱停乱放、违章建筑、"开墙打洞"、违规出租、违规经营、堆物堆料、道路破损、乱贴乱画、非法小广告等环境卫生、街容巷貌方面的问题,及时上报社区居委会
5	监督辖区商户、居民影响城市环境卫生、街容巷貌有关行为,维护整治提升工作成果
6	收集、整理、上报居民和驻区单位关于整治意见建议,为环境整治提升工作提供参考

宏汇园社区居民公约

爱国爱党爱社区，遵纪守法意识强；

崇尚科学多读书，倡导新风不迷信；

防火防盗防诈骗，维护稳定和平安；

扶危救困助急难，尊老爱幼道德传；

举止文明礼待人，邻里和睦互尊重；

保护环境讲卫生，垃圾分类不乱扔；

私搭违建不可取，开墙破洞严治理；

公共设施不侵占，车辆停放有秩序；

十有十无是目标，环境优美当珍惜；

提高素质爱学习，品质生活永不离；

陶冶情操来活动，各类团队欢迎你；

热心公益乐助人，温馨家园同参与；

关心社区守公约，和谐家园共管理。

三是在西斜街开展"守护家园行动——社区清洁日"活动。街（巷）长、理事会成员、社区工作者、社区居民志愿者及辖区单位代表等都积极参加活动。"守护家园行动——社区清洁日"将成为街道的常态化活动,并规定每月最后一周的周五作为固定活动时间。"守护家园行动——社区清洁日"活动的开展,还街巷一个干净、整洁的容貌。

四是宏汇园社区召开西斜街街巷自治理事会扩大会议,邀请西斜街党员代表参会,结合西城区开展"红墙意识"学习活动,动员西斜街党员要主动亮明身份,佩戴党徽,充分发挥"红墙意识"精神和模范带头作用,对有损街巷环境的不文明行为做到及时制止与劝导,努力维护好西斜街的良好环境,让西斜街党支部的工作落到实处。

3. 动员引导社会单位积极参与,建立街巷整理方案库

在街巷整治的同时,街道与金融街房管所、金融街街道绿化队合作,根据西斜街的特点,制定了街巷景观提升方案并于同期开始施工。方案涉及对胡同两侧建筑外立面进行粉刷,对胡同内临街所有门窗进行整修油饰,对民居破损檐头进行局部整修,对破损路面进行修复,以及对胡同内部绿化美化的整体布局设计。目前修缮工程已全部完工,在西斜街设置了5个绿化点,西斜街街巷环境焕然一新。

针对便民设施缺乏、居民买菜难等问题,宏汇园社区街巷长和社区工作人员积极与国安社区负责人接洽便民菜点进社区服务事宜,以满足居民日常生活需求。国安社区并非一个小区的名称,而是一个专门为社区居民提供综合性社区服务的平台,该平台以"让社区生活更丰富、更便捷"为使命,以"诚信、创新、开放、共享"为价值观,引领社区新生活。

4. 建立街区准物业管理模式,实现物业服务街巷全覆盖

创新推进平房院准物业化管理工作,以宏汇园社区西斜街为试点,分批全面推进。由政府通过购买服务的方式引入金融街集团下属专业物业公司,为居民提供包括秩序维护、设施巡视、交通疏导、安全防范、环卫保洁、绿化养护等服务,并配备专人进行管理,形成政府主导、多元共治、良性互动的治理格局,共同维护街巷环境整治成果。针对西斜街存在的乱停车、停车难问题,做好西斜街居民机动车拥有量摸底调查。根据西斜街实际情况划分机动车位20个,西斜街乱停车问题得到极大改善;划分自行车停放点8处,

安排志愿者定期巡逻，劝导居民将自行车停放在划分的停放区域内。

以宏汇园社区党组织为核心，开展社区物业党建联建工作，整合"条块"资源，将社区党建与行业党建有机结合。通过物业公司、社区居民和驻区单位等多方参与与协调，共同解决难点问题，提升居民的获得感、认同感和归属感。与此同时，在平房和老旧小区集中地区，街道积极探索物业管理服务标准体系建设，以及物业管理与网格化服务管理体系的衔接机制，实现物业服务在街巷的全面覆盖和推广。

三 西斜街背街小巷整治提升的工作成效

西斜街的整治提升工作主要包括治理乱停车、疏解交通、拆除违建、治理"开墙打洞"、清理"七小"、整治违规出租以及挖掘胡同历史等。通过全方位的整治提升，辖区街巷环境得到了极大改善，背街小巷整治工作取得了阶段性胜利。非机动车乱停放得到了有效治理，市民在画线区域内停车的自觉性也逐步提高，地区文明程度和街区城市风貌均得到了有效提升。

（一）试点社区成绩显著，逐步实现街道覆盖

通过宏汇园社区"支部建在街巷上"先行先试试点，街道充分发挥了"街巷支部"在"背街小巷"治理中的核心领导作用，探索出"因地制宜"的街巷治理模式。街道按照"突出重点、远近结合"的原则，分批分次对西斜街背街小巷进行有序整治和提升，持续打好"拆违、清障、治污、灭脏、治乱、撤市、缓堵"七大战役。与此同时，街道逐步推进背街小巷治理工作进入全面整治阶段，在此基础上，西斜街基本实现了"十有十无"目标。

（二）街道领导信息上墙，街巷整治自信心足

通过对西斜街背街小巷整治，逐步实现了"十有"工作目标。西斜街设置了街（巷）长，建立了自治共建理事会、物业管理单位、社区志愿服务团队，完善了街区治理导则和实施方案、居民公约，逐步实现了地区有责

任公示牌、配套设施、绿植景观、文化内涵。为确保背街小巷整治工作稳步扎实推进，街道践行中共中央办公厅和国务院办公厅印发的《关于全面推进政务公开工作的意见》，在西斜街街道社区宣传栏粘贴街（巷）长和相关负责人的基本信息和联系方式，公开明确街巷长和自治共建理事会的职责，开放整治工作意见，打通了整治工作和居民的沟通渠道，形成了背街小巷整治工作的良好舆论生态，彰显了背街小巷整治工作的决心和意志，增强了街巷居民的参与热情和整治信心。

（三）街巷党员以身作则，榜样作用众志成城

通过西斜街支部整治街巷，激发了街巷党员的责任心和行动力。街巷党员积极响应党组织的行动号召，以身作则，宣传、动员、带头拆除自家的违法建筑，树立了良好的榜样作用，带动了街巷居民参与整治的积极性。如西斜街理事会理事孙华文主动拆除了自己家中的小煤棚，充分发挥了党员的带头作用。街巷党员用实际行动表明了对街巷整治的信心和决心，并以此扩大号召力，动员更多的党员和群众积极参与到街巷治理中。街巷居民众志成城，团结一心，投身于街巷治理工作，推动治理进程，用行动诠释了"北京市民有里有面，治理街巷责无旁贷"，逐步实现让首都更美丽，让北京更精彩，让市民更荣耀的建设目标。

（四）街巷支部自主创新，创新整治"新花样"

"支部建在街巷上"，将街巷治理工作融合到党建工作之中，发挥街巷支部先锋引领作用，充分调动街巷党员和居民的主观能动性，创新背街小巷整治工作方法和途径。激发社区支部、街巷支部和党小组各级党组织细胞活力和在街巷治理中的行动活力。如以党小组为单位的"走动式"轮班巡视活动，党员同志"边走边做"街巷清洁活动等。同时，支部建在街巷上的一个主要特征是促进了党员和群众的进一步融合，践行了从群众中来，到群众中去的群众路线。如围绕不同治理问题协助居委会组织居民进行问卷调查，创新整治工作形式多元化，群策群力，推进背街小巷整治工作。

四 金融街西斜街背街小巷整治提升工作的对策建议

(一)推进"支部建在街巷上"品牌化,探索基层党建管理创新

"支部建在街巷上"党建试点工作是对金融街街道基层党建管理新模式的有益探索,现已取得了阶段性进展。当前应继续深入推进"支部建在街巷上"品牌化,形成可复制、可推广的经验借鉴,从而更好推动背街小巷整治工作和基层社会治理。当前金融街街道工委下设19个社区党委,有55个党支部和2000多人的党员队伍。以"背街小巷"整治为契机,激发各级党组织和党员的社区治理热情和活力,逐步探索实现由"社区支部管社区"向"街巷支部管街巷"的精细化社区治理工作模式转变。变党员"社区治理的被动参与"者为"背街小巷的主动治理"者,充分调动党员积极性和发挥党员细胞在社区治理中的引领示范作用,带动街巷居民践行"我发现、我参与、我监督"。

"支部建在街巷上"党建试点工作不仅是金融街"背街小巷"整治工作的工作保障机制,更是基层社区治理的主要途径和载体。从"背街小巷"整治行动出发,探索党建与社区服务工作的有效结合,发挥党组织在社区治理工作中的引领作用,进一步研究探索"街巷支部"在社区治理的长效机制中的引领作用,实现党领导社区治理的组织单位细化、任务目标细化和考核指标细化。坚持在党的领导下,实现社区治理的与时俱进和开拓创新。

(二)深化城市管理和社会治理理念,做好信息反馈工作

背街小巷环境整治提升看似是小问题,彰显的却是大理念。要想实现科学整治,必须深化城市管理和社会治理理念。例如,对"开墙打洞"的治理建议结合街巷情况、居民需求和反应灵活施策,对适宜留存的,可通过面貌改善,让商铺成为背街小巷的一道风景,甚至成为街巷文化的一部分;对流动商贩,也可采用分时、择地的方式,给予一定经营空

间，避免下岗失业等人口的主动创业变为政府不可持续的低度扶持；地下空间整治涉及旅馆治理的，可通过加强工商管理、落实商户责任的形式，通过严格登记，并与公安机关信息联网等方式加强管理，而并非一概予以清理，给临时来京人口的居住带来不便，又留下地下空间如何合理使用的难题，造成资源浪费。

要在环境整治的同时，兼顾民生需要。虽然在一定程度上会增加工作的复杂性和难度，但会成为真正服务民生的民心工程。同时，为防止执法的随意性，应加强民主参与机制建设，以此防范在治理对象选择上的腐败和不公现象。因此，除依法严格执行政策外，更应在执法过程中展开深入思考，及时加强政策反馈和沟通工作，以便促进政策修正，或由决策者通过加强政策解读与指导促进政策执行方式的调整。

（三）健全沟通协商机制建设，加强经验借鉴和交流

背街小巷的整治提升是一项需要集中各部门力量共同完成的系统工作，应进一步完善组织建设，建立协调、配合机制，积极联合各职能部门并明确相关职责，指定部门责任人，建立责任追究机制，避免推诿；完善机制，发挥社区居委会、楼门院长、驻区单位和居民的能动作用，合力推进背街小巷整治提升工作。同时，应建立与北京市、西城区党委、政府的信息沟通机制，明确相关责任人，在必要时发挥市、区党委、政府的沟通协调作用，集中力量促进历史遗留问题、与相关单位协调问题等相关问题的解决；及时进行信息反馈，由市区党委、政府指派专人给予工作指导，并在必要时及时进行政策调整。

要加强经验借鉴和交流。整治工作开始前有必要开展对其他地区的经验借鉴，应进行文献梳理和经验总结，必要时寻求专家指导，科学、细致地设定实施方案。在工作开展过程中，应建立本街道各街巷长、各部门之间及与其他街道之间的经验交流机制，通过经验借鉴，不断创新工作方法，推动治理工作在理论、经验和创意兼具的条件下更好地展开；必要时也可寻求上级部门、法律、城市规划等相关专业人士的支持和指导。

（四）完善公众参与机制建设，使环境整治工作赢民心、顺民意

进一步加强公众参与环境整治的广度和深度。首先，在参与的广度方面，当前参与主体以老年人居多，在以中青年为主的社区，这势必不利于广泛参与的形成和对专业、知识型建议的吸纳。中青年群体可通过街道官网、微信公众号、QQ群、微信群等，让居民在工作之余实现在线参与，借此增强公众的参与意愿及能力。其次，在参与的深度上，应更进一步切实做到密切联系群众，而非满足于浅显接触，持警惕、畏惧和不信任心理与群众保持距离，甚至疏远和回避群众，要真正深入社区邻里当中，不回避问询而给予必要的解释和沟通，赢得群众的理解、信任和支持，实现干群融洽，从而推动环境整治提升工作的顺利展开。

要完善自治共建理事会人员构成，理事长更适宜由街巷德高望重的居民而非政府工作人员担任，以体现民主性和自治性；增加扩大会议召开频次，制定参与规则，应增强发言的有序性、有效性和真实性，推动参与者实现由个人利益到对公共利益的认同，使决策更科学，切实实现参与效果。公众参与所涉问题还要有所拓展，如在物业服务企业的引入上，可不必整齐划一，而要通过公众参与，对其必要性进行论证，看是否可通过居民自治或构建网络物业资源平台予以解决。

参考文献

《关于印发〈首都核心区背街小巷环境整治提升三年（2017～2019年）行动方案〉的通知》，北京市城市管理委员会、首都精神文明建设委员会办公室资料，2017。

《关于疏解整治促提升及背街小巷整治提升工作的汇报》，金融街街道办事处资料，2017。

《金融街街道背街小巷整治提升专项行动实施方案》，金融街街道办事处资料，2017。

《金融街街道背街小巷整治提升资料汇编》，金融街街道办事处资料，2017。

《金融街街道背街小巷整治提升工作进展情况》，金融街街道办事处资料，2017。

《金融街西斜街背街小巷整治提升工作概述》，金融街街道办事处资料，2017。

孙力：《大城市治理理念的现代转型》，《党政论坛》2014年第1期。

韩明清、张越、黄杉：《城市有机更新的行政管控体系建构——以杭州背街小巷改善工程为例》，《建筑与文化》2011年第11期。

饶传坤、李军洪、侯建辉、陈丽、周舟：《旧城整治中的公众参与实证探讨——以杭州市背街小巷改善工程为例》，《城市规划》2007年第3期。

徐雷、毛丽敏：《重塑失落的历史街巷空间——杭州背街小巷整治改造工程的意义解析》，《华中建筑》2006年第5期。

B.10
关于金融街街道加强非公企业党建的调研报告

摘　要： 近年来，随着国民经济的迅猛发展，非公企业日益发挥举足轻重的作用，而非公企业党建工作更成为整个党建工作体系中不可或缺的一部分。为深入贯彻落实中央、市委决策部署，西城区金融街街道始终把加强非公企业党建作为一项重要工作来抓，以抓管理和服务建设作为非公企业党建工作的重点，强化机制建设和创新工作手段，发挥辐射作用抓组建，发挥载体作用扩覆盖。课题组重点以金融街街道西城晶华和长安兴融两个党群服务中心为调研对象，总结、梳理金融街非工党建工作情况，查找不足，并借鉴同类地区非工党建经验，提出具体对策建议，为推动全面从严治党更好地走向基层延伸。

关键词： 金融街街道　非公企业党建　楼宇党建　党群服务中心　全覆盖

一　调研背景

（一）调查目的与意义

为落实全面从严治党和区委"强党建"工程要求，深入推进基层党建"堡垒"行动，进一步加强非公企业党组织建设工作。本次调研的主要目的有以下几个方面：金融街街道非公企业党组织建设的整体情况、实施效果，以及在落实"两个覆盖"工作过程中的问题和难点；非公企业党组织建设的长效机制探索；针对金融街街道加强非公企业党组织建设在推进过程中存在的问题提出对策建议。

（二）调查时间与过程

关于金融街街道非公企业党组织建设的调研分为两个阶段。第一个阶段是2017年5月11~15日，课题组就金融街地区商务楼宇党群活动中心工作情况前往西城晶华商务楼宇工作站进行实地调研。第二个阶段是2017年5月17日，课题组前往长安兴融商务楼宇工作站进行实地调研。

调研开展方式有座谈会与实地走访等，调研方法主要采用访谈法与观察法。通过对金融街地区楼宇党建和涉外企业党建的实地调研和前期基本资料的收集，课题组成员基本掌握了金融街地区非公企业党建的基本情况、实际问题等，并多次召开研讨会和关于调查研究方法的培训会，强化调研人员的基本能力与素质，并初步拟定金融街街道加强非公企业党组织建设的调研提纲。

（三）调查方法与对象

1. 调查方法

资料收集方法。本次调查采用的资料收集方法有文献分析法与深入访谈法。文献分析法主要是对收集到的中央、北京市、西城区非公企业党组织建设工作的相关政策文件，以及对非公企业党建创新模式和新形势下加强非公党建工作等期刊文献进行研读与分类整理，分析当前政策导向和发展趋势；深入访谈法主要是对金融街街道西城晶华和长安兴融两个党群服务中心进行一对一的结构式访谈，了解工作进展和存在的问题等方面的内容。

资料分析方法。本次调研大量采用访谈法，对于访谈而来的定性资料采

用"归类—分析总结—分析—总结"的方法进行分析。

2.调查对象

本次调研对象涉及金融街街道西城晶华和长安兴融两个楼宇党组织建设。

街道工委以长安街为线，设置南、北两个商务楼宇党群服务中心站。西城晶华中心站辐射长安街以北37座楼宇、37个网格，非公企业597家；长安兴融中心站辐射长安街以南10个楼宇、10个网格，非公企业275家。两个中心站建筑面积1000平方米，分别设有党群工作室、图书阅览室、洽谈休闲室、多功能会议室。中心站的设立进一步改善了楼宇企业学习阵地、文化设施、活动场所不足的局面，现已成为楼宇企业举办会议、培训的场地和吸引企业职工、党员学习交流、休闲放松、参加活动的园地。

二 西城区金融街街道非公党建基本情况

（一）金融街开展非公党建工作的认识不断提高

金融街街道始终把加强非公企业党建作为一项重要工作来抓，以抓管理和服务建设作为非公企业党建阵地建设的重点，强化机制建设和创新工作手段，发挥辐射作用抓组建，发挥载体作用扩覆盖。与此同时，金融街街道党工委发挥牵头抓总作用，加大对非公企业党建工作指导力度，形成"齐抓共管、通力协作、鼎力支持"的工作机制，组织丰富多彩的党建活动，激发内生动力，开展区域化党建，增添内部活力。

（二）金融街非公党建工作的覆盖面和范围不断加大

金融街街道占地3.78平方公里，辖区现有商务楼宇47座，两新组织720家，百人以上规模企业51家，两新组织员工29768名，党员2130名。其中单独建立党组织的57家，联合党组织44家（覆盖企业528家），党组织覆盖率 81.23%。社会组织 7 家，已建立党组织的社会组织 1 家，联合党组织 1 个，社会组织覆盖率 100%。街道在楼宇及企业共设立职工图书室阅览室 15 个，为具备条件的 12 家楼宇工作站配备了电教设备，在楼宇企业设立党建图书角 40 个。

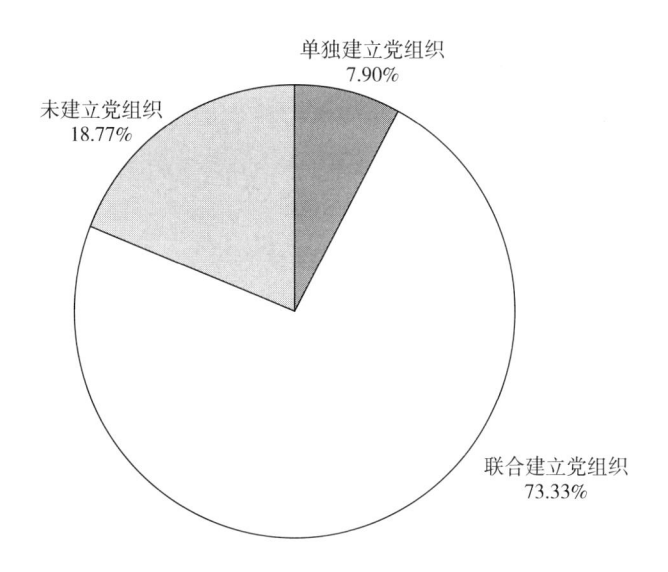

图 1　金融街街道现有非公企业党组织覆盖比例

（三）金融街非公党建工作的力度不断加强

金融街地区作为"企业的总部、金融的港湾"，非公企业及楼宇经济特点明显。如何在经济发达地区打造最具活力的非公企业党建，街道按照"区域化思考、网格化管理、实体化运作"的工作模式，结合非公党建的工作特点，充分发挥社区党务工作者、非公党建指导员、非公企业党组织和楼宇专职党务工作者的作用，大力推进商务楼宇党组织建设与群团工作全面均衡发展的大党建工作格局。

（四）金融街非公党建工作的平台不断夯实

街道工委以长安街为线，设置南、北两个商务楼宇党群服务中心，也被称为"党建工作站"。中心坚持"党建统领、明确职责、优化环境、注重服务"的原则，有效整合党建工作站、社会工作站、工会工作站、共青团工作站、妇联工作站工作力量，发挥中心站整体效能，合理优化配置资源。西城晶华中心站建筑面积600多平方米，长安兴融中心站建筑面积360平方米，两个中心站分别按照党建工作站、社会工作站、工会工作站、共青团工作站、妇联工作站的"五站合一"模式设立。下设党群工作室、图书阅览室、洽谈休闲室、多功能会议室。中心站的设立进一步改善了楼宇企业学习阵地、文化设施、活动场所不足的局面，现已成为楼宇企业举办会议、培训的场地和吸引企业职工、党员学习交流及休闲放松、参加活动的园地。

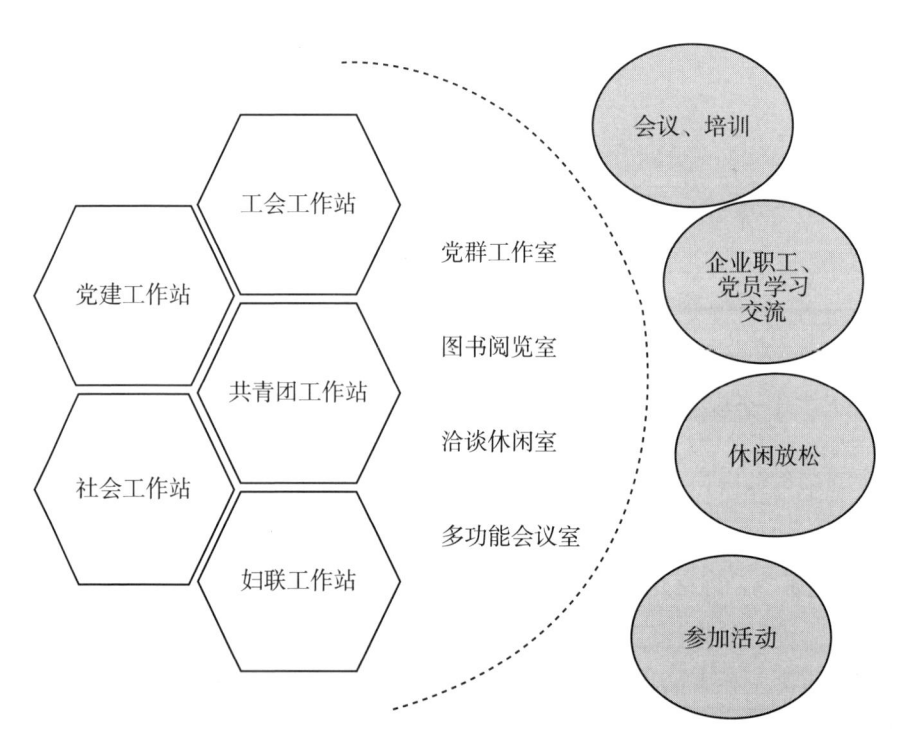

图2 "五站合一"模式下的平台作用

三 西城区金融街街道加强非公企业党建的基本做法

（一）分层分类培育管理，加大党组织组建力度

按照"无组织的抓组建、有组织的抓规范、已规范的抓创新"的工作思路，整体推进非公企业党组织建设。一是无组织的抓组建，扩大党组织覆盖面。对规模较大、生产经营相对稳定，且有3名以上正式党员的非公经济组织，一律单独建立党组织；对党员人数较少，正式党员不足3名的非公经济组织，按照"属地管理、便于活动"的原则，建立非公联合党支部或依托社区建立联合党小组，有序推动党组织组建工作。对尚不具备条件建立党组织的非公有制企业，积极探索通过联建或建立楼宇联合党支部方式加以推进。建立楼宇"1＋X"党建工作机制。"1"是楼宇联合党支部；"X"是仅有个别党员的非公企业。二是有组织的抓规范，提升党建工作水平。凡是已建立党组织的楼宇企业，街道工委在抓规范、促提升上下功夫。建立健全并落实"三会一课"、党员谈心、党员管理、发展党员、民主评议党员、党费收缴管理等制度，进一步推动非公经济组织党建工作的经常化、制度化和规范化。三是已规范的抓创新，增强党建工作活力。街道工委积极探索党组织和党员发挥作用的有效途径和方式方法，充分发挥党组织的帮助促进、教育管理、骨干带动、团结凝聚作用，激发楼宇党员和员工学习热情，增强党组织的凝聚力和向心力。

（二）创新工作方法，努力扩大党的工作覆盖面

非公党建既要借鉴传统党建的经验做法，又要立足非公党建的实际进行不断创新。在工作方式上，街道坚持参与而不干预，服务而不领导，协调而不强制，渗透而不包揽，结合而不游离的原则，做到党的活动与非公企业生产经营"两不误，两促进"。开展以服务为主题的党建带工建、带团建、带妇建活动，扩大党的工作覆盖面，为建立党组织创造条件。推行"互联网

+党建"工作模式,在已有的党建博客、QQ 群基础上,充分引入大众公认的新生便捷工作手段,节约企业时间成本,着力提高工作效率。一是依托街道手机 APP 创设党建版块,对党的大政方针、党员学习资料和学习心得体会、街区工作动态及一站式网上服务咨询实时推送与在线互动,实现党建工作的线上全覆盖;二是根据企业需求分门别类建立党建微信群,如金融服务类企业微信群、综合服务类企业微信群、外来务工类党员微信群等,打造党员身边的党组织。通过推进基层支部"虚拟化"、传统支部"网络化"、组织生活"信息化"等办法,加强"互联网+"非公党建网上阵地建设。利用科技载体实时了解企业需求,加强与楼宇内党团员和企业员工的联系,努力做到虚实融合、线上线下互动,形成上下联动的良好机制,扩大党的工作覆盖面。

(三)夯实数据基础,完善党建管理机制建设

一是完善楼宇底数一楼一册。非公党建工作指导员以楼宇为单位与分管楼宇物业做好对接沟通工作,及时梳理大厦内非公企业变动情况,结合企业情况进行实时服务。坚持主动指导,按照全覆盖工作要求,工作站在楼宇物业公司的配合下深入楼宇每个企业调查摸底,通过发放需求调查表、上门巡访,与企业主管沟通,掌握楼宇企业的基础情况及党员基本情况。坚持主动服务,开展"双找"活动,动员党员找组织,依靠组织找党员。根据服务对象需求,积极搭建服务平台,创新活动载体,服务楼宇企业。二是完善社区底数一区一册。社区党务工作者以所辖胡同街巷为单位做好社区内部独立非公企业党组织服务工作,对于稳定性强且党员人数不足 3 人的非公企业,及时纳入社区非公联合支部,注重功能型党组织培育,灵活开展服务。三是完善街道总体数据阶段性汇总工作。街道社会工作党委综合党建指导员、社区、相关职能单位数据,实现工作台账动态化管理。特别是要与街道统计所、工商所定期比对数据进行分析,全面掌握街区非公企业底数,避免工作遗漏。对于街道工委所属的 35 个实体非公企业党组织,街道工委主动做好联系、指导、服务工作。对名存实亡的"僵尸"企业、有名无实的"影子"企业和空壳组织及时列出清单予以剔除。

（四）注重活动引领，突出党群服务中心建设

街道注重做好长安兴融、西城晶华南北两个中心站平台建设，从党建工作与辖区单位关心的事务出发，从楼宇职工反映强烈的热点难点问题入手，及时掌握企业需求信息，及时协调解决有关问题。坚持以党建为统领，丰富中心站活动内容，每月一主题，丰富活动载体，加强具有区域性、开放性、综合性的党群活动服务中心站建设，丰富党员活动、企业议事、便民服务、教育培训、文化娱乐等为一体的综合服务内容。目前开设有学习培训、政策宣传、咨询服务、接转关系、工团建设、妇女保护、劳动用工、法律援助、公共安全、公共卫生、文化体育、计生服务、公益慈善、志愿服务、政务服务、联谊活动等十六大服务项目（见表1）。党群服务中心充分发挥社会组织的服务职能，通过购买社会服务，增强服务力度和服务效果。通过"菜单式服务项目进楼宇"，与街道计生办、民政科、住保办、妇联、团工委、工会等相关科室联合，以实际服务带动党建工作实效，实现一体化的楼宇党建工作组织构架和运行机制，增强楼宇党建工作实效，拓展服务项目，形成服务品牌。扩大楼宇企业互联互动，每季度开展一次楼宇党建联谊会，积极动员楼宇党员、企业业主和员工参与社区建设和社区党建，参加各类社区公益活动，架起社区服务楼宇企业和党员，楼宇党员融入社区、服务社区的互动桥梁。通过楼宇党员走进社区、了解社区，扩大楼宇党员与社区党员、群众的互联互动，助力和谐街区建设。

表1　党群服务中心现有服务项目

序号	服务项目	服务内容
1	学习培训	分类开展党员、员工的学习培训及科学、文化、法律和业务知识等相关培训，以及书刊阅读交流
2	政策宣传	宣传国家的有关政策，针对楼宇内受众群体年龄低、文化程度高、思想活跃等的特点，拓展多种宣传阵地，利用手机短信、网络、QQ群、贴吧、论坛、博客等进行宣传
3	咨询服务	为企业和员工的发展提供政策支持和咨询服务

续表

序号	服务项目	服务内容
4	接转关系	协助做好党团员的接待、咨询和服务工作。做好党团员的管理服务工作,协助办理党团员组织关系接转
5	工团建设	积极组织楼宇工会、团组织开展工作,帮助解决企业员工在劳动用工等方面遇到的困难和问题,协调解决内部矛盾
6	妇女保护	开展妇联工作,保障妇女在劳动用工时的安全和健康,保护妇女的合法权益
7	劳动用工	为企业提供人才信息、推荐相关人才,为楼宇员工、党员提供劳动就业相关服务
8	法律援助	维护企业和员工的合法权益,对有需求的企业、员工提供相关的法律援助
9	公共安全	建立与各商务楼宇工作站公共安全信息联系机制,做好安全教育和演练工作,及时发现、报告、协助相关部门预防和处理安全隐患
10	公共卫生	开展健康教育,普及卫生保健常识,宣传预防传染疾病常识,协助处置突发公共卫生事件及职工心理调适等服务
11	文化体育	借助地区文化宣传平台,协助打造企业文化,开展文化体育活动
12	计生服务	做好人口与计划生育的宣传和服务工作
13	公益慈善	协助开展献爱心活动,开展楼宇企业与社区帮扶结对活动,组织企业职工开展好公益活动
14	志愿服务	发动楼宇内志愿者,为企业、党员、员工及社会提供志愿服务
15	政务服务	加强与派出所、工商所、税务所、交通队、城管队等部门的沟通协调,为企业的经营发展提供服务
16	联谊活动	针对商务楼宇员工、党员的特点开展分层、分类的文体联谊活动,帮助楼宇大龄青年男女交友

四 西城区金融街街道非公企业党建存在的主要问题

(一)非公企业自身属性限制,非公党建工作开展难度大

金融街地区楼宇经济特点显著,不仅大型金融机构和企业总部聚集,非公企业及外资企业更是数不胜数。在针对非公企业开展党建工作的过程中,

部分非公企业具有经济型、营利性、独立性特点，对非公党建工作不重视，使非公党建工作滞后于企业自身发展。非公企业具有面广、量大、高度分散等特征，使其成为非公党建工作开展中的薄弱环节。

（二）党员干部综合能力欠缺，非公企业党组织活动质量不高

金融街非公企业党组织干部大多由企业领导兼职，缺乏实际工作经验，工作思路不开阔，又忙于企业经营管理，所以投入党建的学习和工作时间少。另外，开展党建活动方法单一陈旧，缺乏创新性、针对性和目的性，这样的工作方式很难对党员产生吸引力，党员干部的领导核心作用也就难以得到有效发挥。非公企业党组织活动不能适应新形势下非公企业建设和管理的需要，在内容上和层次上仍有待提高。

（三）非公企业党建保障制度不健全，非公党建工作生命周期短

金融街非公企业党组织覆盖率虽然在80%以上，但是针对非公党建工作的后期管理持续力度不够，针对每个非公企业党组织的指导和监督也缺乏相应机制。因此金融街非公企业党组织呈现前期组建多、后期维护少，以及共性指导多、个性指导少的特点。此外，部分非公企业硬件设施不到位，活动阵地和办公场所难以保障，仍需街道从根本上加强管理和改善。

（四）社区党建与非公党建缺乏内在联系，影响党建基层工作覆盖面

金融街共驻共建工作缺乏长效机制，宣传不到位，思维不开阔，深度和广度不够。社区党组织与辖区非公企业之间缺乏横向联系，社区共驻共建、共享资源活动缺乏创新，工作方式方法简单，局面被动。在扩大非公党建在基层工作的覆盖面，增强非公企业党组织在社区工作的影响力、渗透力方面，显得资源整合力度不够，载体运用不多，手段不够丰富，效果不甚理想。

五 西城区金融街街道加强非公企业党建工作的对策建议

(一)以服务促管理,协调非公党建各方利益资源

非公企业党建工作的核心是服务。只有加强对企业的一系列服务,形成党组织与企业的良好互动,才能使非公企业党组织在企业中有为有位,从而得到企业的信任和支持。非公企业党建工作的重点是融合。要把党组织的建设融合到非公企业发展中去,培养企业优秀骨干成为优秀党员,培养优秀党员成为企业优秀骨干,使非公企业健康、科学发展,从而担负起服务社会的义务和责任。非公企业党建工作的关键是管理。要形成非公企业领域党建的工作体系,以楼宇党建为抓手,完善制度建设和机制保障,整合非公企业党组织各方资源,协调好建设过程中的利益关系。

建议结合金融街街道特点,建立街道服务辖区单位的综管办和街道工委组织部协同配合机制,体现政府综合服务能力,实现党务、政务、商务、社务的"四务"综合服务,以综合性服务为承载,拓展党建工作向企业深入。在现有服务模式的基础上创新工作模式,积极探索楼宇党建互联网+互动平台,实时了解企业需求,加强与楼宇内党团员和企业员工的联系,努力做到虚实融合、线上线下互动,形成上下联动的良好机制。强化金融街楼宇协会服务职能,推动建立资源共享、优势互补、联建联动的非公党建工作新格局。

(二)以社区党建为抓手,实现金融街非公党建全覆盖

社区党组织要将非公党建工作纳入社区党建工作之中。一是实现社区非公党建工作全覆盖。既要做好分管楼宇的非公企业党建工作,也要针对街巷胡同零散非公企业实现动态化管理服务,做到来有登记、走有核销。二是结合非公企业情况及时指导党组织建设各项工作,对于符合条件的企业,上报街道工委

成立党组织。对于不够成立党组织条件的企业，及时纳入社区功能型联合党组织，便于企业党员参加组织活动。三是积极吸引带动非公企业参与和谐社区建设。根据企业专业优势和居民需求，充分利用志愿服务、社区大讲堂、文明城区建设等活动载体，促进企业融入社区，为党员发挥先锋作用搭建平台，最大限度地实现非公企业党组织反哺社会的良性互动。四是挖掘履职能力强、工作热情高的非公企业党组织负责人成为社区大党委成员，参与社区重大事项的审议决策，增强单位的归属感和主人翁意识，激发单位共驻共建的热情，实现和谐共生。

（三）以制度建设为核心，推进金融街非公党建体系建设

健全工作制度建设。探索上级非公企业党委与企业党组织签订党建工作目标责任书，做好定期汇报、年底评议等工作。实施信息动态管理，建立健全非公党建电子信息台账，对党建基础、党组织及党员数量、党建指导员信息实施动态化管理。

加强保障体系建设。由市、区财政部门划拨非公企业党组织建设的专项资金，切实解决非公经济党组织经费保障问题。不断整合优化党建资源，搭建开放性、多功能、专业化的党群服务平台，为党员和广大职工提供指导、咨询、培训、帮扶等贴心服务。

参考文献

《金融街街道非公党建"两个覆盖"工作汇报》，金融街街道组织部资料，2017。

金融街街道组织部：《金融街街道党建工作会发言》，2017。

王晓丽、刘祎：《非公企业党建工作创新模式比较研究》，《中国劳动关系学院学报》2012年第5期。

王曙彬：《新形势下加强非公党建工作的思考》，《中国市场监管研究》2016年第7期。

王晓辉：《凝心聚力抓党建，服务企业促发展——朝外地区非公企业党总支党建工作纪实》，《基层党建与社会》2014年第3期。

案例报告

Case Reports

B.11
公共文化服务社会化供给的繁星样本

摘　要： 公共文化服务作为公共服务的重要组成部分，对于满足人民群众基本文化需求，丰富人们的精神生活有着重要意义。作为公共文化产品和服务的重要提供者，文化企业正发挥着日益重要的作用。繁星戏剧村在公共文化供给过程中，坚持市场化管理和公益化服务双轮推进，创新发展理念和运营模式，服务文化需求和区域发展，实现经济效益和社会效益相统一。在供给侧结构性改革的背景下，对社会文化组织有效衔接政策，有效对接需求，有效调整优化产品和服务，有效参与政府主导的文化多元供给具有样本意义。

关键词： 金融街街道　公共文化　服务社会化　繁星戏剧村

一 公共文化服务社会化的背景和意义

（一）公共文化服务社会化是落实供给侧改革的必然要求

在 2015 年 11 月 10 日举行的中央财经领导小组第十一次会议上，习近平主席提出了"供给侧改革"的经济命题。供给侧结构改革旨在解放和发展社会生产力，用改革的办法推进结构调整，减少无效供给，增强供给结构对需求变化的适应性和灵活性。公共文化服务社会化使公共文化供给主体多元化，社会力量能更多地参与到公共文化服务中来，通过调动各种资源力量，形成社会合力。转变公共文化产品供给模式，根据群众需求有针对性地进行文化产品配置，更好地使文化供给和需求对接，满足供给侧结构改革的必然要求，有利于打造公共文化品牌，促使文化产业向支柱产业迈进，提升经济效益和社会效益。

（二）公共文化服务社会化是提高政府管理效率的客观需要

政府是公共文化服务供给的重要部分，保障人人享有基本公共文化服务是政府的重要职责。公共文化服务社会化供给是社会发展的内在要求，是全能政府向有限政府转变的必然选择，是有效调控政府公共文化供给的重要举措，可以有效解决政府资源的有限和社会对公共文化服务需求不断扩大之间的矛盾。通过培育多元供给主体及推动多样化供给方式扩大公共文化服务有效供给，可以使公共文化供给与群众文化需求有效对接。政府还出台了一系列政策法规，促进公共文化服务社会化的发展，以及现代公共文化服务体系的建立。

（三）公共文化服务社会化是促进文化企业健康发展的现实途径

满足人民基本文化需求是社会主义文化建设的基本任务，加强公共文化服务是满足人民群众基本文化需求和实现人民群众基本文化权益的主要途径。

公共文化服务社会化是文化企业的发展动力,政府通过采购、项目补贴、定向资助、贷款贴息、税收减免等政策措施鼓励各类文化企业参与公共文化服务,使企业在参与公共文化服务的过程中既能产生经济效益,又能扩大社会影响。在产出优秀的文化产品的同时,树立文化企业的优良形象。而这一点,迎合了文化企业的发展战略需要,为文化企业坚持正确的方向、实现可持续发展提供了现实途径。

二 繁星戏剧村独特定位

(一)基本情况:首家体验型戏剧文化产业园

长期以来,西城区不缺大剧院,但缺小剧场;不缺少赚钱的金融企业,但缺少优秀的文化产业。繁星戏剧村在西城扎根,探索和实现了戏剧产业社会化、大众化、市场化,为居民和城区白领提供了优秀的公共文化产品,填补了西城的小剧场产业空白,提高了西城区民间文化活跃度,并逐步成为西城区大众文化新地标。繁星戏剧村是国内第一家采用"剧场运作和戏剧制作一体化"运营模式的民营小剧场,是目前全国规模最大的民营小剧场集群,是首家"体验型戏剧文化产业园"。现有5个剧场,能容纳观众约1000人,能满足西城区小规模演出的需求,填补了西城区小剧场演出的产业空白。繁星戏剧村拥有自己的创作团队、签约导演,致力于提供原创作品,有30多位签约演员,每年在北京有1000场左右的演出,签约演员每年有200场以上的演出,观众每年约有20万人次,其优秀剧目还在全国各地巡演。

(二)企业使命:倡导文艺生活,传递人文关怀

繁星戏剧村把"倡导文艺生活,传递人文关怀"当作自己的企业使命,用艺术的表达方式引导正确的社会价值观,传递正能量。创作老百姓喜欢的戏剧作品是繁星戏剧村的宗旨。作品题材取自民间或经典剧目,语言贴近生

活,在表现手法上力争创新,融入现代元素,使人们在观赏的同时产生共鸣。其上演的剧目有当代话剧、音乐剧、儿童剧、新编戏曲等,能够适应多类观众群体的文化需求。现有30部原创戏剧,50部获得代理权的剧目,同时还吸引了众多知名戏剧品牌与各类艺术活动来演出或展览。其当代话剧、音乐剧都有较高的票房,观众多是文艺青年和街区白领,也有社会团体和政府部门人员。目前,繁星戏剧村微博有10万粉丝,微信公众号关注量约有4万人,具备一定的社会知名度。繁星戏剧村的原创剧目《那次奋不顾身的爱情》和《那次说走就走的旅行》,被称为"人生冲动两部曲",深受观众好评。其中,《那次奋不顾身的爱情》在全国演出已超过1000场。

(三)发展战略:市场化管理和公益化服务双轮推进

繁星戏剧村在文化供给方面很好地契合了政府的工作,提供了优秀的文化产品,树立了西城区文化企业的优良形象,在文艺演出行业起到了很好的示范作用。繁星戏剧村坚持市场化管理和公益化服务双轮推进,创新发展理念和运营模式,服务文化需求和区域发展。繁星戏剧村的作品深受观众喜爱,产生了良好的市场效应,成功举办大量公益活动和演出,不但产生了一定的社会影响,还实现了经济效益和社会效益相统一。同时,作为艺术人才的孵化器,繁星已培养了五六百名戏剧艺术人才,为西城区提供了稳定的演艺团队,这对西城区提升文化软实力,推行文化兴区战略,有着重要意义。

(四)运营模式:剧场运作和戏剧制作一体化

繁星戏剧村依靠剧场、制作合一的模式和优秀的原创作品赢得了市场。这种"剧场运作和戏剧制作一体化"的模式具有灵活、高效的优点,使创作团队有创作激情,演员有试演机会,能够更好地产出优秀作品。繁星戏剧村目前已进入稳步发展时期,财务收入每年增长20%,基本形成了从创作到演出、电影制作、相关衍生品开发的产业链,成为中国演出市场的作品提

供方之一。新华社评价繁星戏剧村是"小市场引发大市场",是"中国梦的践行者"。

三 繁星戏剧村公共文化服务的创新实践

(一)公办民助,在准公共文化服务提供方面发挥企业专业化优势,实现企业与政府间资源优势互补

繁星戏剧村为北京市文化局、西城区政府、北京市文资办、西城区旅游委等多个市委、区委政府提供文化活动的场地支持,举办演出季、阅读季、旅游活动等活动项目。此外,它还与成都市成华区政府合作,由成华区政府提供场地和优惠政策支持,繁星戏剧村提供内容产品及输出,联合打造"繁星东郊记忆演艺中心",填补成都文化演出市场的空白,场制合一打造西南地区的演艺中心。

繁星戏剧村连续四年参与由文化部、国家新闻出版广电总局和北京市政府共同主办的中国北京国际文化创意产业博览会(以下简称"文博会")。繁星戏剧村作为西城区"文化创意产业集聚区",多次成为"文博会"西城区分会场并参与文博会举办的各项活动。2013年,第八届文博会西城区分会场暨繁星戏剧季开幕式在繁星戏剧村举行,西城区政府与繁星戏剧村共同举办"文化惠民·全场百元"的观剧活动。借由文博会,繁星戏剧村充分发挥资源优势及业界影响力,汇聚一流的创作团队为北京演艺市场奉献多场文化演出,打造"都市文艺生活的体验园区"。

由北京市文资办、市文化局、市新闻出版广电局、市文物局四部门主办,市发展改革委等19家委办局和16区政府联合主办,以"惠文化慧生活"为主题的"第四届北京惠民文化消费季",围绕"文化惠民"核心主旨,繁星戏剧村推出文化消费优惠活动,满足居民在文娱服务方面的需求。同时,戏剧村还被选设为十大文化消费园区之一,广受好评。

（二）公私合作，以订立契约的方式，共同建立文化项目及产品推介机制，拓展社会参与平台

2013~2016年，北京市戏剧家协会、西城区文化委员会与繁星戏剧村已联合举办了三届"当代小剧场戏曲艺术节"（以下简称"艺术节"）。"艺术节"是1949年以来第一个戏曲文化节，深受广大戏曲爱好者的追捧。艺术节不仅给戏曲创作者提供了良好创作环境，更为中国当代社会传统戏曲复兴搭建了展示和交流平台，并逐渐成为一个有影响力的国家级戏曲文化品牌，代表并展现了西城区的文化实力。艺术节经过3年的坚持和发展，推介机制在主体、范围、方式、成果上不断实现创新并逐步拓展完善。

繁星戏剧村积极推动对外交流推广，携手当代书画艺术家、表演艺术大师及中日政要，联袂打造"中日友好邦交正常化45周年纪念活动"，引领开启和平艺术之旅，也为中日两国的和平发展和深化合作奠定了文化基础。

（三）资源共享，深化与街道社区合作交流，服务辖区居民文化生活

繁星戏剧村通过与街道社区开展合作，参与社区公共文化服务的供给，确保居民获得优质服务，丰富社区居民文化生活。

紧邻西单的繁星戏剧村在西单时尚节期间推出文艺消夏演出季活动。市民可通过优惠的票价欣赏到繁星的五部原创作品——都市爱情喜剧《那次说走就走的旅行》《那次奋不顾身的爱情》，音乐剧《莎翁的情书》《我的长腿叔叔》，以及新戏曲作品《魅影》。

北京阅读季期间，在第六届"阅读+我"活动中，繁星戏剧村成为优质全民阅读活动的落地场所，为市民提供免费阅读，吸引了大量读书爱好者前往。自2016年西城区两会提出建设"书香西城"理念后，经西城区文化委员会认定，繁星戏剧村书吧成为以艺术和戏剧为主题的特色阅读空间，以满足不同年龄读者的不同需求。

（四）公益先行，丰富专场公益活动主题，履行企业社会责任

繁星戏剧村举办的盲人戏剧专场、聋哑人戏剧专场，为特殊群体提供定制化的戏剧产品服务，满足他们的文化需求。戏剧村面向公众举办了各类免费的艺术展览、阅读活动，以及合唱团公益演出等，与周边社区街道开展共建共享活动，以剧场为空间载体，让广大群众能够体验和感受到艺术文化的魅力。

香港导演叶逊谦的音乐剧《莎翁的情书》举办了盲人公益专场，几十位北京的盲人朋友走进繁星戏剧村，多数人失明后第一次"观看"音乐剧，一直在为盲人讲解电影的心目影院主持人大伟老师全程为他们解说了音乐剧细节。该剧在香港演出时就曾尝试请来盲人、聋哑人观剧，获得了良好的反响。

四 繁星戏剧村公共文化服务成效

（一）解决了政府资源不足和专业性不强问题

繁星戏剧村所做的文化供给正契合了政府的要求和居民的需求，低价位票价策略，满足了人民群众的普遍性消费需求，甚至还对学生等特殊人群提供优惠。繁星戏剧村通过市场化途径为人民群众提供了专业化和多样化的文化产品，实质上是在政府提供基本公共文化产品之外，做到了准公共文化产品的供给，是政府公共文化服务的有益补充。解决了政府文化供给资源不足、专业性不强的问题，有助于推动公共文化服务体系的建立健全和高效运转。

（二）为企业参与公共文化服务提供了可复制的经验

文化企业参与公共文化服务是文化产业的发展所决定的。其在市场竞争中所形成的生产能力和产品竞争力，在文化供给方面拥有比政府、文化事业单位更多的优势。繁星戏剧村依靠剧场、制作合一的模式和优秀的原创作品赢得了市场。现在繁星戏剧村已基本形成从戏剧创作到演出、电影制作、相关衍生品开发的产业链，成为中国演出市场的内容提供方之一。由于"剧场运作和戏剧制作一体化"的模式有灵活、高效的优势，为企业参与公共文化服务提供了可借鉴的经验，产业带动作用明显。繁星戏剧村的成功模式正是民营小剧场探索公共文化供给、文化复兴的成功典型。

上海、杭州、成都、山西等省市对引进繁星戏剧村表示出极大兴趣，为了发展地方戏剧事业，培养地区文化产业，在政策上给予了很大支持。这种文化产业园的运营模式为各地的文化产业提供了很好的借鉴作用。新华社评价繁星戏剧村是"小市场引发大市场"，是"中国梦的践行者"。

（三）在区域社会文化服务建设中发挥了重要作用

繁星戏剧村每年在北京上演约1000场戏剧，服务观众约20万人次；而全北京每年约有5000场戏剧演出，其中小剧场演出共约2000场，繁星一家就占了约50%。并且，繁星的演出有70%~80%是繁星的原创作品，深受观众喜爱，平均上座率在70%以上，在周末更是一票难求。一部戏往往要演百场以上，其中有一部戏已演出超过1000场。繁星戏剧村通过市场化途径为提高人民群众的文化素养做出了极大贡献，本质上是在政府提供基本公共文化产品之外，做到了准公共文化产品的供给，是政府公共文化服务的有益补充。

团中央宣传部对繁星戏剧村的作品给予很高的评价，并采购繁星戏剧村的优秀话剧作品相继送给19所高校，使优秀话剧走进校园。另外，繁星戏剧村也自发举行了一些公益演出，每年有十几场公益活动，比如关爱自闭症儿童、关注空巢老人等。繁星美术馆每年有十几场公益展览，阅读空间每年提供30多场主题阅读，并多次参加政府组织的公益演出。不仅如此，繁星戏剧村还多次支持邻近社区文化事业发展，每当受水河社区组织地区居民进行节目排练和演出时，繁星戏剧村都免费提供场地支持，推动周边地区文化发展。

五 繁星戏剧村对公共文化服务社会化供给的启示与思考

（一）政府积极引导为企业参与文化多元供给创造良好环境

政府鼓励和引导企业将触角延伸到公共文化服务领域，进一步公开和明确规范基本公共服务机构设立的基本标准、审批程序，为企业参与文化多元供给创造了条件，并促进了政府自身运作方式的变革，降低了公共文化服务的成本，提高了公共文化服务的质量和效率。减少政府在社会公共服务方面的压力，使文化服务供给多元化，群众可以享受到更丰富多元的文化服务。同时更加便于政府管理，有利于发挥社会力量在提供公共文化服务、改善社会文化治理方面的作用，有利于提高企业参与公共文化服务的积极性。

目前，繁星戏剧村与政府主导的公共文化服务只是进行了一定的合作与场地供给，与政府部门的互动较少，合作和交流还不够深入，影响力和文化供给的作用也没有得到充分发挥。鉴于此，政府部门可以适当购买其文化服务及相应产品，引导其更广泛地参与西城区、街道、社区的文化活动和文化演出，建立联系与合作机制，充分发挥其文化供给作用。

（二）企业主动衔接国家政策确保自身可持续发展

根据中央的指示精神，各级政府都开始把发展公共文化事业作为工作重点，把文化软实力当作国家崛起的新动力。在国家文化政策的引导下，繁星戏剧村找到了可持续发展的道路，在参与公共文化供给的过程中不仅获得了经济效益，同时承担了公共责任，取得了良好的社会反响。

对于引导企业参与公共文化服务，有关部门在发展资金、项目申报、税收、治安、环境卫生等方面可给予照顾和优惠，营造文化企业发展的良好外部环境，使其健康发展并起到带动引领作用，使企业在参与公共文化服务供给的同时，能够做到经济效益和社会效益双重推进，促进企业及区域文化产业的健康发展。

（三）街道全力统筹资源探索企业公共文化供给长效机制

繁星戏剧村的产品深受群众的喜爱，所做的文化供给迎合了政府的要求和居民的需求，低价位票价策略，满足了人民群众的普遍性消费需求，甚至还对学生等特殊人群提供优惠，公共文化服务走向社区，使文化活动与公益事业融合发展，有助于保障公共政策成果，提高公共文化服务品质，培养社区居民参与公共文化活动的积极性和热情度。

繁星戏剧村不仅有文化产品资源，而且有设施资源、专业人才资源和戏剧行业资源，街道和社区应作为社会资源强化统筹协调力度，加强在社区公共文化服务方面的供给，建立文化委、街道、企业、社区的平台机制与工作机制。比如，繁星戏剧村的剧场和美术馆在空闲时可以举办文化活动、公益性展览，作为社会单位资源进行共享和有偿利用。在社区文化建设上，可以发挥戏剧村的专业人才资源优势，为西城区的属地居民和社会单位进行艺术培训和群众文化创作指导。社区可以聘请戏剧村的专业师资培训社区文化工作者，或派送社区文化工作者和社区居民到戏剧村学习，以提高社区的文化服务质量。与此同时，以繁星戏剧村为桥梁，促使初级文艺从业者、文艺大学生到社区锻炼，以扩展社区文化服务志愿者队伍，并且介绍优秀文艺作品进社区。通过戏剧村与街道社区合作的深入，建立长效机制，达到互惠互利、共同成长的效果，更好地发挥繁星戏剧村优秀文化供给的作用。

参考文献

中共中央国务院：《"十三五"推进基本公共服务均等化规划》，2017。

杨振铎：《北京市东城区公共文化服务分类供给方式研究》，《上海文化》2014年第

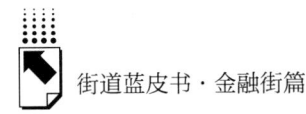

4 期。

孙晓莉：《公共服务论析》，《新视野》2007 年第 1 期。

欧小蓉：《供给侧视域下公共文化产品供给初探》，《清江论坛》2016 年第 4 期。

张秋洁：《北京市西城区社区公共服务社会化实践研究》，中国社会管理论坛，2012 年 5 月。

赵晨：《公共服务社会化初探》，硕士学位论文，吉林大学，2004。

张丽：《推进公共文化服务社会化》，《科技创新导报》2015 年第 11 期。

秦锦屏：《关于推动公共文化服务社会化的几点思考》，《神州民俗》2016 年第 12 期。

胡董永：《公共文化服务社会化的概念和范畴分析》，《参花》2016 年第 13 期。

李俊洁：《浅谈公共文化服务社会化》，《文艺生活·文海艺苑》2016 年第 5 期。

B.12
威斯汀：探路"党工团一体化"国际合作企业党建模式

摘　要： 随着经济全球化的深入和党领导一切工作的加强，作为国企、民企之外的另一类别的国际合作企业，如何构建符合自身特点、发展需要和时代要求的党建工作机制，并不断发挥基层党组织在贯彻落实政策、团结动员群众方面的优越性，宣传好党的主张、讲好中国故事，成为新时期一个亟须破解的命题。作为金融街街道辖区内的一家国际合作经营企业，北京金融街威斯汀大酒店于2009年开始设立党支部，在金融街集团党委和各级党委的领导下，紧密结合国有产权、外方管理的实际及特点，秉持"五星级酒店要有五星级党组织"的理念，不断创新党建工作，开拓出了一条"党工团一体化"的党建模式，使西方先进管理文化与中共党建文化有机融合，探索出了一条国际合作经营企业党建工作的新途径。

关键词： 金融街街道　国际合作企业党建　党工团一体化
"三型"党建　党建文化

一　背景：加强国际合作企业党建是时代要求和现实需要

（一）加强党建是对国际合作企业的时代要求

近年来，中央对基层党建的创建越来越重视，基层党组织覆盖面全力向非公企业、社会团体等各种经济组织、社会组织推进,由此巩固党的基层政权,提升党的领导和服务能力。随着经济全球化和"一带一路"倡议的实施,中国企业"走出去"步伐加快,国际范围内的企业合作更加频繁,国际合作企业的发展十分迅速,成为中外合作的一个重要窗口和中国经济的一股重要力量。党的十九大报告指出,要"坚持党对一切工作的领导"。如何推进国际合作企业党组织建设工作,不断发挥基层党组织在贯彻落实政策、团结动员群众方面的优越性,宣传好党的主张,讲好中国故事,探索适合时代要求的党建模式,成为新时期国际合作企业面临的一个亟须破解的命题,意义十分重大。

(二)加强党建是国际合作企业文化融合的现实需要

探索党建模式也是国际合作企业自身发展的需要。国际合作企业在治理结构、管理体制、管理文化等方面都有其独特性,作为一项重大战略,文化融合问题不仅决定企业的发展方向,而且事关企业的生死存亡。基层党组织建设为解决其文化融合的问题打开了全新的视角。然而,党建工作如何在国际合作企业中落地?传统的党建工作和思想政治工作如何植入现代企业制度和国际企业管理?西方企业管理和文化建设如何与中国优秀文化和先进的党建文化相融合?在这种新经济管理模式中开展和加强党建工作成为国际合作企业面临的一个现实问题。

(三)威斯汀大酒店创建国际合作企业党建工作模式

金融街威斯汀大酒店作为一家涉外五星级酒店,以工建为切入点,以基层党建为突破口,率先探索了一条以服务型党建、创新型党建、学习型党建为抓手,"党工团一体化"的国际合作企业党建模式,从根本上解决了中西方企业文化融合和企业发展活力问题,诠释了基层党组织助推国际合作企业发展的生动实践,充分展现了基层党组织的独特优势和党建文化的生机与魅力。

二 历程：威斯汀大酒店"党工团一体化"党建思路

（一）威斯汀大酒店不能成为党建工作的空白点

北京金融街威斯汀大酒店于2006年开业，是一个产权为国企、管理权为外企，权属分开、类别特殊的国际合作企业。威斯汀大酒店的业主方——金融街集团是社会主义市场经济中的优秀国企代表，而酒店管理方——喜达屋集团是西方科学化管理的典型企业。企业绝大多数员工来自国内，管理人员分别来自英、德、法、加、荷、澳、墨、印度和马来西亚等十余个国家，是一个典型的世界性企业。企业成立以后，北京金融街集团党委即开始谋划威斯汀大酒店建立党组织的问题。金融街集团认为，坚持党对国有企业的领导，发挥企业党组织的领导核心和政治核心作用是国企应该始终坚持的重大政治原则，虽然威斯汀大酒店"产权归中方，管理归美方"，但酒店坐落于首都北京，绝大多数员工来自中方，决不能让党建工作成为空白点，完全有必要进行组织覆盖。

（二）把党支部建在工会上

在威斯汀大酒店建立党支部的想法，必须得到企业外方管理者的支持。为减少外方的疑虑，金融街集团党委与企业外方管理者协商，提出先在企业建立工会组织，然后在此基础上成立党支部的设想。成立工会组织既符合国际惯例，又满足中国工会法要求，这一提议得到了企业管理层的支持。为此，经金融街集团党委研究，从集团选举并委派一名人员担任威斯汀酒店的专职工会主席。2007年，北京金融街威斯汀大酒店工会正式成立。2009年，企业外方管理层进一步同意在工会基础上设立党支部。但与中国国有企业党建不同，威斯汀大酒店的党支部并不参与经营管理工作，党支部书记不是专职人员且没有薪酬，而是由工会主席兼任。这一创新做法符合企业实际，在确保企业独立经营管理的同时，为推动国际合作企业党的建设开了一个好头。

（三）"党工团一体化"的形成

党支部正式成立后，又建立健全了团组织。在金融街集团和金融街控股公司党委的领导下，威斯汀党支部和工会开始认真思考，仅仅依靠当时的10名支部党员，在整个酒店开展组织活动中，范围小，影响也小。那么，怎样才能提升党支部的影响力？支部和工会统一思想认识并做出决定，抓住工会和团委两个强有力的助手，把党建工作大门敞开，支部活动全部向党员和酒店的全体中外员工开放。由此，"党工团一体化"党建模式正式形成，具体表现为"党建统工建、党建带团建、工建团建促党建、党工团齐抓共建"的模式。形式上是以党、工、团三方名义开展工作和组织活动，实际上，党支部处于绝对的核心领导位置，但多数情况下是工会站在前台位置。在运行过程中，党工团干部分别实行双向和交叉任职兼职，并定期召开联席会议，共同研究工作，形成"你中有我、我中有你"的局面，并做到分工不分家。

三 做法：威斯汀大酒店以"三型"党建的创新实践

（一）创新服务型党建，着力推动酒店科学发展

金融街威斯汀大酒店党支部深知在一个外方管理的国际化五星级酒店中，唯有服务发展才能赢得认同，所以党组织建设把促进企业发展定为威斯汀酒店党支部的主要职责。酒店党支部充分尊重外方管理理念和管理模式，紧紧围绕酒店发展开展一系列工作和活动，得到外方认同和大力支持。

一是围绕服务于酒店安全生产经营抓党建。安全经营是酒店实现可持续发展的重要组成部分。威斯汀大酒店党支部定期举办各类安全培训活动，如抓住安全生产月开展员工安全风险培训，组织职工消防安全知识大赛，及时采取有效措施应对"甲流"等突发公共事件，切实保障酒店的整体运营安全和公共安全。2013年，酒店作为全国饭店业中的唯一一家企业，参加中国安全生产协会举办的安全管理标准化示范班组创建活动推进会并做经验介绍。

二是围绕服务于酒店员工专业技能提升抓党建。建设一支高素质、技术过硬的职工队伍,是党支部提出的带好队伍的要求,也是推动酒店发展的根本动力。为了进一步提高员工的业务技能,推动行业发展,促进企业发展,在金融街控股党委的统筹带动下,落实"赛业绩、比贡献"活动部署。威斯汀酒店党支部发挥组织优势,统筹酒店各部门,结合岗位特色和主要技能,每月举办一次"我爱我岗位、我练我技能"系列活动,如客房部组织开展的"叠毛巾技能大赛",前厅部举办的"客人接待模拟大赛",厨房部举办的"菜品装饰才艺大赛"等劳动竞赛,大大提高了酒店员工的专业技能和服务水平。

三是围绕服务于酒店决策管理抓党建。为促进酒店决策管理的科学性,酒店党支部推动融入职工民主管理的元素。2009年以来,酒店管理层和党工团共召开5次员工与总经理对话会、11次全体员工大会、10次职工代表大会,员工提出58条意见建议,就如何提高多元化企业凝聚力、加强企业执行力等诸多问题提出建议,促进科学决策。通过与最高管理层的直接对话,既保障了员工对酒店经营管理有关问题的知情权、参与权,把员工的积极性创造力引导和凝集到促进酒店的发展上来,也进一步加强了员工和高层之间的紧密联系,营造了有利于酒店发展的和谐环境。

2009年以来,酒店管理层和党工团共召开5次总经理对话会、11次全体员工大会、10次职工代表大会,员工提出意见建议58条	→	员工参与决策管理
通过与最高管理层直接对话,反映员工对酒店管理的意见和建议,酒店管理层就酒店的经营策略向员工进行通报,促进酒店健康发展	→	促进酒店健康发展

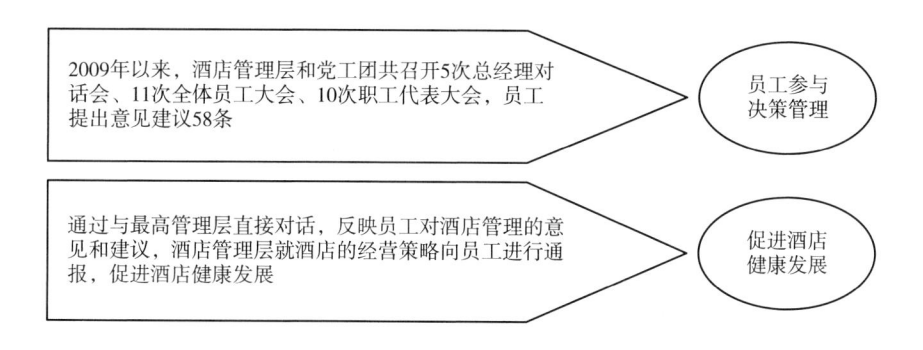

图1 围绕服务于酒店决策管理抓党建

四是围绕服务于酒店资源对接抓党建。酒店党支部自成立以来,积极协助酒店与政府、周边社区、行业协会等资源对接,帮助酒店解决人员、硬件设施的需求问题。党支部将"酒店需要什么帮助,我们就努力提供什么服务"的理念作为服务酒店生产经营的基本原则。如党支部知道酒店亟须得到专业电器设施维修的支持,就主动联系中国家用电器维修协会,拓宽酒店电器设施维修渠道。这些到位的服务工作,给酒店管理带来了实惠,赢得了外方管理层的赞誉。

```
┌─────────────────────────────┐
│ 酒店党支部自成立以来,协助酒店  │      ┌──────────┐
│ 与政府、行业协会、周边社区等   │─────▶│ 协助酒店对 │
│ 资源对接,帮助酒店解决人员、   │      │ 接社会资源 │
│ 硬件设施的需求问题            │      └──────────┘
└─────────────────────────────┘

┌─────────────────────────────┐
│ 通过协调与政府、周边社区、行业 │      ┌──────────┐
│ 协会等资源的对接,既坚持了围绕 │─────▶│ 促进酒店  │
│ 服务酒店生产经营开展党建工作, │      │ 协调发展  │
│ 又促进了酒店的协调发展         │      └──────────┘
└─────────────────────────────┘
```

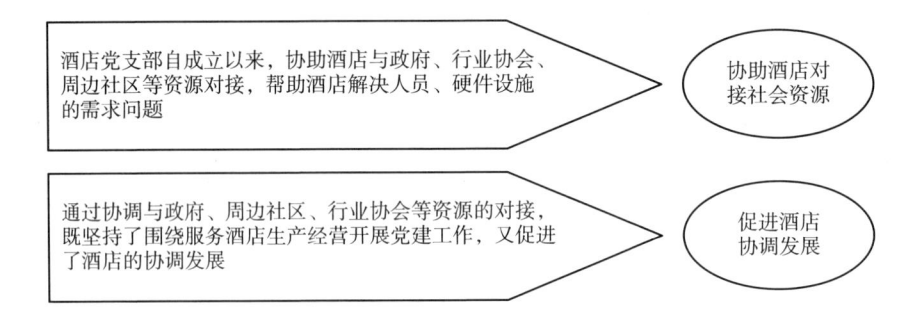

图 2　围绕服务于酒店资源对接抓党建

(二)创新创新型党建,着力打造先进企业文化

如果说酒店的经营管理是硬实力,那么酒店文化就是软实力。酒店党建工作既要抓住硬实力,也要抓好软实力,必须推进硬实力与软实力的双轮驱动,党支部以文化搭桥,致力将中外文化融合,将中国的文化元素和外国的企业文化融合为威斯汀独有的文化内核,为企业发展注入新的活力。以酒店举办的各类活动为载体融入党建,传递党的舆论,使党的思想和政策深入威斯汀酒店企业文化的方方面面,使外企更加适应中国的文化,适应中国的市场环境,探索打造具有中国特色的国际化酒店企业文化精神,引领酒店企业文化发展的方向。

从"同绣一面国旗"到"书写中国梦",充分展现中外员工的亲密团结。"同绣一面国旗"是党支部刚成立时开展的一项持续至今的活动。2009年9月,在中华人民共和国成立60周年之际,威斯汀酒店党支部以激发党员和中国员工的爱国情怀,增进外籍员工对中华人民共和国成立的历史、五星红旗深刻含义的了解,开展了"同绣一面国旗"活动。威斯汀党支部在2012年进一步衍生"同绣一面国旗"的活动内容,开展了"同一面红旗下"的主题宣讲活动，包括11名来自不同国家的外籍员工，共300多名酒店员工参与了宣讲活动。了解国旗、了解中国的"国旗文化"在酒店成为对内凝集中外员工，对外展现酒店形象的品牌文化。"用中国字，书中国梦"硬笔书法活动是十八大召开后另一个在全员范围内开展的活动。该活动将28000多字的十八大报告拆分印制成286份书法字帖，共有286名中外员工，包括来自不同国家的8名酒店外籍高管，历时一个月，一起用硬笔书法抄写完成十八大报告，最后制作成两块2.5米高、8米长的展板展出，并在展板上以十八大报告为中心，周围粘贴了所有书写者的照片，传递着中外员工的紧密团结。

从捐赠活动到志愿活动，将西方企业社会责任和中国党员先进性相融合。喜达屋集团的企业文化就是围绕着"关爱"这个词，其中"关爱社区"是重要的组成部分。酒店党支部将"关爱社区"拓展到"关爱社会"，既为酒店树立了良好的企业形象，也为酒店的国际化慈善之路奠定了基础。酒店党支部积极承担社会责任，组织员工，促进社区共建，积极开展捐赠活动，近年来，为希望小学、海地地震灾民、青海玉树地震同胞捐款捐物近10万元；组织员工积极参与社区公益活动，与金融街街道残疾人康复中心和孤老院结成对子，连续4年每逢春节和其他重大节日都去慰问。

"中外志愿者"服务队是北京金融街威斯汀大酒店的一道亮丽风景线。这支包含外国志愿者的队伍，正是由酒店的中外员工共同组建的。中外志愿者们在工作之余，积极投身于社会公益事业。他们不仅慰问北京周边的社区、敬老院，还将关爱的力量送到了别的省市。2013年11月，中外志愿者服务队来到了云南省红河县浪堤乡曜阳托老所，为那里的失能老人送去了自己的一份爱心，扩大了酒店的影响力。

（三）创新学习型党建，着力凝聚职工群众力量

喜达屋集团的关爱文化，把关爱员工放在首位，而企业党组织的重要职责正是团结凝聚职工群众。金融街威斯汀酒店党支部在这一方面，又找到了双方的契合点。回顾酒店党建工作的实践历程，以员工的需求为导向，以服务员工为切入点和立足点，正是其工作贯穿始终的思路。

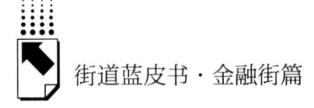

凝聚职工人心抓党支部队伍建设。金融街威斯汀酒店党支部积极践行以人为本的管理理念。为了使大家在辛苦紧张的工作之余，可以享受轻松愉悦的休闲生活时光，酒店党支部从员工的角度出发，设计各类有利于放松员工心情和增进员工与员工间、员工与企业间、员工与党组织间的交流活动，从活动的内容、环节、时间、奖品等细节设置上充分考虑员工们的心理需求和体验感受，因此赢得了上上下下的支持和热情参与。几年下来，党支部组织了乒乓球比赛、手工制作、拔河、踢毽子等系列文体活动；党支部在三八妇女节会组织服务女性需求的活动；党支部在六一儿童节会组织"威斯汀宝宝"系列活动，关爱员工的孩子。这些活动，既让酒店员工放松身心，又增进不同部门和层级职员间的沟通与交流。

培养职工学习能力抓党支部思想建设。为了进一步筑牢员工队伍建设的根基，党支部十分重视以学习为抓手促队伍建设。在上级党委开展的"党员读书活动"中，威斯汀酒店党支部扩展了"员工活动室"的内涵和功能，打造为"职工书屋"，充实各类书籍共20类3000余册、报刊20余种、光盘80张，为员工提供了学习的专门场所。"党员读书活动"作为金融街控股党委举办的重要学习交流活动之一，威斯汀党支部积极组织党员参与，共写成17篇读后感，全部收录于《书香人生——金融街控股党员读书活动成果展》中。在党支部的带动下，威斯汀酒店形成了"爱读书、读好书"的良好学习氛围，在工作之余，有效提升了酒店员工自我学习和思考的能力，为提高员工业务素质和政治素养创造了有利条件。这些点点滴滴的做法，不仅为职工群众创造了一个良好的工作氛围，更重要的是凝聚了职工群众的心，使大家拧成一股绳，全心全意地为酒店发展服务。

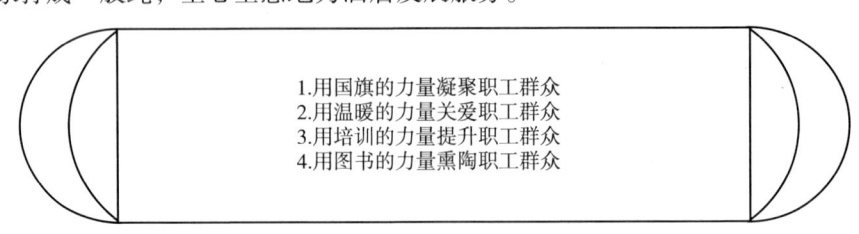

1.用国旗的力量凝聚职工群众
2.用温暖的力量关爱职工群众
3.用培训的力量提升职工群众
4.用图书的力量熏陶职工群众

图3　着力于团结凝聚职工群众

四　效果：威斯汀大酒店"党工团一体化"党建模式的成效

（一）找到利益平衡点，推进中西双方互利共赢

经济发展关系到企业的生存，也关乎全体员工的根本利益，"党工团一体化"党建模式的探索与创立，找到了双方利益的共同点和平衡点，赢得了外方管理层的认可和支持，从而实现中外双方互利共赢。党工团干部逐步将党工团工作的切入点和落脚点放在服务于企业的经济发展上，将党建工作与企业生产经营结合的做法，不仅使党工团工作富有生命力和拓展空间，保证了党建工作的有效性，还将企业发展推到了一个新的高度，使外方深刻地认识到中外相互融合能够促进酒店快速和谐发展。

（二）找到文化共鸣点，推动多元文化有机融合

北京金融街威斯汀大酒店党组织和工会为促进多元文化有机融合进行了积极探索。通过党支部和工会建设，威斯汀大酒店找到了中西方文化融合发展的共鸣点，那就是党建文化。党建文化以其先进性、包容性、创新性得到了外方管理团队的认同，并有效应用到服务和促进酒店各项管理组织活动与开展工作中，不仅促进了中西方文化沟通，强化了企业文化的战略认同，打造了共同的价值取向，谋求了共同的前进步伐，还使酒店的西方先进管理文化与更多的中国元素相结合，增强涉外酒店融入中国本土的能力。为企业注入中国文化内涵，使其成为中西文化交融和多元文化共存的模板，还为企业中外各方建设文化共同体做出了巨大贡献。

（三）找到政策接入点，促进政策红利有效释放

在中国经济转型升级、社会结构调整的大环境中，威斯汀作为产权是中方、管理权是西方的涉外酒店，要想在坚持国际化的同时，实现本土化发

展，必须把握好中国改革发展的大方向，捕捉住推动改革创新政策红利。企业党支部的设立和运行，搭建了一个良好的政策对接平台，贯通了与集团党委、街道党工委、社区党组织的密切联系，使其成为区域化党组织体系的重要组成部分，可以更畅通、更有效、更直接地汲取党组织建设的政策和资源及其释放出的红利，从而更好地指导和服务企业发展。

（四）找到工作兴奋点，激发广大员工工作热情

威斯汀大酒店"党工团一体化"的党建工作方法，适应了党员数量少、工会会员多、员工年轻化的企业特点，通过党支部委员、工会委员和团委委员交叉任职，党员、工会会员和团员交叉管理，使党建工作的范围不再局限于党员内部，而是面向酒店的全体中外员工。与此同时，威斯汀大酒店党支部把员工的思想教育工作与酒店的生产经营紧密结合，相互渗透，使工作人员逐步深刻认识到，在酒店的经营管理模式上，理论学习活动发挥着引导作用，充分调动起员工的主动性和对工作的热情，通过理论学习促使思想政治教育工作达到事半功倍的效果。这种工作体系和协作方式，有力地从中式文化的角度支撑和补充了西式管理在凝聚人心方面的需要，极大地调动了工作人员的价值认同感和工作积极性，既提高了工作效率，也培养了团队合作精神，同时也确保了党建工作有序化、合理化开展，扩大了党组织的影响力和凝聚力。

（五）找到党建发力点，实现党建工作复制推广

几年来，在党支部领导下，该企业党工团活动由小到大，由点到面，开展得生动活泼，以至于无论是普通员工还是高管，中国籍员工还是外国籍员工，都踊跃参加。这些活动不仅受到上级党委的肯定和鼓励，而且获得酒店外方管理层的赞誉和支持，更主要的是这种"党工团一体化"的模式为同属金融街控股资产公司管理的相关单位的党建提供了可复制、可推广的经验。目前，金融街集团按照威斯汀大酒店的模式，在兄弟单位金融街丽思卡尔顿、西单美爵、广东惠州喜来登、天津瑞吉、金融街购物中心、金融街公寓、金融街体育中心和资产公司设立了党支部，所有党支部的成立过程及其职能性质，

都是建立在工会的基础上，而酒店的工会又是在同级党组织和上级工会的双重领导下开展工作的，使国际合作企业党建工作在金融街集团得到快速发展。

五 启示：威斯汀大酒店"党工团一体化"凸显党建文化魅力

（一）党建文化具有先进性，为各类组织开展党建工作提供指导和借鉴

威斯汀大酒店把党组织建在工会上，"党工团一体化"的模式体现了党建文化的先进性，不仅适用于国际合作企业，也同样适用于非公企业、社会组织的党的建设。党的十九大报告指出："思想建设是党的基础性建设。"由此可见，思想建设是党的建设的基础性内容，党建文化就是思想建设的结晶，代表着社会主义制度先进思想和社会主义先进文化，体现党的先进性、纯洁性。这种先进性体现在党建文化以思想为引领对各类型组织的引导、凝聚、教育和激励作用，对指导各类组织把党组织建在工会上，实现党的建设在两新组织全覆盖具有重要借鉴意义。

（二）党建文化具有包容性，为与不同文化融合发展提供方法和路径

威斯汀大酒店把党组织建在工会上，"党工团一体化"的模式体现了党建文化的包容性，可以与不同文化融合发展。在经济全球化和文化多样化的时代背景下，各种文化在相互冲突、相互渗透、相互依赖和相互重组中不断演化，中国共产党既是中国先进文化的积极引领者和践行者，又是中华优秀传统文化的忠实传承者和弘扬者，其党建文化凝结了中国文化的包容性，在与各种东西方文化的碰撞中找到文化的共鸣点并得到融合发展。这种包容性体现在党建文化与各种组织文化的结合和融合上，为不同制度体系下的组织文化建设提供了价值认同，提高了组织文化建设的科学化水平。威斯汀大酒店党

支部活动，每次都经过精心策划，力求找到党组织先进价值追求与西方现代管理理念之间的融合点，将喜达屋集团的关爱文化融入酒店的党建文化之中，使中西方文化在共鸣中形成共识，为与东西方文化融合发展提供了典型案例。

（三）党建文化具有创新性，为国外企业"引进来"和中国企业"走出去"提供了支撑和信心

威斯汀大酒店把党组织建在工会上，"党工团一体化"的模式体现了党建文化的创新性，为"一带一路"倡议背景下涉外企业党建和海外党建提供了文化支撑和发展信心。当前和未来相当长的一个时期，中国为实施"一带一路"倡议而进行"引进来"和"走出去"的海量资本、技术和管理后的最大命题，就是如何坚定不移地坚持党对国际合作企业的思想政治工作的引领。威斯汀大酒店引进国际化管理的成功实践，创造性地实行以"支部建在工会上"的管理体制和"党工团一体化"开展工作的运行机制，创造性地实施"开门搞党建"，以开放的思维来审视、谋划和推动基层组织工作和群众工作，充分显示了党建文化的创新引领作用，体现了文化自信，为中国企业在"一带一路"建设中，为加强国际合作企业的党的建设提供了支撑和信心。

参考文献

中共中央党校超越之路课题组：《加强党建引领"一带一路"建设的企业发展——国际合作企业党建工作的创新实践和战略思考》，2016。

蔡旅律：《在外商投资企业开展党建工作的难点和思路》，《今日海南》2007年第12期。

陈莉：《新时期外资企业党建工作的思考与探索》，《商》2016年第10期。

刘兆祥：《科学把握外资企业非公党建工作的基本经验》，《唯实》2014年第4期。

北京金融街威斯汀大酒店：《魅力党建：涉外经济健康发展的重要保证——对北京金融街威斯汀大酒店的调查与思考》，2016。

B.13
政府管理理念和服务模式的变革
——以金融街开展非紧急救助服务工作为例

摘 要： 金融街街道依托信息化技术，通过实施网格化管理、明确工作职能、规范运行机制、健全保障机制和完善预警机制五大举措，在非紧急救助工作方面取得了一定成效。本文对金融街街道非紧急救助系统的技术实现不做详细探讨，着重从政府运行机制做深入研究，探讨公共治理理论及大数据发展背景下，非紧急救助服务对推动政府管理模式转型的重要作用。

关键词： 金融街街道　非紧急救助　政府转型　公共治理　大数据

一 非紧急救助是政府服务理念和服务模式的转变与提升

（一）非紧急救助推动服务型政府建设

非紧急救助是政府服务理念转变及服务管理模式创新的重要探索与实践。非紧急救助是基于政府服务热线电话及电子政务的兴起和建设完善，为解决社会公众对于市政服务、城市管理、信息咨询等业务的受理而设立。随着信息技术的不断发展和升级，以及公共治理理论的不断完善，传统的管制型政府逐步向以满足公共需要、提供公共产品和公共服务为主要职能的公共服务型政府转变。因此，非紧急救助服务被赋予了更多职能，如解决民生、公众参与、舆论监督、舆情监测等，并在推动政府向服务型政府转变，推动政府管理体制改革等方面发挥着越来越重要的作用。

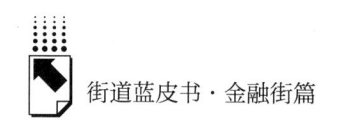

（二）信息技术为非紧急救助服务提供支撑

当今，计算机、互联网及数据库等现代技术快速发展，为非紧急救助系统的技术实现提供了重要支撑和保障。非紧急救助服务的核心是针对群众的需求，将政府的管理服务资源集成并有效提供。非紧急救助的提供过程实质是一个政府流程管理的统一梳理并集成管理的过程。非紧急救助系统作为一个庞大的信息处理系统，集咨询、救助、服务、信息处置、协调督办于一体。作为政府服务社会公众的窗口性平台，政府整合各部门业务在该信息平台上进行对外服务，实际上，是一种以需求为导向，以服务为核心，以信息系统为支撑的现代化服务模式，打破了政府各部门间信息及资源不共享、应用效率低的现状，改善并再造了业务的流程环节，可以有效实现政府资源的有机联系、协同合作和优化配置，有利于提高对服务需求的回应，提高处置的效率，提升政府的服务质量。

（三）非紧急救助属于社会公共安全的范畴

非紧急救助与紧急救助两者在性能上互补，同属社会公共安全范畴，两者相辅相成，都有利于社会稳定，利于化解社会风险和矛盾。北京市政府为方便市民反映社情民意，倾听人民群众呼声，化解和预防社会风险矛盾，维护社会和谐稳定，提高行政效率方便人民群众，于2007年5月建立了非紧急救助服务中心，北京市各级政府积极响应，纷纷在区、街道建立了相应的非紧急救助服务分中心及相应机构。通过该平台受理群众咨询和诉求，有关部门及时处理群众反映的问题，并对一些合理的诉求进行督办、跟踪和反馈办理情况，有利于政府化解社会风险，提升政府应急处理能力，实现市非紧急救助服务中心与市应急指挥中心、市紧急报警服务中心等信息平台的互联互通，最终形成互相配合、资源共享、保障有力的城市减灾应急服务机制。

（四）非紧急救助是政府与居民间的沟通桥梁

非紧急救助服务平台作为政府和市民有效沟通的渠道，也是政府为民办实事的窗口和受理群众诉求的平台，提供城市管理服务到位和公共事业单位相关业务的咨询、办理、批评建议、监督等，是政府了解社情民意的重要渠道。非紧急救助服务平台运用现代信息技术，能够充分发挥信息数据实时传输，具有反应快、受众面广、信息资源丰富的优势，能够为政府科学决策和改进工作提供依据。

二 金融街非紧急救助服务的基本情况

（一）建立非紧急救助服务平台

为承接市、区内非紧急救助事务的转办、交办、督办，实现政府城市管理、应急处置、统筹协调、民生服务、绩效考核、分析研判等功能，金融街街道以需求为导向和驱动力，依托信息化体系建设，对街道工作业务不断深化应用，建立对外整合辖区内"人、地、事、物、组织"等基础信息，对内整合政府职能及社区服务资源的街道统一化服务平台，依托该服务平台对涉及市政市容、园林绿化、城市管理和安全监督等方面的咨询、建议与投诉等群众需求进行快速响应并处置的非紧急救助系统。

（二）非紧急救助工作受理范围

一是受理市民咨询。解答市民各类咨询，为公众提供信息服务，宣传党和政府的方针政策。二是为市民服务。受理公众的求助和对政府工作、公众服务部门提出的批评、意见、建议。对公众的诉求和反映的问题，按事件的类型转送相关科室处置和办理。对处理过程、结果进行追踪、监督、反馈。三是收集分析社会信息。收集社情民意和社会动态，对社情舆情进行综合分析，向工委领导及办事处和有关部门提供有价值的信息和情况，为科学决策服务。

（三）非紧急救助服务运行原则

金融街非紧急救助服务系统采取"统一受理、分类办理、统一监督、统一回复"的原则，建立运行模式，并完成服务工作。中心对非紧急救助事务受理后,将事务按照事件分类及相应的职责所属,分配给相关责任单位,责任单位受理后将处理结果上传至中心,再由中心审核后将结果反馈给相关信息的诉求者。

(四)按照网格责任区进行管理

按照"完整性、便利性、均衡性、差异性"的原则,对原有的城市管理网格、综合管理网格边界进行统筹整合和科学调整。按照"街巷定界、规模适度、无缝覆盖、动态调整"的要求,在现行行政区划框架下,以辖区19个社区为基础,在社区工作者"分片包户"工作责任制的基础上,以500户左右居民户的规模,按照权属和服务管理人口数量等综合要素合理划分41个网格责任区(将每个社区划分为1~4个网格),将人、地、事、物、组织、服务资源、管理项目等全部纳入工作网格之中。在每一个网格配备"五员"(网格管理员、网格服务员、网格执法员、网格协调员、网格共建员),将政府服务管理力量下沉到每一个网格,并明确"一格五员"的具体工作职能(见表1),分别明确了各类人员的构成,以及各自的工作职责。

表1 "一格五员"的具体职能

名称	主要职能
网格管理员	社区党组织书记和居委会主任作为社区范围内网格工作的总负责人(格长),负责统筹协调社区内所有网格责任区的社会服务管理工作,并承担网格管理员工作。网格管理员作为网格的基础力量,要按照网格责任进行服务和管理,定期走访,做到"家庭情况清、人员类别清、区域设施清、存在问题清",成为网格责任区域内的"活户籍、活档案、活地图";要每日到所负责网格内定时定点巡视,及时了解社会秩序时间和社会服务需求,对发现的问题进行前期处置并利用计算机终端、APP、热线电话等手段实时上报;要每日汇总掌握本社区内网格运行情况
网格服务员	按照各相关职能部门要求在街道和社区配置的这类协管人员构成网格的主要服务力量,包括街道统筹管理的综合协管员(纳入街道统筹管理的九类协管员)、社区巡防员、社区保安员等。同时在格长(社区党组织书记和居委会主任)的统筹协调下,结合本网格实际情况和服务对象的需求开展工作,对发现的问题进行前期处置并利用计算机终端、APP、热线电话等手段实时上报

续表

名称	主要职能
网格执法员	由公安、城管执法监察、工商、卫生、食品药品监管、消防、劳动监察、司法等地区科、站、队、所派驻街道或社区的工作人员组成网格专业力量,负责在社区网格内开展职能部门业务和履行执法职责
网格协调员	街道处级领导和科级干部按照"处级领导包社区、科级干部包网格"的工作机制,其中科级干部承担网格协调员工作,要及时了解掌握网格责任区日常运转情况,协调解决网格该做事务,并向社区对应联络的处级领导及时汇报社区网格内各类情况,每周向社区对应联络的处级领导上报网格运行情况信息
网格共建员	由社区党员、社区居民小组长、楼门院长、社区居民代表、社区志愿者、市民劝导队、社区保安、小区物业管理服务人员、社区社会组织成员等组成,是网格重要的社情民意采集和自我管理、自我服务力量,负责采集网格责任区内各类信息,反映群众诉求,引导社会参与、参与网格服务管理

三 金融街非紧急救助服务工作三大举措

（一）规范运行机制

围绕"清晰掌握情况、及时发现问题、迅速处置问题、有效解决问题"的思路,规范非紧急救助服务平台功能,形成"信息采集、源头发现、任务分派、问题处置、检查反馈"的闭合工作机制,包括以下五个方面。一是信息采集维护机制。街道社区以网格为最小单元,掌握关于人、地、事、物、组织的准确基础信息,完善"人""房"的数据信息,建立综合管理的数据库,以及人口、房屋和事件数据的关联关系,实现"人房关联、以房管人"。街道的相关部门可以用实名制的方式明确网格的责任人,将收集的基础信息核查、上报,其他信息由社区网格责任人负责。建立基础信息动态更新机制,在街道、社区实现各类社会管理信息资源共享。二是问题源头发现机制。广泛应用热线电话、短信平台、APP、互联网站、视频探头及巡查制度等多种手段,拓展发现问题渠道,对巡查中发现的问题和隐患及时处置解决,对处置结果和未能处置的问题及隐患进行上报。三是任务协调处置机制。充分发挥非紧急救助信息平台作用，通过各种渠道了解城市管理问题、社会服务管理需求、社会面防控发现的矛盾隐患问题，按照职责范围上报到街道分中心或区中心进行协调处置。街道将各类问题进行分类收集，建立统一的汇总、分析、派转、办理、反馈工作闭环。四是问题分层处理机制。采用自下而上分层的方法解决群众反映的问题，按照先在社区层面解决的原则，社区网格解决不了的问题再依次在街道分中心、区中心的协调下由街道、区有关职能部门按照职责和权限逐级解决，形成"小事不出社区、大事不出街道、疑难问题区级协调"的工作机制。五是综合管理执法机制。利用网格整合功能，充分调动社区网格相关负责人的组织协调作用，并与相关职能部门相结合，通过集中办理、联合执法和综合整治来处理各种复杂问题，满足辖区的各种服务需求。

（二）健全保障机制

主要体现在以下五个方面。一是实行责任人实名制。所有责任人相对固定，不得随意调整，实行责任人实名制并对所负责区域进行张榜公示，接受广大居民群众监督，切实履行工作职责。二是"每周社区日"制度。街道17名处级领导作为联系社区的第一责任人和作为网格协调员的科级干部，每周至少安排半天时间到社区办公，深入社区、综合保户，真正倾听群众的呼声，了解群众的需求，切实解决群众的困难。落实"每周社区日"制度，由街道非紧急救助中心按照相关工作机制进行综合业务指导、监督，由19个社区进行考勤登记反馈，促进和改善区域民生工作。三是综合会商机制。结合现有科站队所工作例会制度，针对区域安全维稳、环境、胡同治理、老旧小区整治、城市管理、社会服务等内容进行会商，解决地区社会服务管理工作及民生工作中遇到的难题和瓶颈，形成长效会商管理机制。四是考评问责机制。依托网格化社会服务管理工作体系流程，依据网格责任人工作机制，针对"一格五员"制订考核标准和考核实施方案，定期讲评，对工作中存在的不作为或滥作为的部门和责任人要给予严肃处理并在相关社区进行公示。五是监督管理机制。依托非紧急救助管理系统，实施"发现问题—上报—协调处置—处置反馈"全程监督机制和主体责任倒查机制。

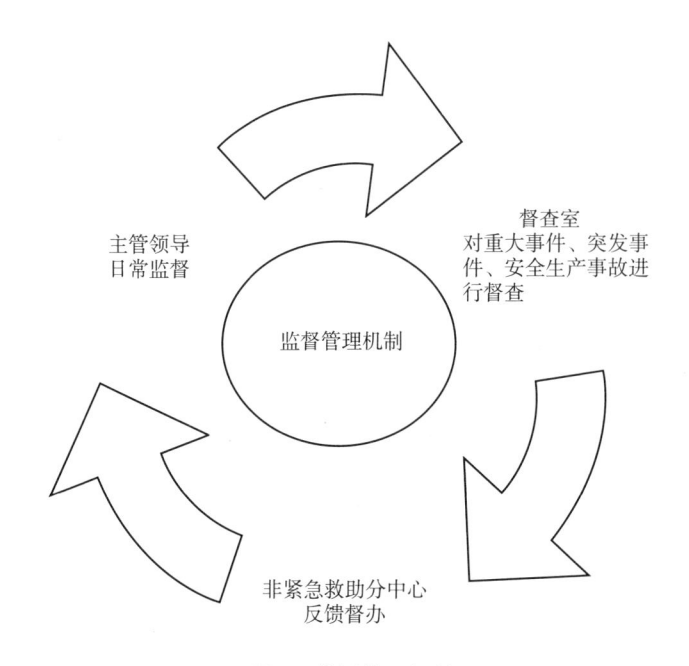

图1　监督管理机制

注：主管领导——街道包社区的处级领导随时了解事件上报、处置情况，对网格管理员、服务员能否及时发现、及时上报、及时处置问题进行监督，对网格协调员能否主动协调进行督促和监督。督查室——街道督查室对重大问题或者正在发生的突发事件、安全生产事故能否及时发现、及时上报和及时处置、反馈全程进行督查，对造成重大影响和人员财产损失的，实施责任倒查追究制度。非紧急救助分中心——街道非紧急救助分中心在各类事件处置反馈后，通过案件的详细处置信息，督促有关科室在规定时限办理。在事件办理过程中，通过事件的办理人、办理环节、办理岗位及办理时间、办理效果等作为年底考核的重要参考依据。

（三）完善预警机制

认真研究各类非紧急救助发生和发展的规律，注意吸取经验教训，不断提高预警的合理性和可操作性。每月初通报和发布上月案件办理、反馈等情况，推进非紧急救助工作的规范化、制度化和程序化，并通过预防预警信息、信息报送等制度，给领导提供分析、研究非紧急救助工作的依据。

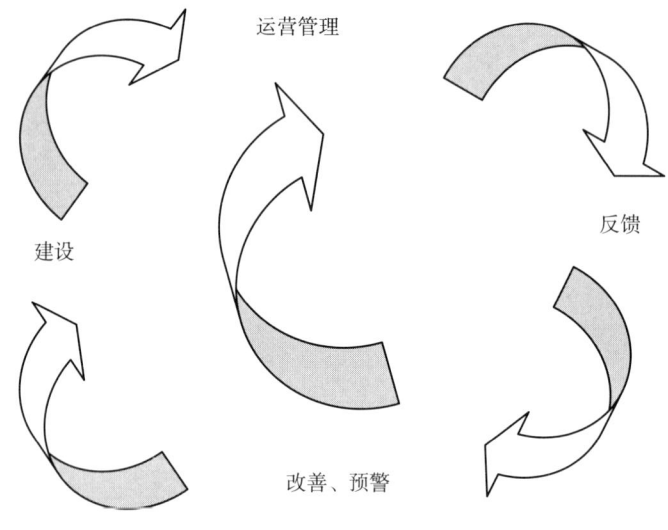

图 2　正反馈闭环管理系统结构

四　金融街非紧急救助服务取得的成效

(一) 实现政府服务流程管理的再造——优化资源配置

金融街非紧急救助系统的建立,对群众反映的每一个诉求,都严格遵循"群众诉求无小事"的服务原则。通过对非紧急救助系统的建立和对相关要素的梳理、清理、简化、整合与改造,要进一步优化政府组织运行机制和方式,对政府资源进一步优化配置,同时强调职责和制度的规范化。通过网格化管理将政府服务管理资源下沉到网格中,并形成网状联结,无缝覆盖,克服了制度规划的边界化,在提高政府工作效率和质量的同时,满足人民群众的需求,同时也实现政府管理效益的最大化。政府流程再造是政府进行管理创新的重要内容,也是建设服务型政府的重要途径和支撑平台。

(二) 实现政府服务和公众需求有效对接——提供精准服务

非紧急救助以群众的诉求为导向,坚持把为民、务实作为政府效能的落脚点，是从以往的任务导向型向绩效管理的转变。金融街街道明确了主体责任，强化了职责分工，确保界限清晰、衔接有序，力求达到权责一致、分工合理、执行顺畅。对一般的群众诉求按照"中心直办、发函转办、部门协办、临期催办"的办理模式办理，对热点难点问题采取手机短信督办、软件系统在线督办、发函督办等督查督办方式办理。对每一项群众诉求都落实办理时限和责任部门，并及时将办理结果反馈给群众，向诉求群众进行电话回访，让群众对诉求的处理结果给予评价。对群众不满意的办件，督办有关部门重新办理，确保群众诉求件件有回音、事事有着落。

（三）加强政府风险防控和应急处置能力——维护社会稳定

金融街街道通过不断完善非紧急救助服务机制，着力将金融街非紧急救助服务中心打造成政府与群众沟通的"连心桥"。2015年街道受理649件热线，其中咨询124件，建议66件，诉求421件，投诉35件，表扬3件。2016年街道受理774件热线，其中咨询159件，建议72件，诉求499件，投诉37件，表扬7件。回复率均为100%。2016年，排查化解非紧急救助单中显现各类不稳定因素10件次，解决了5起要求困难救助的诉求。通过对群众非紧急救助信息的接收、分析和快速响应处置，在工作中主动疏解民忧，及时排查化解了大量社会矛盾，将不稳定因素化解在基层，化解于萌芽中，及时报送预防预警信息，有效维护了社会秩序稳定，保障了辖区和谐稳定。

五　金融街非紧急救助服务工作的思考与启示

（一）扁平化管理适应社会管理的需要

金融街推行的网格化管理模式其实质是建立网络化的组织结构形式，减少组织中间管理层次，压平组织结构。这种扁平化的组织结构强调的是信息共享，通过信息公开和严格实施责任负责制度，并做到奖罚分明，强调民主管理和自我管理，有利于激发工作人员的自主性和创造性。扁平化社会管理是一种新的社会管理模式,主要是通过压缩管理层、打破职责分割、合并职能部门和机构、裁减人员等形式来实现高效的管理,减少决策层和实操层之间不必要的环节,使决策权快速延伸到为市民服务和社会具体事务当中,提高城市管理的效率。扁平化管理具有三大特点:一是缩短距离,压缩管理层级,扩大管理幅度,缩短决策权从顶端到底层的距离;二是形成综合管理,改变机构上下对口设置的状况,整合职能部门,合并机构;三是提供便捷的解决途径,扁平化管理适应了社会管理的需要,通过提升运行效率,改变职责分割,实现资源共享,为市民获取服务提供了方便。

(二)公共治理理论下的政府管理模式转变

自十八届三中全会以来,中共中央不断深入强调要推进国家治理能力和治理体系现代化,治理理论成为中国学术界和政府的共识。非紧急救助的目的是方便民众和服务民众,不单是热线电话,其已经成为公众参与社会管理的重要载体和渠道,更成为政府部门间、政府部门与公共机构间无缝合作的重要载体,有利于进一步推动政府管理体制改革,打通政府间在业务和体制方面的隔阂,推动政府"碎片化"的管理和服务模式向政府与政府间,政府、社会、公众及私人部门间的协同合作治理转变。治理主体上要引入多方协同治理,注重社会公众的参与,对公众的需求及时回应。积极加以探索和利用现代信息化技术,用新技术创新治理手段,重视治理信息化建设,但不能仅是为了信息化而信息化,要从观念、思想、组织、流程等方面考虑如何利用信息化手段推动治理的变革与流程的创新,从而实现对公众需求的快速应变,实现需求与服务能力间的平衡,减少政府资源浪费,以及有利于政府绩效考核。建立科学有效的治理体系,在注重做好顶层设计的同时也要注重基层政府治理能力建设,打破治理"碎片化",要加强市、区、街非紧急救助的整体性、协同性。

(三)大数据时代推动政府治理的变革

大数据时代的到来给政府治理变革带来了新的契机。大数据以其强大的数据搜集、整理和分析处理能力在一定程度上有利于打破部门间各自为政的格局及信息孤岛现象，从而有利于推动政府决策模式的转型，以及业务流程和社会服务流程再造。未来，政务与大数据的融合发展，将进一步提升政府的监管能力和决策能力，提高治理效率和质量。大数据非紧急救助服务将是今后政府运用大数据技术实现治理资源整合和优化，并改进政府自身能力建设和提升公共服务能力的综合平台。之前，由于受到信息采集技术和部门间信息壁垒的制约，政策的制定过多依赖于决策者的经验和直觉，缺乏强有力的数据支撑，政策在落实层面存在"一刀切"现象。政府通过非紧急救助服务在加深舆情监控等公共领域对数据的应用，有利于实现政府决策、政府管理由事后决策转变为事前预警，用数据提升政府的决策力。科学的决策来自决策信息的全面性、准确性和及时性，这也是政府精细化管理的必然要求。数据的产生都是政府、企业、社会组织、个体公众等共同参与的结果，大数据能够在全社会范围内进行资源配置。因此，在大数据时代，公共服务一定是多主体共同参与、互通互联的，可以根据个体提供的信息提供人性化的服务网络。社区管理也必须有一个网格化的协调平台，对社区文化、社区安全、环境质量、社区物流等各方面进行精准的服务。

参考文献

罗翎音：《大数据：正在到来的数据革命》，《环球市场信息导报》2014年第36期。

徐继华、冯启娜、陈贞汝：《智慧政府：大数据治国的来临》，《中国科技信息》2014年第3期。

刘高飞：《济南市"12345市民服务热线"建设研究》，硕士学位论文，山东大学，2015。

陈明亮：《中国电子政务建设与政府治理变革》，《浙江大学学报》2003年第4期。

窦悦、王建华：《试论政府热线的发展及其在创新社会管理中的作用》，《中共太原市委党校学报》2012年第1期。

B.14
社会组织参与商务楼宇服务管理的金融街探索
——以金融街商务楼宇协会为例

摘　要： 当前，国家对社会组织的鼓励和支持力度越来越大，社会组织迎来蓬勃发展的机遇，承接政府转移能力的水平越来越高。在这种背景下，如何转变商务楼宇的服务管理方式，探索社会组织参与商务楼宇服务管理模式就显得尤为重要。本文以案例研究为主，通过对金融街商务楼宇协会成立的动因和背景的分析，总结归纳金融街商务楼宇协会参与商务楼宇服务管理的运行模式价值，并在此基础上，针对金融街商务楼宇协会运行中存在的问题，对进一步发挥社会组织作用创新商务楼宇服务管理模式做出思考。作为商务楼宇服务管理的一种新探索，北京市金融街商务楼宇协会的做法对于社会组织参与商务楼宇服务管理具有重要的理论意义和现实意义。

关键词： 金融街街道　社会组织　商务楼宇　社会服务　社会组织承接政府职能

金融街地区在优质物业资源集中的基础上，以楼宇招商代替土地招商的发展模式，深度拓展该地区楼宇经济。2009年12月，金融街成立了北京市首家商务楼宇的行业自律组织——西城区金融街商务楼宇协会。金融街商务楼宇协会统筹楼宇资源，提高楼宇经营管理效益，塑造金融街商务楼宇品牌，促进楼宇管理者和经营者、经营者和经营者之间的交流合作，提升服务水平，深度拓展楼宇经济，在促进金融街服务业发展等方面发挥了巨大作用，是社会组织参与创新商务楼宇服务管理模式的一种积极探索。

一 西城区金融街商务楼宇协会成立的背景和动因

（一）基层政府职能转变助推社会组织发展

国家政治、经济、社会体制改革的不断深化，市场机制的逐步完善，公民意识的觉醒和政府职能转变，为我国社会组织的发展提供了更多的空间。北京市自2008年起连续出台了《北京市社会建设实施纲要》《关于加快推进社会组织改革与发展的意见》等一系列文件，提出构建社会组织"枢纽型"工作体系的思路，设立社会建设专项资金，鼓励购买社会组织服务，把扩大公共服务与培育发展社会组织有机结合。在一系列政策支持下，北京市的社会组织快速发展，分布于北京经济、文化、社会和生活等各个方面，在协调行业关系、促进政府和居民互动、协助政府改善民生等方面发挥了巨大作用。

基层政府的职能转变是社会组织成长的重要因素。政府职能转变，主体就是其经济职能和社会职能的转变。经济职能转变取向是发挥市场机制的决定性作用，社会职能转变取向是建立新型的社会治理体制，对政府失灵和市场失灵的公共事务领域发挥第三方作用，最大限度地满足社会需求，维护社会秩序和社会和谐。社会组织的社会性、灵活性、联结性、公益性等功能优势，在政府职能转变的进程中发挥着承接政府职能转移的重要作用。它可以承接政府不该管、管不好的事，承接市场主体能够自主决定的、市场竞争机制能够自行调节的、中介机构能够自律管理的事项，承接政府微观事务的管理职能和服务职能。

1. 社会组织的社会性，能发挥政社分开、管办分离作用

社会组织的社会性是指根据社会发展的需要自发产生并通过为社会服务而获得生存的空间，即来源社会、面向社会、服务社会。社会组织的社会性主要表现在其生存和发展需要处理好各个方面的社会关系，成长的动力来源于人们的社会需求，核心使命及目标取向是实现社会公共利益，运作方式是

对社会负责、接受社会检验的公开透明的社会化方式。社会性是社会组织区别于其他类型组织的重要标志之一，在与政府良性互动和密切合作中展现良性的运行价值，能有效推动政社分开、管办分离。

2. 社会组织的灵活性，能达到自主管理与广泛参与效果

社会组织是直接面对社会成员多元化需求的团体，对社会成员的各种不同需求具有足够的敏感性和灵活性，能随着时代的变化，及时掌握社会成员的需求变化，并不断调整和改变自身的运行机制，制定和调整规章制度，实现自主管理。社会组织对社会成员差异化需求的敏感性和灵活性，还使其在表达民意、传达民情、实现民权、维护民生等方面具备天然的优越性，可以实现多元主体广泛参与的效果。

3. 社会组织的联结性，能推动公共资源与服务需求对接

社会组织发挥着政府与社会之间的桥梁纽带作用。社会组织是社会力量集体行动的组织载体，是社会公众分散发声的传声筒，汇总并提炼为公共话语传递给政府，是政府倾听民意的重要渠道，有利于政府认清自身的局限性，提高政府行政资源和公共资源的优化调整配置，进一步改进服务效力。与此同时，社会组织作为政府与社会的中间介质，有利于将政府的方针政策传递给公众，从而形成政府机构与社会公众之间的双向传播和沟通，提高政社互动效率。

4. 社会组织的公益性，能弥补政府力量和市场力量不足

社会组织的公益性指的不仅仅是扶贫救济，更多的是指用创新性的思维和方法来参与社会建设，公益性使得社会组织在社会治理创新方面有着比政府和市场更为特殊的优势。它完全可以成为政府的助手和伙伴，从事带有明显的"非营利性"特征的公益活动，为广大人民群众提供公共产品和公共服务，提高人民的生活水平。

（二）街道职能转变加快商务楼宇管理模式创新

1. 街道经济职能弱化，使得商务楼宇管理创新更为迫切

《中华人民共和国地方各级人民代表大会和地方各级人民政府组织法》第六十八条规定："市辖区、不设区的市的人民政府，经上一级人民政府批

准，可以设立若干街道办事处，作为它的派出机关。"从法律地位上来看，其本身并不具有完全的行政管理权、执法权和许可权。过去，在区级各个职能部门"工作向基层延伸"的口号和下级层层复制上级的传统社会治理模式下，大量工作被下放到街道办事处层面，以社会治理和服务为主要工作职责的街道办事处，往往也要在经济建设上投注大量的精力。随着社会转型、企业转制和政府职能转变等变革的不断深入，街道办事处经济职能不断弱化。在这种情况下，实现商务楼宇的管理创新，进而推动商务楼宇的健康和可持续发展就显得尤为迫切。

2. 街道社会服务与社会动员能力不断增强，为商务楼宇创新创造条件

在改革开放以前，我国社会动员的格局是依托命令式的"国家—单位—个人"的单位制社会动员格局，即国家（政府）以行政权威为依托，自上而下的一种动员模式。这种动员模式的覆盖范围较为广泛，在极短的时间内就可以积聚起大规模的人、财、物，较好地体现了"集中力量办大事"。"命令式"的社会动员在当时发挥出巨大能量，比较适合当时社会治理的时代特征。随着改革开放的不断深入，单位制度的不断弱化，越来越多的"单位人"变为"社会人"，传统的"命令式"的社会动员方式已经不能实现有效的治理，这就对社会治理提出了更高的要求——建立新型的社会服务和社会动员模式。随着北京建设"四个中心"和国际一流和谐宜居之都步伐的加快，西城区首都功能的定位对街道服务保障首都能力的要求也不断提高，居民对物质文化需求的不断增加，需要西城区各街道通过培育和引进社会组织，提高社会动员能力，引导社会力量共同参与街道建设，提高街道的社会服务和保障能力，正是这种需要为包括金融街商务楼宇在内的各种"单元"创新服务管理模式创造了条件。

3. 实施基层事权改革，为基层创新指明方向

为充分发挥街道在城市管理中的基础作用，更好地满足群众的期待，北京市就街道管理体制进行了改革，推动城市管理重心下移、职能下沉，理顺了街道办事处的工作职能，明确以调动市场和社会力量为重点，增强街道办事处的公共服务能力和社会动员能力。通过改革金融街街道的职能，进一步

明确：统筹辖区城市管理，协调监督西城区政府职能部门派出机构的工作；加强金融街的社会治理，维护社会稳定；组织开展社区服务，统筹推进社区建设；充分发挥社会组织、志愿组织、驻区单位和居民在社会治理中的作用，构建共同治理的局面。街道层面事权改革不断推进为基层改革创新释放了空间，增加了基层改革的主动性。

（三）金融街商务楼宇高度集聚凸显新需求

1. 金融街是北京高端产业功能区，承载着国家金融管理中心功能

金融街是北京市第一个大规模整体定向开发的金融产业功能区，地处北京市西城区中部地区，南起宣武门西大街，北抵阜成门内大街，东临西四南大街、西单北大街，西至西二环路，交通便利。自1992年建设以来，一直致力于金融产业的发展，并得到了国家和北京市的大力支持。1993年，金融街获批建设国家级金融管理中心；2008年，北京市进一步确定金融街在首都金融业中的核心地位，提出要将金融街建成首都金融主中心。作为金融主导产业承载区，金融街凭借地理优势和政策支持，迅速发展，金融总部逐渐汇聚，国家金融管理中心功能进一步显现，成为近年来全市经济发展最快的地区之一，担当起北京后奥运时代经济新增长点的重任，在推动全市稳增长、调结构、提质增效工作中发挥了重要作用，成为引领北京发展的重要支撑力量之一。

2. 金融街集聚大量高端企业，商务楼宇是其产业主要单元

可供开发和利用的土地资源日趋紧张是制约金融街发展的瓶颈，那么如何在现有的土地上实现经济持续、快速发展？金融街通过高度拓展发展空间，以楼宇招商代替土地招商，进而实现资源的集聚，提高土地资源集约效益。金融街辖区商务楼宇47座，各类社会单位有3000多个，国家大型金融机构和能源、通信、保险等企业总部及地区性总部153家，被认定为首批"北京市总部经济集聚区"。其中，2015年《财富》世界500强企业上榜的中国企业总部位于金融街的有19家，上榜的外资机构中有22家在金融街设立分支机构。总部不在北京的全国性金融机构，如浦发银行、招商银行等，大多将其主要业务条线和研发机构设在金融街，形成以具有行业领导力的金

融机构为骨干、多种金融机构协同发展的多元化金融机构体系。如果说，金融产业是金融街的支柱产业形态，那么金融街的支柱经济形态就是楼宇经济，商务楼宇就是金融街产业发展最重要的单元。近年来，金融街以金融产业为主导的商务楼宇发展迅速，联系着各行各业，衍生、链接并融合了众多的企业和社会资源，楼宇经济正在成为全业态的枢纽与核心，已经成为金融街经济发展的最主要的支撑、载体和发展平台。

3. 金融街楼宇经济快速发展，凸显服务管理新需求

作为首都金融主中心区，金融街楼宇经济快速发展（见表1），在西城区乃至北京市经济发展中扮演的角色越来越重要。首先，这种快速发展表现在对全区乃至全市经济和税收收入稳定增长的支撑上。"十二五"期间，金融街三级税收年均增长18.2%，期末达到3764.6亿元，占北京市三级税收总额的31.3%；区级税收年均增长18.2%，期末达到226.0亿元，占西城区税收总额的51.0%，支撑作用进一步增强。其次，这种快速发展表现在发展方式的高效集约上。2015年，金融街区域内金融机构资产规模达到74.5万亿元，金融街实现地均产出率近2206.3亿元/平方公里，实现劳均产出率超过325.2万元/人，各项指标远高于其他首都高端功能区（见表2），高端、高效、集约的发展特征进一步显现。在楼宇经济快速发展的同时，商务楼宇的入驻企业对服务的要求和服务的标准越来越高，如何让构建完善的商务环境，让入驻企业享受到更加贴心的服务，进而实现商务楼宇良好的集聚效应成为商务楼宇管理工作中的难题。

表1 2011~2015年西城区金融街收入和利润情况

单位：亿元

项目时间	收入合计	利润总额
2011年	7096.3	2762.1
2012年	8109.6	3433.6
2013年	8093.2	3513.3
2014年	8895.2	3740.5
2015年	8338.6	3869.4

资料来源：《北京市西城区统计年鉴（2011~2015）》。

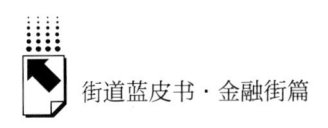

表2 2015年西城区各功能街区经济发展情况

项目	单位数（个）	收入合计（亿元）	利润总额（亿元）
北京金融街	3661	8338.6	3869.4
德胜科技园	12366	2775.8	359.4
广安产业园	6231	1809.5	294.0
什刹海历史文化保护区	1788	192.8	10.5
阜景历史文化街区	866	70.4	20.0
琉璃厂艺术品交易中心区	289	12.2	-0.2
天桥演艺区	1308	70.7	-0.4
西单商业区	1007	103.3	166.4
大栅栏传统商业区	583	18.7	2.9
马连道茶叶特色区	3923	24.4	-0.3
总计	32022	13416.4	4721.7

资料来源：《西城区统计局2015年功能街区统计数据表》。

二 金融街商务楼宇协会的运行情况和成效

金融街商务楼宇协会成立于2009年12月，是北京市西城区政府倡导成立的金融街地区楼宇行业组织机构，属于社会团体法人，其成员为金融街及周边地区的企事业单位及相关经济组织单位，现拥有会员单位42个。自成立以来，金融街商务楼宇协会严格遵照协会章程和办会宗旨，规范组织建设，拓展服务领域，在促进行业发展等方面积极发挥桥梁纽带作用，在服务街区、服务会员的实践中，彰显了楼宇协会的地位和作用。

（一）完善的内部治理结构是金融街商务楼宇协会有效运行的基础

1. 严格按照章程约束组织行为

楼宇协会遵循"创一流楼宇协会，树行业先锋典范"的宗旨，制定了较为完善的组织章程。章程规定了协会的业务范围、会员的权利义务、组织机构设置、资产管理等内容要求。各项工作的开展严格按照章程规定运作，有力地约束了组织行为。楼宇协会按照章程要求选举产生了理事会、监事会,选举产生了会长、副会长、秘书长、监事(见图1)。会员代表大会作为协会的最高权力机构,每年至少召开一次,讨论重大事项。财务收支情况由监事会进行监督,并向大会报告工作。完整的组织机构建设,保障了日常工作的有序开展。

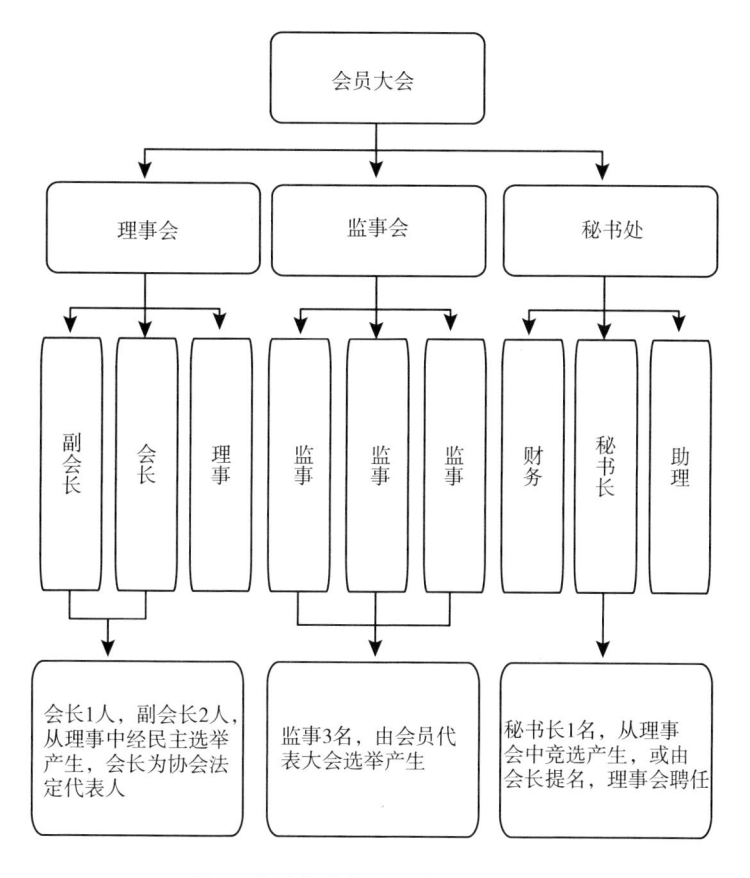

图1 金融街商务楼宇协会组织架构

资料来源:根据西城区金融街商务楼宇协会章程整理。

2. 逐步建立完善24项规章制度

金融街商务楼宇协会之所以能健康有序运行,离不开一系列行之有效的制度规定。楼宇协会在成立之初就建立了完备的协会章程,之后又不断建立充实了包括安全、学习、财务等各种规章制度，共计24个（见表3）。此外，楼宇协会还制作了《楼宇协会宣传手册》《工作人员守则》等，每年的各种会议、活动的开展、协会的行为都在制度规定中运行。

表3 北京市金融街商务楼宇协会24项规章制度

序号	规章制度
1	北京市西城区金融街楼宇协会理事会会议制度
2	北京市西城区金融街楼宇协会监事职责
3	北京市西城区金融街楼宇协会档案岗位职责
4	北京市西城区金融街楼宇协会工作人员岗位职责
5	北京市西城区金融街楼宇协会工作人员聘任制度
6	北京市西城区金融街楼宇协会重大事项报告制度
7	北京市西城区金融街楼宇协会民主评议制度
8	北京市西城区金融街楼宇协会岗位变动工作交接制度
9	北京市西城区金融街楼宇协会信息公开和承诺服务质量实施制度
10	北京市西城区金融街楼宇协会证书、印章保管与使用制度
11	北京市西城区金融街楼宇协会档案管理制度
12	北京市西城区金融街楼宇协会财产管理制度
13	北京市西城区金融街楼宇协会会议制度
14	北京市西城区金融街楼宇协会学习制度
15	北京市西城区金融街楼宇协会安全管理制度
16	北京市西城区金融街楼宇协会安全应急预案
17	北京市西城区金融街楼宇协会民主决策制度
18	北京市西城区金融街楼宇协会民主监督制度
19	北京市西城区金融街楼宇协会会计管理制度
20	北京市西城区金融街楼宇协会现金管理制度
21	北京市西城区金融街楼宇协会银行存款管理制度
22	北京市西城区金融街楼宇协会报销审批制度
23	北京市西城区金融街楼宇协会财务监督制度
24	北京市西城区金融街楼宇协会会计档案管理制度

资料来源：西城区商务楼宇协会。

3. 做好党建引领和经费保障工作

按照社会组织党建工作要求，楼宇协会于2012年6月加入了金融街商务楼宇临时党支部，成立第三党小组，小组成员积极参加商务楼宇临时党支部开展的党课和各种活动,有力地促进和保障了楼宇协会工作的开展。此外,稳定的办公经费和有力的物质保障,为楼宇协会的生存和发展提供了必要条件。目前,楼宇协会办公所在金隅大厦的各种费用支出全由金融街街道办事处无偿提供,经费主要来源于政府资助、企业捐赠,基本保障了业务活动的开展和日常工作运转。

(二)完善的外部运行体系拓展了金融街商务楼宇协会发展的空间

1. 搭建平台,发挥四大功能

为更好地加强楼宇与政府的协调联系,金融街商务楼宇协会全力搭建政企沟通平台、信息交流平台、资源拓展平台、行业提升平台,着力塑造金融街商务楼宇品牌,提高楼宇经营管理效益;促进楼宇管理和经营者的交流合作,提升楼宇建设与服务水平,大力发展楼宇经济,优化金融街投资环境。

2. 联结主体,提供三类服务

作为联结会员、行业、政府和社会的社会组织,金融街商务楼宇协会坚持以"服务会员、服务行业、服务政府、服务社会"为本,努力扩大服务范围和途径。第一,从服务会员、服务行业的角度看,楼宇协会在帮助提高管理经营效益、节能楼宇改造、解决现实困难需求等方面,做了大量卓有成效的工作。如在绿植养护、停车困难、房屋空置、楼体清洁等方面,相互给予大力支持,形成了一方有困难,八方来支援的良好氛围。第二,从服务政府的角度看,楼宇协会合理利用职能、资源,协助政府分担工作,先后完成"工商进楼宇""劳动保障宣传""结缘金融街、品鉴中国茶""非遗进楼宇"等大量工作,为政府分担了许多协调、组织、服务工作。第三,从服务社会(企业)的角度看,多年来,一直为有需求的企业开展推荐、宣传服务。如"沉香展"、"健康微社区"、"节能项目"、"公共设施开放"、公共服务广场等,受到社会广泛好评。

3. 开展活动,打造三大品牌

金融街商务楼宇协会充分利用区域内金融资源丰富的优势,努力打造具有金融街特色的品牌项目。第一,以金融街公共文化服务广场为载体的公共文化服务项目。由金融街街道办事处主办、金融街楼宇协会承办的公共文化服务广场，每年举办5场不同主题的推广、咨询服务活动，开展各种文化活动，地点在金融街购物中心广场，为街区楼宇企业和从业人员解决一些供需矛盾，提供一些"文化大餐"，得到了广泛赞誉。第二，以金融街健康指导中心为载体的免费健康指导项目。针对金融街地区从业人员的特点，办公室综合征较为突出，2012年8月，楼宇协会与赛乐湃健康指导中心合作，成立金融街健康指导中心，每周四为街区从业人员提供免费健康指导，制定康复方案。在为从业人员提供健康指导的基础上，金融街商务楼宇协会进一步延伸指导，探索建立了"健康微社区"，深入楼宇现场指导。第三，以金融街城市管理志愿者队伍为主体的志愿服务项目。组织金融街街区各大厦安保队伍中热心公益、热心维护公共设施的人员，成立了城市管理志愿者队伍，为街区的城市管理贡献力量。

（三）商务楼宇协会的承载力、引领力、服务力不断提升

经过多年的发展，以"追求领先卓越，促进创新发展"为方向，金融街商务楼宇协会在开展的各项工作中争先争优，服务政府、社会、会员、行业的能力不断增强，受到了广泛的好评。综合看来，金融街商务楼宇协会在运行中取得的成效主要体现在三个"力"上。

1. 承载力得到不断提升

经过多年的运行，金融街商务楼宇协会承接政府职能转移的能力不断增强。如每年西城区商务委和发改委都有商务楼宇升级改造和节能改造的项目申报工作，楼宇协会作为政企沟通平台，主动承担起协调、申请工作，帮助会员单位进行楼宇节能和升级改造的政策解答及项目申报的工作，积极为会员单位排忧解难。街区不通公交，20多万从业人员"最后一公里"问题难以解决，政府有意开通公交巴士，楼宇协会于2012年初承接了先期的调研，广泛征求意见、合理安排线路，与交通部门、公交集团接洽等，最终于2012年5月开通了金融街公交2号专线，得到街区从业人员的高度赞扬。除了主动承接政府职能转移外，金融街商务楼宇协会还通过一些自选行动提

升服务政府的能力。如2012年，楼宇协会以"金融街文化发展"为课题进行系统的调研，通过发放问卷、走访企业，获得了大量真实的信息，编写了《金融街文化发展报告》，为政府制定和出台政策提供了依据。

2. 引领力得到不断提升

金融街商务楼宇协会利用各种机会，通过各种途径广泛宣传协会的章程和建会理念，扩大了社会知情面，提升了引领能力。一是通过平时的走访宣传。在走访街区单位，或是在了解企业需求时，都要向他们介绍协会的基本情况、入会条件等，使街区单位对协会有一个比较全面的了解。二是集中发放宣传材料。楼宇协会先后制作了《宇翔》《金融街楼宇协会宣传手册》《金融街楼宇协会宣传折页》等，利用会议、服务广场等时机进行宣传发放，收到较好效果。三是发动各种媒体，加大宣传力度。在协会举办的各种活动中，都要根据情况邀请不同的报纸及电视等媒体记者参加，报道活动内容，有效扩大了协会的影响面。

3. 服务力得到不断提升

服务好行业和会员是金融街商务楼宇协会成立的初衷，经过多年的运行，金融街商务楼宇协会通过不断学习、交流和培训，服务行业和会员的能力不断提升。一是通过对金融商业、物业的有关法律法规的学习，提高了政治理论素养和专业知识水平，为促进楼宇协会科学发展奠定了思想理论基础。二是组织学习交流，楼宇协会每年都组织会员进行参观考察交流活动，组织会员之间交流学习，提升管理理念。三是加强培训，紧跟时代发展潮流、及时学习国家出台的新政策是金融街商务楼宇协会培训的重点。

三　金融街商务楼宇协会发展的价值与趋势

（一）发挥社会组织作用创新商务楼宇服务管理模式的价值

一个成熟的社会，不能一切都靠政府，更不能一切都由政府来包办。金融街商务楼宇协会自成立以来，严格按照规章和宗旨规范组织建设，不断拓

展服务领域，在促进行业发展等方面发挥了积极的桥梁作用，特别是在实现政府善治、推动多元共治、推进楼宇自治等方面彰显了作用和价值。

1. 实现了政府善治，解决了政府缺位、越位和错位的问题

金融街商务楼宇协会通过承接政府职能的转移，不断整合区域内楼宇资源，其自身的运作规范化程度不断提升，承接政府职能转移的能力也在不断增强。在增强自身的同时，金融街商务楼宇协会也进一步推动了政府职能的转变，弥补了政府在商务楼宇服务和管理上的缺位问题，减少了政府在商务楼宇服务和管理中的越位问题，纠正了政府的错位问题，优化了商务楼宇服务和管理的格局，提高了商务楼宇服务和管理的质量及效益，推动政府向善治迈进。

2. 推动了多元共治，解决了"一管就死、一放就乱"的问题

通过承接政府职能转移，金融街商务楼宇协会引导商务楼宇内的企业共同参与楼宇服务和管理，减轻了政府的负担。政府在职能转移出去之后，并不是当"甩手掌柜"，而是在职能转移的同时，落实监管的责任，实现放和管的结合，在一定程度上避免了"一管就死、一放就乱"的问题，实现了政府监管，社会组织及企业共同服务和管理商务楼宇的共治局面。

3. 推进了楼宇自治，解决了服务差异与服务供给的问题

金融街商务楼宇协会通过对楼宇内会员的管理和服务，实现了商务楼宇内的自治。而其作为一个社会组织，服务性和社会性决定了其更贴近社会，能够为楼宇内的企业提供更为个性化的服务，能够更好地解决服务差异和服务供给不均的问题。

（二）金融街商务楼宇协会发展面临的瓶颈

1. 自身建设发展的可持续性需要进一步加强

当前，受社会信用体系的影响，社会组织的信用度难以建立，加之许多社会组织又不重视机构自律，结果导致诚信危机。缺乏了诚信，社会组织动员社会资源的能力必将受到影响。同时，金融街商务楼宇协会是一个企业间自发形成的共同体，这种共同体能发挥出"集中力量办大事"的作用，但

由于自发的特性，协会对各个单位的约束性比较低，需要进一步加强制度建设，探索新的机制，把协会发展成为与各个企业生存发展息息相关的共同体。另外，商务楼宇协会还没有完全建立起现代意义的社会组织形式，协会的资金来源主要还是政府的财政拨款，资金来源相对单一，需要在经费的来源、会费的收取方面进一步加强研究，予以解决。

2. 服务管理覆盖的广度和宽度还需进一步延展

当前，金融街商务楼宇协会的服务对象主要还是金融街范围内的企业，对金融街外的企业和金融街内辖区居民的服务管理涉及还比较少。实现商务楼宇协会的长久发展，需要商务楼宇协会不断提高服务能力和服务水平，不断提高协会的服务半径，使金融街商务楼宇协会发展成为一个不仅是服务金融街商务楼宇的组织，也是服务辖区居民的社会组织。

3. 服务专业化和服务质量还需要进一步提高

金融街商务楼宇协会的 42 家会员单位，涉及的仅仅只有物业、金融、房地产和商业服务这 4 个行业。由于协会构成单位行业类别较少，成员单位在行业内的影响力有限，提供服务涉及的领域还不够广，专业性还不够强，质量还不够高，迫切需要扩大成员单位的行业范围，引入专业化的服务理念，不断提高服务楼宇经济的质量和水平。

（三）进一步发挥社会组织作用创新商务楼宇服务管理模式的趋势

1. 健全信息公开透明机制，实现有效监督

引导金融街商务楼宇协会加强行业自律，通过宣传、倡导等活动，公开协会的业务信息和财务信息，使政府拨款和会员会费的去向等均为社会公众所悉知，细化财务公开信息，对商务楼宇协会的每一笔资金都详细晒出类、款、项、目、级。同时，还要建立起完善的监督制约机制，保证财政支出的规范化、制度化和合理化，实现有效的监督，避免违法违纪行为发生。

2. 融入楼宇服务三级体系，完善功能定位

推动金融街商务楼宇协会各项工作开展与商务楼宇党建、统战和工青妇等组织的工作共促共融，使金融街商务楼宇协会融入楼宇服务的三级体

系。同时，在融入的过程中完善商务楼宇协会的功能定位，使商务楼宇协会能在服务企业发展、推进行业进步、推动区域经济健康发展中做出新贡献。

3. 拓展协会管理服务功能，突出枢纽作用

要在现有服务的基础上，进一步拓展金融街商务楼宇协会的管理和服务功能，让商务楼宇协会在政府、企业、社会组织中发挥枢纽的作用。推动金融街商务楼宇协会向枢纽型社会组织发展，使其在同类别、同性质、同领域社会组织中，在业务上处于龙头地位，指导同类别、同性质、同领域社会组织的发展，实现松散企业和社会组织的集聚，共同促进区域发展。

参考文献

杨柯：《政府向社会组织购买公共服务的发展困境及道路选择》，《理论月刊》2013年第1期。

陈奇星：《完善基层政府公共服务外包的思考：基于上海市的研究》，《中国行政管理》2012年第11期。

高海虹、王彩云：《政府购买视角下的社会组织发展路径思考》，《理论导刊》2012年第8期。

任月红：《公共服务外包：实践趋势与主要瓶颈》，《北方经济》2012年第9期。

B.15
金融街推动社会救助"精准化""社会化"的实践

摘　要： 在全面建成小康社会的攻坚时期，社会救助要在理念、方式方法及模式上朝"精准化"救助转型，提高社会救助的"靶向性"，从而保证不漏一户，不落一人，才能最终实现全面小康，全民共享经济社会发展成果。金融街街道直面地区发展不均衡的严峻现实，探索通过社会救助工作"精细化"管理，兜底型和开发型救助相结合的多种救助措施；搭建各类社会化参与渠道及平台，通过项目化运作推动社会资源精准对接救助需求，并形成一系列金融街社会化救助的慈善品牌，有力地推动了街道社会救助"精准化"、救助模式"社会化"多元复合的转变。

关键词： 金融街街道　社会救助　精准化救助　社会化救助　慈善

一　金融街所面临的社会救助新形势

（一）社会救助是一项兜底性的社会保障制度

党的十八大提出了到2020年实现全面建成小康社会的奋斗目标，但不容忽视的现实是，我国的弱势群体问题仍然比较突出，城市和农村还有大量的下岗、失业和其他各类贫困人群。解决或缓解弱势群体问题对于实现全面小康这一目标而言，关系重大。

社会救助是社会保障体系的重要组成部分，支持和改善弱势群体脱贫脱困，解决其生活中的困难，是保障和改善民生，使社会发展成果更多更公平地惠及人民的重要举措。

社会救助是一项基础性、兜底性的民生保障工作，社会救助服务对象在基层、政策落地在基层、工作重心在基层。基层是基础，基础不牢，地动山摇。只有强化街道作为基层建设，打牢基础工作，不断完善社会救助制度建设的综合性、系统性，使社会救助水平与经济社会发展水平相适应，才能推动全面建成小康社会，才能真正把党和政府的关爱送达困难群众心中，体现立党为公、执政为民的本质要求。

（二）社会救助工作的关键在"精准化"

党的十八届五中全会做出实施精准扶贫、精准脱贫的重大决策部署。习近平总书记在中央扶贫开发工作会议上指出：要坚持精准扶贫、精准脱贫，重在提高脱贫攻坚成效。做好社会救助工作关键是要找准路子、构建好的体制机制。必须在精准施策上出实招，在精准推进上下实功，在精准落地上见实效。必须把握精准要点，因户施策、因人施策、不漏一户、不落一人，才能最终实现全面小康、全民共享。

精准化救助的实质是精细化救助，需要进一步转变理念和思路。首先，精准化救助是以目标为导向，即以目标人群为"靶向性"进行动态调整的救助，从而提高救助的有效性、适应性。其次，精准化救助要转变以往"输血式"的传统救助模式，力求找到致其贫困的根本原因，从根本上解决贫困问题，使特殊群体真正脱贫脱困，从而提高社会救助的准确性，有利于提高社会救助资源的使用效率。

（三）新型社会救助体系建设的突破口在"社会化"

社会救助管理工作是一项长期的复杂的社会系统工程，需要广泛调配社会资源参与，形成政府主导、部门协作、社会组织和民众参与的救助体系。近年来，随着救助管理专业化发展的深入，各地越来越强烈地意识到社会力量在救助管理工作中的重要作用和必要性。

社会化的救助管理是由工作性质决定的。救助管理所面对的服务对象的困境往往存在差异化、多样化和个性化，因此在发现和认定上，以及整合资源救助方面，往往需要整合更多的社会力量和资源进行综合的救助。

社会化救助管理是救助效果所要求的。自建立救助管理制度以来，我国民政部门一直在不断转变工作作风，改善服务态度，为受助人员提供全方位的人性化救助和服务，这对救助管理队伍提出了新的要求。为了更好地为受助人员服务，推进救助管理社会化非常必要。随着救助管理工作的深入，为受助人员提供的服务也趋于多样化，单靠救助站原有的力量是远远不能满足受助人员需求的，需要社会各方面的资源共同救助，包括志愿者、非政府组织的力量。

救助管理社会化是公共管理社会化的重要方面。只有推进救助管理社会化，才能丰富救助工作内涵，扩大救助范围，稳定救助效果。

（四）金融街全力推进新型社会救助体系建设

金融街街道位于首都功能核心区，位于北京市西城区的中部，总面积3.78平方公里，下辖19个社区居委会。北京金融街是北京市六大高端产业功能区之一，是首都乃至全国的金融中心，地区坐拥繁华商务楼宇。但在经济繁荣的背后，辖区内还存在大量老旧平房，地区发展仍然面临发展不均衡等突出矛盾和困难。

金融街地区户籍人口8.6万人3.2万户。截至2016年底，共有低保家庭687户1097人，低收入家庭14户36人。2016年上半年，累计新增低保家庭27户51人，减少低保家庭34户55人。街道低保家庭总量基本上处于持平的状态。据2013年金融街街道低保家庭调查数据显示，街道辖区户籍的低保家庭分布在中心城区的不足150户，分布在远郊区县的低保家庭436户，人户分离的低保家庭占低保总数的比例达到76%。

金融街特殊的区位区情要求必须牢固树立共享发展理念，准确把握全面建成小康社会新的目标要求，坚持目标导向、问题导向，在思想上高度重视困难群众精准救助帮扶工作。金融街从服务保障首都改革发展大局出发，从维护人民群众的利益出发，贯彻落实好困难群众精准救助帮扶工作，努力补齐民生保障短板，探索以政府为主导的社会救助资源动员机制，注重动员各类社会资源，提升社会救助实效，初步形成以保障困难群众基本生活为基础，以专项救助为辅助，以社会帮扶互助为补充的社会救助体系，对保障人民群众的基本生活权益和促进社会和谐稳定发挥重要的作用。为进一步深化西城区新型社会救助体系建设，建立健全困难群众长效救助帮扶机制，发挥社会救助在高水平全面建成小康社会中的兜底作用。

二 金融街推动社会救助"精准化""社会化"的具体做法

（一）"五个精准"贯穿救助全过程

救助帮扶工作要按照"五个精准"要求全面推进精准救助工作。一是精准识别，建立救助帮扶对象主动发现机制。将各科室、各社区在日常走访、接待群众来访时发现的救助对象纳入帮扶范围，拓宽困难群众主动发现渠道，明确设定救助帮扶对象范围和会商准入程序，确保不落一人。二是精准施策，明确"一家一册一方案"的工作要求。根据每个家庭不同的致贫、致困原因，深入分析家庭困难状况，悉心听取困难群众意愿，为每个受助家庭制定针对性强的个性化救助方案，切实做到因地制宜、因户施策，帮到点上、扶到根上。三是精准管理，救助帮扶的实施采取动态化措施调整机制。旨在通过持续精准到位的救助帮扶措施改变贫困家庭生活状况。积极与社区慈善帮扶站进行对接，对遭遇急难事项的困难家庭及时启动帮扶程序。积极探索建立退出机制，提高救助帮扶的针对性和时效性。编写并不断完善金融街街道困难群众精准救助帮扶工作方案，强化顶层设计，对帮扶对象进行"条块分类"，按照致困原因，结合群众需求意向，对精准救助对象进行建档立卡，完善救助帮扶对象基础信息数据库建设，做到救助帮扶对象有档案、社区服务有台账。四是精准脱贫，扶贫先扶志，积极鼓励救助帮扶对象融入社会。妥善处理好政府、社会帮扶和自身努力之间的关系，帮助有条件的精准救助帮扶对象充分认识到主观能动性的重要性，鼓励他们参与志愿服务和社会公益活动，积极实现就业和再就业，努力实现"精神脱贫"。五是精准考核，引入第三方力量对救助效果进行考核评估。对精准识别、精准施策、精准脱贫效果进行定量考核，避免救助信息失真。通过开展全过程救助帮扶，解决以往救助帮扶工作碎片化、单一化的问题，把政府责任和社区广泛参与贯穿到救助帮扶全过程，实现帮扶效果精准化。

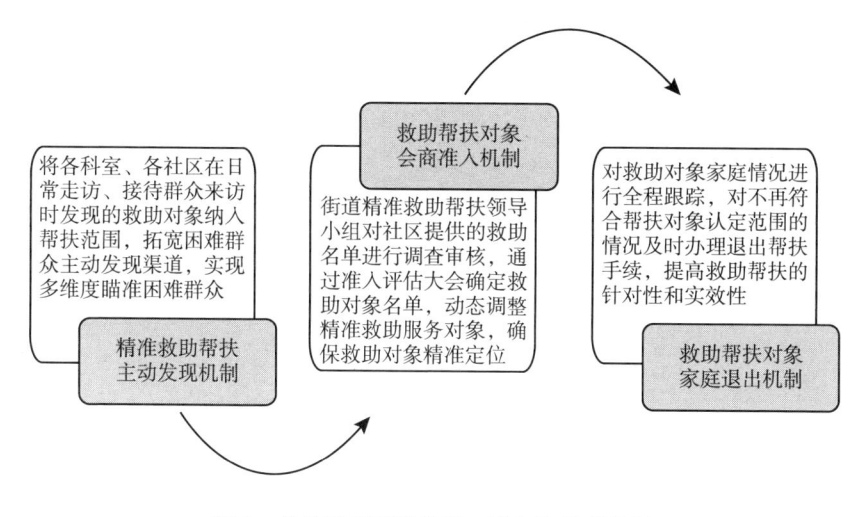

图1　救助对象精准发现、准入和退出机制

（二）"六类救助"力求实现精准覆盖

不断创新救助帮扶供给方式，改变现有政策现金式救助的单一局面。在落实救助政策方面，通过明确加强基本生活保障、实施医疗救助工程、落实教育救助计划、强化就业救助力度、完善慈善救助、开展专业社会工作服务，实施六大类救助帮扶措施（见图2）。其中兜底型包括助困、助医、助老、助残四类，开发型包括助学和助就业两类。

通过开展生活照料、技能康复、心理慰藉等多种形式的救助帮扶行动，进一步丰富救助帮扶内涵；在坚持帮扶"输血"的同时，积极帮助困难家庭提升"造血"功能，通过设立社区"家庭书桌"、开展就业指导培训等形式进一步提升困难家庭持续内生动力，有效避免贫困代际传递。通过开展全过程救助帮扶，解决以往救助帮扶工作碎片化、单一化的问题，把政府责任和社区广泛参与贯穿救助帮扶的全过程，目标是通过与困难家庭持续不断的共同努力，帮助其成长，直到困难家庭脱困。

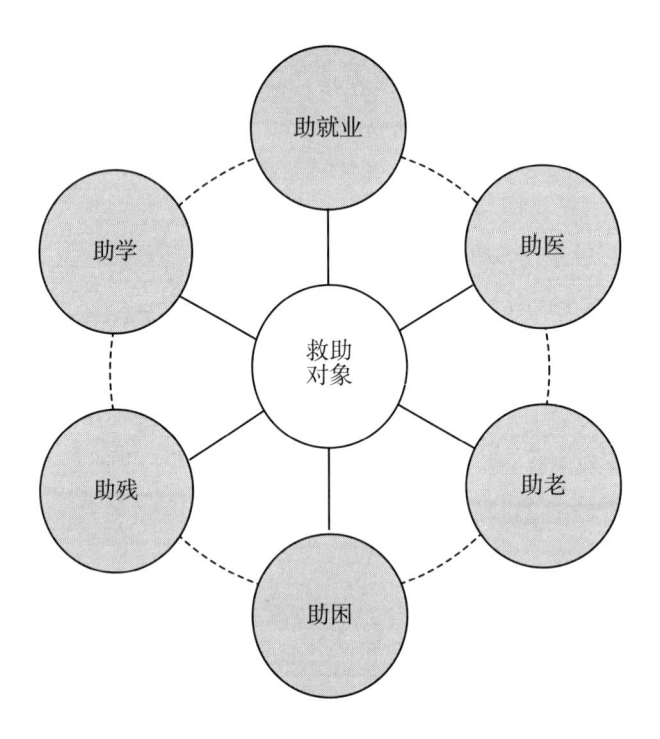

图 2 "六类救助"措施

（三）建立"慈善帮扶"救助机制

金融街街道慈善分会是北京市西城区首个将慈善救助审批权下放社区的街道，金融街在19个社区挂牌成立慈善帮扶站，作为街道专门打造的特困群众救助平台。在此基础上，街道逐步形成了《街道社区慈善救助工作的实施意见（试行）》《街道社区慈善帮扶站项目暂行办法（试行）》

等相关工作制度，旨在充分发挥社区自治功能，满足慈善救助多样化、个性化需求。

街道启动"金融街'有邻'慈善帮扶专项基金"，在街道办事处计生办、总工会、团委、妇联、红十字会等多个部门的共同努力下，积极动员组织社会力量参与到社会救助当中来，募集慈善资金，组织公益活动。帮扶资金主要来自街道设立的专项救助资金和企业职工捐款及募捐返回资金，以及辖区内众多爱心企业的捐助。根据每户家庭的具体情况，制定帮扶计划，确定帮扶资金。

街道坚持开展"爱在西城"联合募捐活动，得到地区机关企事业单位的大力支持，形成扶贫济困的良好风尚。以2014年为例，街道利用发放致地区单位的一封信、悬挂海报横幅等形式进行广泛宣传动员，活动共募集驻地44家机关企事业单位、社会团体及广大社会居民，共计3676人次参与活动，捐助资金达186707元；活动共收到来自19个社区居民捐赠的3990件衣物，营造了地区守望相助、共享和谐的良好氛围。

设立专项基金，对意外遭遇重大疾病或事故的家庭，经核查后启动应急救助，实现帮扶工作的快速、高效。

（四）推动社会资源精准对接救助需求

自2011年街道成立慈善分会以来，金融街街道始终坚持政府引导、民间运作、社会参与、各方协作的方针，积极挖掘社会力量资源优势，动员组织社会力量为地区困难群众提供帮扶和救助，不断创新方式方法，以项目化运作的方式对接社会资源，参与慈善帮扶救助。

近年来，街道重视利用企业资源优势，积极协调辖区单位参与，重点实施企事业单位与困难家庭的"街道'1+1'成长计划暨困难群众精准救助帮扶"项目，使地区单位与社区居民结成对子，积极整合驻区资源，切实解决困难群众的实际问题。目前，金隅物业、西城邮局、威斯汀酒店等单位已经与困难家庭建立了联系，坚持对困难家庭提供帮助。利用地区单位优势，开展民生改善计划，形成了以各驻区单位资源为特点的慈善品牌。如丰盛医院的"丰盛医院慈善日义诊活动",中化金茂物业管理（北京）有限公司为地区低保家庭实施"亮居工程",睿识慧律师事务所的免费法律咨询和普法服务等。自2006年以来,街道计生办联合驻区单位坚持举办"爱心相伴·牵手未来"关爱女孩捐资助学活动。截至2017年底,共有来自全国政协、中国人民银行、新华通讯社、北京银行等17家驻区单位参与到活动中来。

```
                    金融街慈善
                   ┌──────┴──────┐
       "街道'1+1'成长计划暨困难      "金融街'有邻'慈善帮扶专项基金"
       群众精准救助帮扶"计划
                │
                ├── "丰盛医院慈善日义诊活动"
                │
                ├── "亮居工程"
                │
                ├── "爱心彩电"工程
                │
                ├── "爱心相伴·牵手未来"关爱女孩捐资助学
                │
                ├── "爱心时间银行"
                │
                └── "手拉手互助结对"
```

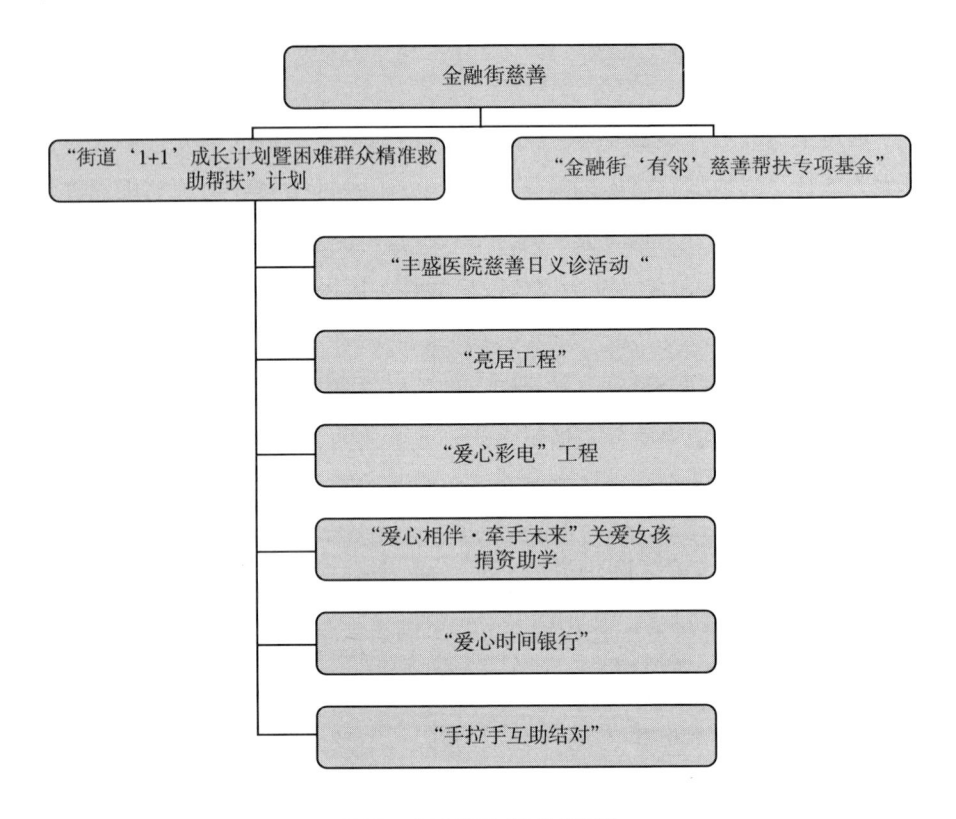

图3　金融街慈善系列品牌

此外,街道为倡导和鼓励精准救助对象感恩回报社会,创立"爱心时间银行"项目、"手拉手互助结对"项目,将被救助对象纳入救助力量中,实现人人互助的良好社会风尚。为实现帮扶效果最大化,与慈善帮扶站进行对接,实施动态管理,社区定期巡查回访,将帮扶工作落到实处。

三 金融街社会救助"精准化""社会化"取得的成效

(一)着力构建起"社区联动机制"

社区是社会的基本单元,是基层治理的切入点。金融街19个社区慈善帮扶站的成立,进一步完善了街道慈善救助工作体系,对加大社区开展慈善救助工作力度,建立健全社区联动机制,切实发挥社区网格基础性作用具有重要的推动意义。金融街街道逐步形成了以社区大党委为引领,以社区志愿服务为依托,激发社会活力,动员社区力量,将精准救助工作网格化,使社区成为发现困难群众动态信息、为困难群众排忧解难的重要载体和联系纽带,不断提高困难群众的主动发现能力和动态管理服务能力,从而提升社区群众服务水平,提升政策落实的精准度。

(二)全面激发社会力量的广泛参与

街道蕴含极其丰富的社会资源。辖区企业众多,教育资源丰厚,各类人才和社会组织力量不断壮大。金融街街道进一步整合各种社会资源,凝聚社会力量,积极推动辖区企事业单位热心社会公益、履行社会责任,引导和发动辖区企事业单位广泛参与到扶贫帮困的公益事业当中来,积极策划项目并搭建活动载体,开展爱心捐助、志愿服务等多种形式的结对帮扶活动。多年来,驻区中央国家机关、企事业单位积极参与到地区社会公益事业当中,特别是首批参与精准救助的20家驻区单位,在灾害救助、扶老助残、教育救助等领域发挥了重要作用,并起到了良好的示范作用。

(三)推动救助工作"精细化"管理

金融街街道探索推进精准救助工作以来,进一步转变救助工作理念,从发现、建档、救助实施、退出、考核等管理工作入手,探索实现救助帮扶过程的"精细化"管理,解决了以往救助工作衔接不紧密,救助对象核对不精确,目标需求不准确,帮扶工作碎片化、单一化的问题。

(四)策划社会项目"靶向性"救助

金融街街道自启动"街道'1+1'成长计划暨困难群众精准救助帮扶"项目以来,对困难群众制定个性化帮扶方案,实施"一家一册一方案"精准救助帮扶计划,驻区企业已与14户困难家庭完成对接。在兜底救助基础上,针对困难家庭贫困的根本原因,开展精准救助特色项目,启动了"爱心成就未来"慈善助学项目、"春雨行动"大病救助项目、罕见病儿童救助项目等,2016年累计帮扶困难群众32人次,辐射19个社区。

四 金融街社会救助工作的启示和思考

(一)精准救助需要精细化管理

精准救助的关键是要着力推动社会救助规范化、精细化管理。首先,救助对象信息核对要精确。要明确多部门协作配合的工作机制,街道要建立跨部门、多层次、信息共享、业务协同的居民家庭经济状况信息核对平台。与此同时,街道要注重发挥社区贴近群众的优势,及时发现群众困难,深入了解并核对救助对象信息,实现救助对象的动态跟踪。进一步细化核对内容,建立动态更新的社会救助对象档案,要规范对救助对象从申请、初审、核对、反馈等审核环节的程序管理,严格控制流程和审核条件,确保信息审核准确无误。其次,管理要精严。加强对社会救助的绩效管理,完善信息披露制度,增强社会救助工作的透明度和公信力。建立社会救助绩效评价机制,结合社会监督、政府监督等,形成监督检查长效机制,对出现问题的,严格追究责任。最后,救助接衔要精密。进一步加强综合救助。在救助形式上,转变传统的、单一的物质救助,形成物质有保障、生活有关怀、精神有慰藉,力求能力提升和融入社会相结合;在救助方式上,将救助工作和促进就业相结合，将救助工作与扶贫开发相结合，健全联动机制，实现"输血式"救助和"造血式"救助相结合；在救助资源上，整合救助资源，发展多元救助，形成党政领导、部门配合、民政协调、上下联动、社会参与、多元筹资、统一救助的合力，有效弥补社会救助单一主体的供给不足，形成多元救助格局。

（二）重视以社区为源头的社区救助

由于现行救助政策的"悬崖效应"，部分处在政策边缘的困难群众无法得到政府的救助。探索以街道办事处为救助所、各社区为救助点，共同参与救助工作，积极整合社区中人力、物力资源，使之成为发现困难群众并动员社会力量参与社会救助工作的新载体。在社区的积极参与和配合下，有利于形成救助工作机动灵活、有效发挥街道社区各自优势的局面，有利于推动形成社会救助服务机构网格化、救助工作社会化、救助方式多样化的工作氛围和工作格局。

（三）拓展灵活有效的社会化参与渠道

政府现行的社会救助政策是"保基本、救急难、兜底线"。面对大量差异化、多样化、个性化的社会救助需求，需要以治理理念为指引，创新工作机制和方法，探索社会救助主体多元化，动员社会化参与，从而弥补政府单一供给主体的缺陷。社会参与、多元筹资，推动慈善力量与政府救助衔接互补、共同参与社会救助是我国救助多元化和社会化的必然趋势。为此，政府部门要进一步研究相关政策和鼓励措施，搭建参与平台和构建参与机制，引导企业、社会组织、公民参与到社会救助工作中来。在社会化参与机制的构建过程中，重点发挥社会组织作用是社会化参与的内在要素和重要条件，具有一定资质和专业能力的社会组织是构建长期、专业、有效、稳定而严密的社会救助体系的重要力量。相应的，就需要政府充分发挥主导和引导作用，完善社会组织培育机制，推动社会组织，尤其是公益服务组织健康、快速发展，有利于实现社会服务资源优化配置并合理流动。健全政府购买服务机

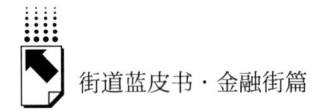

制，推动政府职能向社会转移，向社会力量购买服务，在社会救助领域构建起新型的政社合作关系。建立公益创投机制，以项目化运作，带动公益服务需求与各类社会主体形成对接，并形成系统的公益服务产业链，汇聚公益服务力量。探索社会救助领域供给侧改革的PPP模式，探索各类主体参与社会救助的专业化角色分工，实现对区域内救助对象的托底线、全覆盖，拓展和延伸社会救助服务的深度和广度，在更高水平上保障困难群众的基本生活。

参考文献

王为中：《建立社会保障制度的几点思考》，《金融经济》2005年第10期。
林艳琴：《论和谐社会下的社会救助制度之完善》，《东南学术》2011年第3期。
蔡铭：《浅析德国社会保障制度及对我国的启示》，《就业与保障》2011年第7期。
郭彦超：《试述社会救助的概念和定位》，《法制与社会》2011年第18期。
江治强：《经济新常态下社会救助政策的改革思路》，《西部论坛》2015年第4期。
王思铁：《精准扶贫：改"漫灌"为"滴灌"》，《四川党的建设》（农村版）2014年第4期。

Abstract

It is essential for the development of the capital to establish an effective megacity governance system. As the core functional zone of the capital, Xicheng District has taken the lead to do a good job with "four concepts" and persisted in the strategic vision of carrying forward scientific governance in depth and improving the development quality in all aspects. Sub-districts play an irreplaceable role as the pioneer and main force of microscopic governance. The 15 sub-districts of Xicheng District have coordinated various resources of respective areas based on their own development situations. Their practices include exploring the ways to establish the regional mode for Party construction, strengthening lean urban management, improving public services, refining the integrated enforcement system, and exploring innovative practices for grassroots governance. They have continuously injected new connotations into grassroots governance and provided duplicable and easy to operate live experience for grassroots organizations, and their experience and practices are of great importance for Chinese metropolises to improve concepts and find new ways out to strengthen grassroots governance.

Based on the attributes of Jinrongjie as a functional block, *The Development of Beijing's Sub-district Offices No. 2. Jinrongjie Chapter* follows the keynote of building a harmonious and livable demonstrative street by improving the development quality of the sub-district, and performs a comprehensive analysis and research with a focus on relocation and governance to promote improvement, integrative development of functional block, classified community governance and the precise community service. It summarizes the typical experience and practices, including Fanxing Drama Village's social supply of public services, Xixie Street's treatment of back streets, Westin Beijing Jinrongjie's Party construction mode featuring the integration of the Party, the Trade Union and the Communist Youth League, social organizations' participation in commercial building management, and "precision" and "socialization" of social aid.

On this basis, this book proposes that when implementing the new strategic positioning of the capital, functional diversion and environmental treatment, the Jinrongjie Sub-district should further improve the development quality of the sub-district as the essence, carry forward precise social governance and go the way of intensive and high-quality development. The sub-district should follow the guideline of "common survival and common prosperity", and actively explore how the sub-district, communities and local organizations interact and participate in urban governance in different ways. It should observe the concept of "joint building and joint sharing" and promote diversified supply of public services. The sub-district should rely on "regional collaboration" and reinforce the mechanism building and interdepartmental collaboration. It should aim at "quality development", carry forward the sub-district governance, further perform industrial optimization and functional repositioning, promote balanced development, and maintain continuous practice and exploration on the way to realize the social governance objective of building a Jinrongjie of harmony and common prosperity.

Contents

I General Report

B. 1 Jinrongjie: Improving Regional Development
Quality through Relocation and Governance / 001

Abstract: The "Relocation and Governance to Promote Improvement" special campaign is an important step which Beijing has taken to carry forward collaborative development of Beijing, Tianjin and Hebei in depth, divert non-capital functions, optimize the core functions as the capital and accelerate the construction of a world class capital of harmony and livability. As the core area of capital functions, Xicheng District has seen the special campaign as a systematic operation that concerns the overall situation and all aspects, and decided to implement comprehensive demographic control through the diversion of non-capital functions and comprehensive governance of urban enforcement. With the move, the district will promote urban administration and service to evolve towards more scientific governance and improve the regional development quality for the purpose of better performing the capital functions, better serve a livable environment of citizens and better present the urban cultural appeal. The Jinrongjie area is the major area Xicheng District has selected to forge a harmonious and livable pilot. Considering rigorous requirement, big challenge, heavy task and high standard of functional diversion, treatment and promotion of improvement, the Office of the Jinrongjie Sub-district Working Committee has adhered to the principle of precise governance, joint governance and legal governance, organically combined major work of the sub-district under the framework of the special campaign, and actively explored new ways of comprehensive governance, new methods of legal governance and new modes curing both the root cause and symptoms. With hard work, attitude and style displayed in every detail, the area has effectively mitigated and resolve serious problems that affect urban operation and confuse people's life, promoted the transition from urban administration to urban governance, and joined the forces of the government's tangible hand, the society's intangible hand and citizens' diligent hand. With these moves, the area has effectively done the work of diversion of non-capital functions, urban environment governance and improvement of urban order, and promoted the improvement of urban governance capacity and development quality.

Keywords: Jinrongjie Sub-district; Diversion of Non-capital Functions; Relocation and Governance to Promote Improvement; Regional Governance; Development Quality

Ⅱ Data Reports

B. 2 Regional Public Service Questionnaire Survey Report for Jinrongjie Sub-district on the Basis of Permanent Residents / 022

Abstract: Access to public services is the need for survival and development of citizens and also constitutes the basic guarantee of their life quality. It is of great importance to evaluate the life quality from the perspective of residents as to their sense of getting public services and satisfaction with public services. In this paper, we have adopted the questionnaire method and performed a questionnaire survey on public services and the life quality of the permanent residents in 19 communities of Jinrongjie Sub-district in Xicheng District. On this basis, we have assessed the sub-district as to its organization and offering of public services as well as residents' satisfaction, reached an overall conclusion and provided concrete suggestions relating to existing problems.

Keywords: Jinrongjie Sub-district; Community Resident; Public Service; Life Quality

B. 3 Regional Public Service Questionnaire Survey Report for Jinrongjie Sub-district on the Basis of Working Population / 037

Abstract: The working population is an important participant and promoters for regional development. The offering of convenient, consistent and high-quality public services to the working population is of great significance to optimize the regional development environment and enhance the sub-district's capability to provide services to the region. To this end, the research team performed the first public service survey among the working population under jurisdiction in January 2015, and once again initiated a questionnaire survey on the supply, involvement and acquisition of public services in Jinrongjie Sub-district among the corporate working population in May 2017. This report analyzes awareness of service institution, involvement in community service, regional life facilitation, satisfaction with community-level basic public service and demand for community-level public service. Then, we have performed a longitudinal comparison of the survey results, reached overall conclusions and provided concrete suggestions relating to existing problems.

Keywords: Jinrongjie Sub-district; Public Service; Working Population

Ⅲ Theory Reports

B.4 The Research on Strengthening Education and Management of Party Members and Reinforcing the Awareness of Party Members at the Community Level: Take Jinrongjie Sub-district for Example　　　/ 057

Abstract: The party organization at the community level leads the urban Party construction at the grassroots level and serves as the fortress that fights to disseminate propositions of the Party, carry out decisions of the Party, lead community governance, unify and mobilize the mass, and promote reform and development. In the context of rapid development of Party construction innovation at the community level, many young people, some retirees and laid-off workers have flooded into the community, and the Party member team has kept growing in the community. This makes it an important issue regarding how to realize effective education and management of these Party members, reinforce their awareness as Party members without cease, and effectively play their role as the pioneer and example. After interpreting the important significance to reinforce the awareness of Party members, this paper will take Jinrongjie Sub-district for example and quote survey results to analyze problems relating to the awareness of Party members in the community and the practices of exploring "five paths", which provides an example for strengthening the Party member team and improving the service ability of Party members.

Keywords: Jinrongjie Sub-district; Party Construction at Community Level; Education and Management of Party Members; Awareness of Party Members

B. 5　The Research on Integrative Development Mechanism
　　　　for Jinrongjie as Functional Block　　　　　　　　　　／070

Abstract: As a special economic development pattern in the core functional zone of the capital, the functional blocks represented by Jinrongjie have made great achievements over the past decade. However, it is undeniable that a series of problems have reduced the urban quality to a big extent. For example, the excessive pure economic function lacks the support from systematic urban life service functions, long-distance commutation aggregates the tidal traffic pressure and the working community taking shape from extensive dismantlement and extensive construction makes the working population lack the identification of the community. In this context, we will have to consider how to innovate the integrative development mechanism for economic function and urban function of functional blocks and resume their self-organization structure by combining functional diversion and demographic control and combining diversion and treatment with organic update of the city. This is an important issue to promote development transformation and management transformation and improve regional urban quality. Applying the regional integration theory, this paper will combine functional integration, spatial integration and systematic integration, explore the integrative development mechanism for Jinrongjie as a functional block upon the principle of orientation to problems, and put forward policy suggestions on how to improve the urban quality.

Keywords: Jinrongjie Sub-district; Functional Block; Regional Integration; Integrative Development

B. 6　The Research on Practical Path to Establish Community
　　　　Identification: Take Jinrongjie Sub-district for Example　／095

Abstract: The community is the smallest unit of urban governance and also the best gateway of social construction. However, the construction of the community not only demands the regional identification of the residents, but also requires their mental and conceptual identification. More importantly, it needs the identification in function and emotion. This will not only involve the improvement of urban quality and but also concern the mental and ideological needs of the residents. Based on its actual conditions, the Jinrongjie Sub-district has set the objective of "suitability for business, livability, harmony and coexistence", and put forward the concept of "five identifications" when exploring the innovation of community governance. It has strived to improve the residents' sense of identification and belonging in the community as the basic governance unit, enhanced enthusiasms and confidence of local organizations and their employees to take part in community construction, and provided an example and guidance for forging a sound community governance system.

Keywords: Jinrongjie Sub-district; Community Identification; Urban Quality; Community Governance System

Ⅳ Survey Reports

B.7 Classified Governance and Service Precision of the Community: The Survey and Reflection on "One Community, One Feature" Work of Four Communities under Jinrongjie Sub-district / 108

Abstract: In the context of implementing the new positioning of the capital, the innovation of basic governance will involve further refining the community governance system, enhancing the community governance capacity and reshaping the community governance foundation commensurate with a world-class capital of harmony and livability. Based on community positioning and planning, the Jinrongjie Sub-district has initiated the "One Community, One Feature" campaign, forged community governance brands with respective characteristics and continuously improved the precision of community services. This is an important practice for the innovation of community governance under the new situation. In this paper, we will first review the implementation and effects of the "One Community, One Feature" campaign initiated by Jinrongjie, then mainly discuss the governance characteristics and concepts of four types of typical communities represented by Fengrong Garden, Fenghui Garden, Jingjidao Community and Minkang Community, including commodity-based community, mixed community, old community and functional community. On this basis, we will follow the principle of orientation to problems and advise the sub-district on how to further refine the "One Community, One Feature" mechanism and improve urban governance quality.

Keywords: Jinrongjie Sub-district; "One Community, One Feature"; Classified Community Governance; Community Service; Precision

B. 8 Survey Report on Jinrongjie Sub-district's Pilot
    Reform of Discipline Inspection Organization   / 128

Abstract: The discipline inspection work at the community level is the foundation for the urban work of the Party and the government and is the need to carry forward the working style and lean practice construction of the Party. The level of the discipline inspection at the community level directly relates to the image of the Party and the government among the mass and concerns the quality of the soft environment for future economic development of the city. Since the Eighteenth National Congress, the Party has continuously carried forward the style and clean practice construction. In this context, strengthening the discipline inspection at the community level will be a key factor for the construction of clean politics, a significant action to establish a socialist harmonious society and a strong guarantee to reinforce the urban basic sovereignty. The 19 communities under the Jinrongjie Sub-district have undertaken the pilot of reshaping the discipline inspection organization at the community level according to the "2015 Working Plan of Xicheng District to Further Promote the Pilot of Community Governance

Innovation". To assess the work of discipline inspection at the community level, the project team has surveyed seven joint discipline inspection groups under the Jinrongjie Sub-district mainly through interview and understood the current status, implementation effect and existing problems of discipline inspection work at the community level. Moreover, we have provided the suggestions on how to strengthen discipline inspection at the community level based on the survey and provided the reference for further improving the level of discipline inspection of the Jinrongjie Sub-district.

Keywords: Jinrongjie Sub-district; Discipline Inspection at Community Level; Discipline Inspection Organization; Joint Discipline Inspection Groups of the Communities

B.9 Survey Report on Treatment and Improvement of Back Streets: Take Xixie Street of Jinrongjie Sub-district for Example / 143

Abstract: Back streets are the place with a high morbidity of urban diseases, a vulnerable link of urban administration and also a key part of community governance, which affects the image of the capital, the quality of the city and the welfare of the residents. Environmental treatment of back streets is the inevitable requirement of urban governance, an effective way to improve quality and an important content of community governance. The Jinrongjie Sub-district has first started the action with Xixie Street, including action plan, definition of responsibilities and mobilization, for the purpose of seizing the significant opportunity after Mayor Cai Qi inspected the core area in private, carrying forward quasi property management and construction of civilized streets in the shanty towns and old communities in the context of the implementation of diversion and treatment to promote enhancement, and performing the responsibility to regulate back streets in Xicheng District. Following the "Ten Dos and Ten Don'ts" standard, the sub-district has invented the working mode of building Party sub-branches at the street level, carried forward autonomy and joint construction at the street level, actively implemented the governance plan of the sub-district and improved the regional urban quality in every aspect.

Keywords: Jinrongjie Sub-district; Xixie Back Street; Establishment of Party Sub-branch at Community Level; Treatment and Enhancement

B. 10 Survey Report on Jinrongjie Sub-district's Work to Strengthen Party Construction of Non-state-owned Enterprises / 158

Abstract: Non-state-owned enterprises are now playing an increasingly indispensible role with the rapid economic development over past years, and their Party construction has also become an indispensible part in the overall work of Party construction. To carry out the strategic arrangements of the Central Committee of the Party and the Party Committee of Beijing Municipality, the Jinrongjie Sub-district of Xicheng District has always strengthened Party construction at non-state-owned enterprises, focused the work on management and service and reinforced mechanisms. Moreover, it has innovated working practices, served as the center to promote Party construction and acted as the engine to enlarge coverage. The project team has surveyed the Party-Mass Service Centers of the Xicheng Essence and Chang'an Xingrong under the Jinrongjie Sub-district, reviewed the sub-district's work of Party construction at non-state-owned enterprises and found out disadvantages. At the same time, we have borrowed the experience of other areas in the Party construction at non-state-owned enterprises and put forward concrete suggestions of extending strict governance of the Party to the basic level in a comprehensive manner.

Keywords: Jinrongjie Sub-district; Party Construction at Non-state-owned Enterprises; Party Construction at Buildings; Party-Mass Service Center; Full Coverage

V Case Reports

B.11 Fanxing Sample Relating to the Social Supply of Public
       Cultural Services   / 170

Abstract: Public cultural services constitute an important component of public services and are of great significance to satisfy the basic cultural demand of the mass and enrich people's spiritual life. Cultural enterprises, as the important provider of public cultural goods and services, are now playing an increasingly important role. In the supply of public cultural services, the Fanxing Drama Village has persisted in the combination of market-oriented management and public services, and explored innovative development concepts and operating modes. Moreover, the village has served the cultural demand and regional development and unified economic benefits and social benefits. In the context of the reform on the supply side, Fanxing Drama Village is a good sample interpreting how social cultural organizations effectively carry out policies, effectively satisfy the demand, effectively optimize products and services and effectively participate in the diversified supply of cultural services guided by the government.

Keywords: Jinrongjie Sub-district; Public Culture; Services Socialization; Fanxing Drama Village

B.12 Westin: Exploring the Party Construction Mode of International
       Cooperative Enterprises Featuring "Integration of the
       Party, the Trade Union and the Communist
       Youth League"   / 181

Abstract: At present, the economic globalization is deepening and the Party is strengthening the leadership of all work. In this context, it is an imperative issue in the new era regarding how international cooperative enterprises, as the economic entities other than state-owned enterprises and private enterprises, establish their working mechanisms for Party construction that adapt to their own characteristics, development needs and requirements of the time, and continuously play the superior role of basic Party organizations in carrying out policies, unifying the mass, effectively disseminating propositions of the Party and telling Chinese stories well. As an international cooperative enterprise under jurisdiction of the Jinrongjie Sub-district, Westin Beijing Jinrongjie established a Party Sub-branch in 2009. Under the leadership of the Party Committee of Jinrongjie Group and the Party Committees at various levels, the Party Sub-branch has fully considered the actual condition featuring the state ownership and management by the foreign party, upheld the concept that "a five-star hotel must have a five-star Party organization" and continuously found new ways to construct the Party organization. It has explored the Party construction mode featuring the "integration of the Party, the Trade Union and the Communist Youth League", realized an organic fusion between the western advanced management culture and the Party construction culture of China, and found out a new way to construct the Party organization at an international cooperative enterprise.

Keywords: Jinrongjie Sub-district; Party Construction at International Cooperative Enterprise; Integration of the Party, the Trade Union and the Communist Youth League; Party Construction of Kinship, Party Construction of Culture and Party Construction of Charm; Party Construction Culture

B.13 Reform of Government's Management Concept and Service Mode: Take Non-emergency Aid Service of Jinrongjie for Example / 193

Abstract: The Jinrongjie Sub-district has introduced information technologies and made certain effect in non-emergency aid by implementing grid management, defining working functions, regulating the operating mechanism, refining the guarantee mechanism and perfecting the warning mechanism. In this paper, we will not discuss how the Jinrongjie Sub-district has technically realized the non-emergency aid system, but will research the government's operation mechanism in depth and explore the important role of the non-emergency aid service in promoting the transformation of the government's management mode in the context of public governance theory and big data development.

Keywords: Jinrongjie Sub-district; Non-emergency Aid; Government Transformation; Public Governance; Big Data

B.14 Jinrongjie's Exploration in Social Organization's Participation in Commercial Building Service Management: Take Jinrongjie Commercial Building Association for Example / 204

Abstract: Currently, the state is strengthening the encouragement and support for social organizations, and social organizations are now embracing the opportunity of vigorous development and improving the capacity to undertake government's services. It seems particularly important in this context regarding how to transform service management modes of commercial buildings and explore the way for the participation of social organizations in the service management of commercial buildings. In this paper, we will mainly perform a case study, analyze the motive and background behind the establishment of the Jinrongjie Commercial Building Association, and generalize the values of the operating mode with which the association participates in the service management of commercial buildings. On this basis, we will analyze problems existing in the operation of the association and consider how to further play the role of social organizations and find out innovative service modes for commercial buildings. The practice of Beijing Jinrongjie Commercial Building Association is a new probe in the service management of commercial buildings and is important in practice and theory for social organizations to play their role in this regard.

Keywords: Jinrongjie Sub-district; Social Organizations; Commercial Buildings; Social Service; Undertaking Government Functions by Social Organizations

B.15 Jinrongjie's Practices of Realizing "Precision" and "Socialization" of Social Aid / 219

Abstract: At the critical stage of the construction of a comprehensive well-off society, the social aid must evolve towards "precision" in concept, method and mode and improve the targetability, so as to assure full coverage and no error, finally build a comprehensive well-off society and allow all people to share economic and social development results. In face of the severe reality of development imparity, the Jinrongjie Sub-district has explored "precise" management of social aid and implemented various aid measures combining minimum aid and developmental aid. It has forged various social participation channels and platforms, and promoted social resources to realize a precise match with aid needs through project-oriented operation. Moreover, it has shaped a series of charity brands for social aid and energetically propelled social aid to evolve towards the "precision" of social aid and diversified modes of social aid.

Keywords: Jinrongjie Sub-district; Social Aid; Precise Aid; Social Aid; Charity

社会科学文献出版社　**皮书系列**

❖ 皮书起源 ❖

"皮书"起源于十七、十八世纪的英国，主要指官方或社会组织正式发表的重要文件或报告，多以"白皮书"命名。在中国，"皮书"这一概念被社会广泛接受，并被成功运作、发展成为一种全新的出版形态，则源于中国社会科学院社会科学文献出版社。

❖ 皮书定义 ❖

皮书是对中国与世界发展状况和热点问题进行年度监测，以专业的角度、专家的视野和实证研究方法，针对某一领域或区域现状与发展态势展开分析和预测，具备原创性、实证性、专业性、连续性、前沿性、时效性等特点的公开出版物，由一系列权威研究报告组成。

❖ 皮书作者 ❖

皮书系列的作者以中国社会科学院、著名高校、地方社会科学院的研究人员为主，多为国内一流研究机构的权威专家学者，他们的看法和观点代表了学界对中国与世界的现实和未来最高水平的解读与分析。

❖ 皮书荣誉 ❖

皮书系列已成为社会科学文献出版社的著名图书品牌和中国社会科学院的知名学术品牌。2016年，皮书系列正式列入"十三五"国家重点出版规划项目；2013~2018年，重点皮书列入中国社会科学院承担的国家哲学社会科学创新工程项目；2018年，59种院外皮书使用"中国社会科学院创新工程学术出版项目"标识。

中国皮书网

（网址：www.pishu.cn）

发布皮书研创资讯，传播皮书精彩内容

引领皮书出版潮流，打造皮书服务平台

栏目设置

关于皮书：何谓皮书、皮书分类、皮书大事记、皮书荣誉、
皮书出版第一人、皮书编辑部

最新资讯：通知公告、新闻动态、媒体聚焦、网站专题、视频直播、下载专区

皮书研创：皮书规范、皮书选题、皮书出版、皮书研究、研创团队

皮书评奖评价：指标体系、皮书评价、皮书评奖

互动专区：皮书说、社科数托邦、皮书微博、留言板

所获荣誉

2008年、2011年，中国皮书网均在全国新闻出版业网站荣誉评选中获得"最具商业价值网站"称号；

2012年，获得"出版业网站百强"称号。

网库合一

2014年，中国皮书网与皮书数据库端口合一，实现资源共享。

权威报告·一手数据·特色资源

皮书数据库
ANNUAL REPORT(YEARBOOK) DATABASE

当代中国经济与社会发展高端智库平台

所获荣誉

- 2016年，入选"'十三五'国家重点电子出版物出版规划骨干工程"
- 2015年，荣获"搜索中国正能量 点赞2015""创新中国科技创新奖"
- 2013年，荣获"中国出版政府奖·网络出版物奖"提名奖
- 连续多年荣获中国数字出版博览会"数字出版·优秀品牌"奖

成为会员

通过网址www.pishu.com.cn访问皮书数据库网站或下载皮书数据库APP，进行手机号码验证或邮箱验证即可成为皮书数据库会员。

会员福利

- 使用手机号码首次注册的会员，账号自动充值100元体验金，可直接购买和查看数据库内容（仅限PC端）。
- 已注册用户购书后可免费获赠100元皮书数据库充值卡。刮开充值卡涂层获取充值密码，登录并进入"会员中心"—"在线充值"—"充值卡充值"，充值成功后即可购买和查看数据库内容（仅限PC端）。
- 会员福利最终解释权归社会科学文献出版社所有。

卡号：321674627657
密码：

数据库服务热线：400-008-6695
数据库服务QQ：2475522410
数据库服务邮箱：database@ssap.cn
图书销售热线：010-59367070/7028
图书服务QQ：1265056568
图书服务邮箱：duzhe@ssap.cn

S 基本子库
SUB DATABASE

中国社会发展数据库（下设 12 个子库）

全面整合国内外中国社会发展研究成果，汇聚独家统计数据、深度分析报告，涉及社会、人口、政治、教育、法律等 12 个领域，为了解中国社会发展动态、跟踪社会核心热点、分析社会发展趋势提供一站式资源搜索和数据分析与挖掘服务。

中国经济发展数据库（下设 12 个子库）

基于"皮书系列"中涉及中国经济发展的研究资料构建，内容涵盖宏观经济、农业经济、工业经济、产业经济等 12 个重点经济领域，为实时掌控经济运行态势、把握经济发展规律、洞察经济形势、进行经济决策提供参考和依据。

中国行业发展数据库（下设 17 个子库）

以中国国民经济行业分类为依据，覆盖金融业、旅游、医疗卫生、交通运输、能源矿产等 100 多个行业，跟踪分析国民经济相关行业市场运行状况和政策导向，汇集行业发展前沿资讯，为投资、从业及各种经济决策提供理论基础和实践指导。

中国区域发展数据库（下设 6 个子库）

对中国特定区域内的经济、社会、文化等领域现状与发展情况进行深度分析和预测，研究层级至县及县以下行政区，涉及地区、区域经济体、城市、农村等不同维度。为地方经济社会宏观态势研究、发展经验研究、案例分析提供数据服务。

中国文化传媒数据库（下设 18 个子库）

汇聚文化传媒领域专家观点、热点资讯，梳理国内外中国文化发展相关学术研究成果、一手统计数据，涵盖文化产业、新闻传播、电影娱乐、文学艺术、群众文化等 18 个重点研究领域。为文化传媒研究提供相关数据、研究报告和综合分析服务。

世界经济与国际关系数据库（下设 6 个子库）

立足"皮书系列"世界经济、国际关系相关学术资源，整合世界经济、国际政治、世界文化与科技、全球性问题、国际组织与国际法、区域研究 6 大领域研究成果，为世界经济与国际关系研究提供全方位数据分析，为决策和形势研判提供参考。

法律声明

"皮书系列"(含蓝皮书、绿皮书、黄皮书)之品牌由社会科学文献出版社最早使用并持续至今,现已被中国图书市场所熟知。"皮书系列"的相关商标已在中华人民共和国国家工商行政管理总局商标局注册,如 LOGO( )、皮书、Pishu、经济蓝皮书、社会蓝皮书等。"皮书系列"图书的注册商标专用权及封面设计、版式设计的著作权均为社会科学文献出版社所有。未经社会科学文献出版社书面授权许可,任何使用与"皮书系列"图书注册商标、封面设计、版式设计相同或者近似的文字、图形或其组合的行为均系侵权行为。

经作者授权,本书的专有出版权及信息网络传播权等为社会科学文献出版社享有。未经社会科学文献出版社书面授权许可,任何就本书内容的复制、发行或以数字形式进行网络传播的行为均系侵权行为。

社会科学文献出版社将通过法律途径追究上述侵权行为的法律责任,维护自身合法权益。

欢迎社会各界人士对侵犯社会科学文献出版社上述权利的侵权行为进行举报。电话:010-59367121,电子邮箱:fawubu@ssap.cn。

社会科学文献出版社